# 技术创新营销

主　编　李文同
副主编　张振江　李　宁

中国书籍出版社
China Book Press

**图书在版编目 (CIP) 数据**

技术创新营销 / 李文同主编 . -- 北京 : 中国书籍出版社 , 2024. 11. -- ISBN 978-7-5241-0128-4

Ⅰ. F713.50

中国国家版本馆 CIP 数据核字第 2024ZF1243 号

## 技术创新营销

李文同　主编

| 丛书策划 | 谭　鹏　武　斌 |
|---|---|
| 责任编辑 | 毕　磊 |
| 责任印制 | 孙马飞　马　芝 |
| 封面设计 | 守正文化 |
| 出版发行 | 中国书籍出版社 |
| 地　　址 | 北京市丰台区三路居路 97 号 ( 邮编：100073) |
| 电　　话 | （010）52257143（总编室）　（010）52257140（发行部） |
| 电子邮箱 | eo@chinabp.com.cn |
| 经　　销 | 全国新华书店 |
| 印　　厂 | 三河市德贤弘印务有限公司 |
| 开　　本 | 710 毫米 × 1000 毫米　1/16 |
| 字　　数 | 254 千字 |
| 印　　张 | 15.75 |
| 版　　次 | 2025 年 5 月第 1 版 |
| 印　　次 | 2025 年 5 月第 1 次印刷 |
| 书　　号 | ISBN 978-7-5241-0128-4 |
| 定　　价 | 98.00 元 |

版权所有　翻印必究

# 目　录

第一章　技术市场与技术创新…………………………………… 1
　第一节　技术市场………………………………………………… 1
　第二节　技术创新………………………………………………… 6
　第三节　技术市场与技术创新的关系…………………………… 13
第二章　技术创新营销…………………………………………… 15
　第一节　技术创新营销的概念…………………………………… 15
　第二节　技术创新营销的相关基础……………………………… 23
　第三节　技术创新营销的作用及内容…………………………… 27
第三章　技术成果转化与技术成果转化教育…………………… 30
　第一节　技术成果转化…………………………………………… 30
　第二节　技术成果转化教育……………………………………… 34
　第三节　技术成果转化教育的"7+1双创工作坊"模式 ……… 42
第四章　技术创新(项目)与市场调查…………………………… 52
　第一节　技术创新需求信息与分析……………………………… 52
　第二节　技术创新竞争情报……………………………………… 62
　第三节　大数据与技术情报分析………………………………… 70
第五章　技术创新营销的影响因素及环境……………………… 77
　第一节　技术创新的影响因素…………………………………… 77
　第二节　技术创新营销的环境分析……………………………… 84
　第三节　技术创新营销的外部环境分析………………………… 90
　第四节　技术创新营销的内部环境分析………………………… 96

## 第六章　技术创新营销观念 ············ 104
  第一节　技术创新营销观念 ············ 104
  第二节　社会责任与环境保护观念 ············ 108
  第三节　项目全过程营销和整体营销观念 ············ 112
  第四节　市场与价值工程观 ············ 119

## 第七章　技术创新(项目)营销的STP技术 ············ 131
  第一节　技术创新(项目)市场细分 ············ 131
  第二节　技术创新(项目)目标市场 ············ 144
  第三节　技术创新(项目)市场定位 ············ 150

## 第八章　技术创新(项目)营销策略 ············ 161
  第一节　技术创新(项目)与产品策略 ············ 161
  第二节　技术创新(项目)与价格策略 ············ 163
  第三节　技术创新(项目)与渠道策略 ············ 165
  第四节　技术创新(项目)与促销策略 ············ 168

## 第九章　产品开发(项目)营销策略 ············ 173
  第一节　产品开发策略概述 ············ 173
  第二节　产品设计与开发策略 ············ 179
  第三节　产品测试与反馈 ············ 185
  第四节　产品上市与推广策略 ············ 192

## 第十章　技术创新(项目)营销战略 ············ 200
  第一节　技术创新营销战略概述 ············ 200
  第二节　技术创新营销战略制定 ············ 206
  第三节　技术创新营销战略实施与评估 ············ 220

## 第十一章　技术创新过程各阶段的营销策略 ············ 231
  第一节　技术创新项目立项阶段的营销策略 ············ 231
  第二节　技术研发阶段的营销策略 ············ 233
  第三节　技术商业化阶段的营销策略 ············ 235

## 参考文献 ············ 241

# 第一章 技术市场与技术创新

## 第一节 技术市场

### 一、技术市场的概念

#### （一）技术

世界知识产权组织在1977年版的《供发展中国家使用的许可证贸易手册》中，给技术下的定义："技术是制造一种产品的系统知识，所采用的一种工艺或提供的一项服务，不论这种知识是否反映在一项发明、一项外形设计、一项实用新型或者一种植物新品种中，或者反映在技术情报或技能中，或者反映在专家为设计、安装、开办或维修一个工厂或者为管理一个工商企业或其他活动而提供的服务或协助等方面。"

可简单概括为，技术是人类在改造自然和推动社会变革过程中所采用的一切物质手段、工具和方法的总和。

按照服务领域的不同，可将技术划分为自然技术、社会技术、人类自身的技术。自然技术是人类在改造自然过程中产生的一类技术的总称；社会技术是人类社会为满足自身精神和物质的需要而对科学知识和物质手段的运用；人类自身的技术是作用于人类的身体和精神的技术，包括医疗技术、心理技术和思维技术等。

**（二）技术市场**

技术市场是商品经济条件下技术作为特殊的商品在供需之间买卖所形成的交换关系的总和，涵盖技术商品从研发、应用、转化到产业化等各环节。在中国特色社会主义市场经济不断发展的条件下，技术市场的不断完善是建立新型科技体制、推动科技创新、实现科技成果高效转化进而促进科技自强自立和经济社会高质量发展的重要环节。

**二、技术市场的构成**

技术市场是一种发现技术价值的机制。技术市场作为促进资源合理配置的要素市场之一，只是市场经济运行体系的一个子系统。技术市场本质上是一种"交易行为"，场所仅仅是个载体，技术交易和技术贸易的数字化趋势更是突破了特定时空约束。技术市场促进技术进步和经济发展，是各类技术交易场所、服务机构和技术商品生产、消费、分配、流通等关系的总和。科技成果的转化离不开研发、中试、产业化三个环节。技术市场的参与主体主要包括技术供应方、技术需求方、技术中介等不同主体（图1-1）。

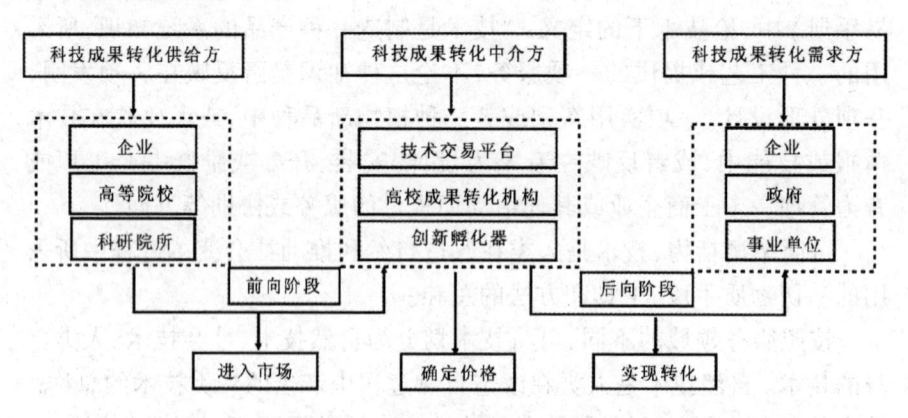

**图1-1　技术市场主体构成情况**

技术市场的基本职能是实现科技成果从供给方到需求方的转移。一般说来，技术市场的参与主体包括技术成果供给方、技术成果需求方和技术成果转化中介组织等。在技术市场上，各类创新型企业、高校、科研机构等是科技成果转化的主要供给方,企业、政府或事业单位等是技术成果的主要需求方,中介方则是为供需双方之间进行技术成果转化提供居间服务的各类技术交易平台、科研单位内设的成果转化机构与创新孵化器等。

技术成果的转化过程大体可分为前向阶段和后向阶段两个阶段。其中,前向阶段是技术成果从供给方到中介机构的过程,后向阶段是技术成果从中介机构转向需求方的过程。

技术成果转化的最终完成需要突破三个关键环节,即进入市场、确定价格和实现转化。进入市场是指科技成果从供给方走向市场,是实现科技成果转化的基础环节;确定价格是科技成果在市场上进行价值评估和交易准备,科学合理的定价是决定技术成果转化能否顺利实现的关键要素;实现转化是技术成果供给方与需求方进行交易,完成相关权益转移的环节,意味着技术成果转化过程的结束。

### 三、技术市场的特征

技术市场本质上是一个服务于技术供给与需求的技术商品交易场所,服务性是其本质的特征,提供技术供给、需求及交易的信息、咨询、政策、法律等服务。技术市场作为商品市场体系的组成部分,除具备商品市场的一般特性外,还具有以下几个方面的典型特征。

(1)技术市场上买卖双方交换的商品是以设计图纸、数据资料、工艺流程、技术配方等形式存在的各类技术成果。

(2)技术市场交易的实质是技术成果作为商品,其使用权从卖方向买方的转移。

(3)技术市场上技术成果交易过程具有特殊性,技术商品交换过程的结束要以买方完全掌握技术为止,其间通常需要培训、咨询、辅导等一系列工作。

(4)技术市场价格具有特殊性,其价格形成机制与普通商品市场不同,鉴于技术产品的独有性和稀缺性,技术产品定价很难找到参照商品,其交易价格通常由买卖双方协商确定。

**四、技术市场的作用**

技术市场是一种技术商品交易的场所。作为重要的生产要素市场和科技成果转化的主战场，技术市场是中国社会主义市场经济和高标准市场体系，以及国家创新体系的重要组成部分，肩负着统筹配置科技创新资源、健全技术创新市场导向机制、促进技术转移和成果转化的重要使命。

（一）优化资源配置

技术是人类社会最宝贵的资源之一，技术市场为各类技术成果在不同市场主体之间转化搭建了平台，有效解决了技术成果供给方和需求方之间信息不对称，使各类技术成果以技术商品的形式在供需双方之间自由流动，实现技术资源在不同市场主体之间的优化配置，从而最大限度发挥技术成果效能，使科技创新真正成为推动经济社会高质量发展的第一动力。

（二）推动科技进步

科学技术是第一生产力，技术创新是推动生产发展进而推动经济社会发展的强大动力。面对世界百年未有之大变局，世界各国之间、企业之间竞争日益激烈，谁掌握了先进技术，谁就能在竞争中获取优势地位，谁就能获得更好更快的发展。

技术市场一方面为技术成果走向产业提供了交易平台，使各类技术成果主体能够及时将自身拥有的技术商品交换出去，收回技术研发投入并获取较好经济回报，从而激发各类技术研发主体持续开展技术研发的积极性，推动新技术不断涌现，社会技术水平持续提升；另一方面，技术市场也为技术成果需求方解决技术短缺难题提供了便利，通过技术市场获取生产经营急需技术，可以有效提高企业产品质量、管理水平、竞争能力等，使企业更具市场活力，获得更好的经济效益。基于技术市场提供的便利条件，使得技术成果供求双方各得其所，各取所需，实现技术研发、技术成果转化、企业产业技术进步和经济社会效益提高等各方面的良性互动,最终推动整个社会经济技术水平的不断提升。

(三)优化市场体系

技术市场是市场经济体系不可或缺的重要组成部分,技术市场的发展是构建中国特色社会主义市场经济体系的重要内容。技术市场的发展不仅实现了各类技术成果从研发机构向生产领域的流动,伴随着技术转移,也带动了人才、资金、信息、设备等市场的流动,从而促进了如人才、资金、生产要素等市场的发展。

(四)促进经济高质量发展

技术市场从以下三个方面有助于推进经济高质量发展。一是技术市场发展对科技成果转化的促进作用,有助于经济高质量发展;二是技术市场发展对产业结构升级的促进作用,有助于经济高质量发展;三是技术市场发展对研发要素市场化配置的促进作用,有助于经济高质量发展。

作为技术和市场的交集,技术市场不仅是技术交易的场所,有利于新知识的创造和传播,提高市场运行效率;也是市场机制配置科技资源的场所,有利于科技成果转移和产业化。

**五、技术市场的类型**

技术市场作为我国社会主义市场体系和创新体系的重要组成部分,按照不同的标准,可以划分为不同类型的技术市场。

(1)按照技术交易的地理空间范围大小不同,技术市场可以划分为本埠技术市场、省区技术市场、全国技术市场、国际技术市场等。本埠技术市场主要服务于本地的生产和创新;省区技术市场主要是省域内不同市场主体之间进行的技术交流与交易;全国技术市场则涉及全国范围内的技术交流与交易;而国际技术市场,则跨越国界,促进了全球的技术合作与分享。

(2)按照技术服务的主要产业领域的不同,技术市场可以划分为工业技术市场、农业技术市场、交通运输技术市场、建筑技术市场等。工业技术市场主要针对制造业的革新；农业技术市场主要推动农业生产效率的提升；交通运输技术市场主要关注交通设备和技术的发展；建筑技术市场则关注建筑行业的创新与应用。

（3）根据技术商品的不同形态，技术市场又可以分为软件市场、硬件市场和综合技术市场。软件市场主要通过报告会、学术交流、成果鉴定、技术信息交流以及咨询服务等形式，传播和交易软件产品和服务。硬件市场则倾向于实物交易，如技术成果交易会、展览会以及技术合作攻关活动。综合技术市场则汇聚了新产品、新工艺、新装备和新技术的全方位展示和销售。

## 第二节 技术创新

### 一、技术创新的概念

技术是人类在改造自然和推动社会变革过程中所采用的一切物质手段、工具和方法的总和。

技术创新包括狭义和广义两个方面的含义。狭义技术创新是指从技术研发开始、到技术成果产生、再到技术成果在市场得到应用的过程；广义的技术创新则是在狭义技术创新概念的基础上，还包括了技术扩散过程，即从技术研发、到新技术形成、再到市场实现、最后到技术扩散的整个过程。

技术创新把技术成果研发和技术成果市场应用相结合，包括技术和经济两个方面的内容。经济学家基于经济学视角，认为技术创新是新产品、新过程、新系统和新服务在市场上的第一次商业性转化；或者是企业为提高经济效益，重组企业生产经营管理系统，开发新产品、采用新工艺、开拓新市场、应用新材料等的综合过程。

管理学家基于组织行为视角，认为技术创新是创新目标确立、研发资金投入、创新组织建立、创新计划制订、生产员工聘用和创新成果市场化等一系列行为的综合。

## 二、技术创新的内容

技术创新是指在现有技术基础上,通过引入新的理念、方法工艺或者设备,以及对现有技术的改进和优化,从而创造出新的产品、新的生产方式或者新的服务模式。技术创新是推动社会发展和经济增长的重要动力,其内容涉及以下多个领域和层面。

(1)技术创新包括产品创新。产品创新是指通过引入新的材料、新的工艺、新的设计理念等,开发出新的产品或者对现有产品进行改进和升级。例如,手机行业的技术创新包括屏幕材料的升级、摄像头技术的改进、电池续航能力的提升等。产品创新不仅可以满足消费者的需求,还可以推动产业升级和经济增长。

(2)技术创新包括工艺创新。工艺创新是指通过改进生产工艺、提高生产效率、降低生产成本等方式,实现生产方式的升级和优化。例如,制造业中的智能制造、柔性制造系统等都是工艺创新的体现。工艺创新可以提高企业的竞争力,推动产业结构调整和转型升级。

(3)技术创新还包括服务创新。随着经济的发展和社会的进步,人们对服务的需求也在不断提升,因此服务创新变得越来越重要。服务创新是指通过引入新的技术手段、改进服务流程、提升服务质量等方式,创造出新的服务产品或者提供更加优质的服务。比如,互联网、大数据、人工智能等技术的应用,为传统服务行业带来了全新的发展机遇,如在线教育、智能物流、智慧医疗等。

(4)技术创新还包括管理创新。管理创新是指通过引入新的管理理念、改进管理方法、优化组织结构等方式,提高企业的管理效率和管理水平。管理创新可以帮助企业更好地调动员工的积极性,提高工作效率,增强企业的创新能力和竞争力。

总的来说,技术创新是一个涉及面广、内容丰富的过程,它不仅包括产品、工艺、服务的创新,还包括管理的创新。技术创新的核心在于不断引入新的理念和方法,不断改进和优化现有技术,从而推动社会进步和经济发展。只有不断进行技术创新,企业才能在激烈的市场竞争中立于不败之地,社会才能实现可持续发展。因此,技术创新是各个行业和企业都需要重视和投入的重要环节。

### 三、技术创新的特性

技术创新具有以下几个方面的特点。

（1）创造性。技术创新过程中各种行为，如重组生产要素、建立新的组织结构和管理运行机制等都是一种创造性行为。为此，一方面创新主体需要更新观念，树立竞争意识、消费观念和市场观念；另一方面社会要通过建立现代企业制度，创造良好的文化环境，以保证技术创新的有效实施与实现。

（2）效益性。技术创新的最终目的是追求经济效益、社会效益和生态效益。经济效益包括微观经济效益（即以最小的投入获得最大的利润）和宏观经济效益（即促进国民经济的不断增长）；社会效益主要是指提高人民的生活水平和国家的综合国力等；生态效益主要是指协调人与自然的关系，促进人与自然的协调发展。

（3）风险性。由于受到技术成熟度、研发实力、市场需求变化、市场环境等因素的影响，企业技术创新最终是否能实现存在一定的不确定性，即存在技术创新失败的风险。

（4）周期性。技术创新的周期性主要表现在：从技术创新成果产出到技术成果转化需要一定的时间周期，所有技术创新成果都要经历一个从进入市场、到逐渐广泛采用、再到模仿扩散、最后退出市场的寿命周期等。

（5）集群性。技术创新的集群性是指技术创新在时间和空间分布上集群出现情况，即在某个时间段或某个空间地理区域，由于某一项或几项重大技术突破，而出现若干个技术创新集群。

### 四、技术创新的分类

技术创新有多种分类方法，主要有以下几种。

（1）按照创新对象不同，可分为产品创新和工艺创新。①产品创新。产品创新是企业基于新产品开发而进行的创新，从产品整体概念出发，产品创新包括开发新功能、运用新材料、设计新款式、使用新技术等。②工艺创新。工艺创新主要是指企业围绕生产技术变革、工艺流程变革或优化等所进行的创新。

（2）按照创新模式不同,可分为原始创新、集成创新和引进消化吸收创新。①原始创新。原始创新是指前所未有的重大科学发现、技术发明、原理性主导技术等创新成果。这种创新成果通常在基础研究和高技术研究领域取得,具有独创性,是最根本的创新形式,能够体现人类的智慧和创造力。②集成创新。集成创新是指围绕一些具有较强技术关联性和产业带动性的战略产品和重大项目,将各种相关技术有机融合起来,实现关键技术的突破,甚至引起重要领域的重大突破。③引进消化吸收创新。引进消化吸收再创新是指引进外国技术后,通过深入理解和吸收这些技术,并在其基础上进行改进和创新的过程。这一过程包括三个主要阶段：引进、消化吸收和再创新。

（3）按照创新的新颖程度不同,可分为渐进性创新和根本性创新。①渐进性创新。渐进性创新也称为"改进型创新",是指通过对现有技术的改进而引起的渐进的连续的创新。这种创新是在现有技术基础上对已有产品或工艺进行的改进和创新,可能并不是很新的技术或者与已有技术脱离程度有限。②根本性创新。根本性创新是指技术上有重大突破的创新。这种创新通常伴随着科学上的重大发现,具有非连续性,并对产业结构产生重大影响,甚至能够开创一个新的时代。

**五、技术创新的作用**

技术创新是经济增长的重要驱动力量。当前,面对百年未有之大变局,市场竞争更加激烈,技术创新日趋活跃,技术创新将催生大量新产业、新业态、新模式。依靠技术创新创造新的经济增长点、新的就业岗位和新的经济社会发展模式,是促进经济可持续发展的根本出路。创新已成为一个国家在竞争愈加激烈的国际环境中赖以生存和发展的基础,而能否抓住技术创新的机遇,已成为决定一个国家未来强弱盛衰的关键。

（1）从企业层面上看,技术创新是企业塑造核心竞争力的源泉。随着市场竞争的日益激烈,能否通过技术创新开发新产品、采用新工艺、使用新技术、开拓新市场等,成为企业在市场上获得竞争优势的一个关键因素。技术创新不但可以降低生产成本、提高产品质量、改进工艺流程,还可以借助技术创新所形成的独特市场优势比竞争对手获得更多的超额利润收入。同时,基于技术创新所带来的管理方式、管理手段等的变革,可以有效提升企业的整体管理水平,从而使企业在市场竞争中始终处于有利地位。

（2）从产业层面上看,技术创新引领产业结构优化升级。随着技术创新在经济社会发展中的作用日益增强,技术创新越来越成为产业结构调整和升级的主导性因素。新技术创造新产品,催生新产业,塑造新业态。实现技术创新的产业部门发展迅速,而没有应用新技术的部门或行业逐渐落后甚至被淘汰,新的产业不断涌现,落后的产业逐步被淘汰,产业部门之间的优胜劣汰推动产业结构不断从低级走向高级。

（3）从经济发展来看,技术创新蕴含了新的经济增长机遇。在知识经济时代,技术创新是经济发展的引擎。当前,世界范围内国与国之间的竞争更加激烈,世界各国都在千方百计追求经济实力发展和竞争地位的提升,而技术创新成为世界各国争夺竞争优势的关键抓手。技术创新之所以能成为推动经济增长的动力和源泉,就在于技术创新既创造了持续的供给,也创造了持续的需求。由于技术创新的不断涌现,才使得社会具有持续不竭的投资需求和不断出现的新需求,从而不断给世界带来新的经济增长机遇。

历史经验表明,无数大大小小的技术创新,决定着一个企业的兴衰,决定着一个产业的演变,乃至决定着一个国家经济的繁荣与萧条。改革开放以来,我国经济持续快速发展,但是我国大部分经济增长仍然依靠资源、环境、劳动三个要素,这样必然会过度消耗资源,最终导致经济增长速度放缓甚至无增长。当前,我国经济已进入高质量发展阶段,唯有通过技术创新,加快培育新的经济增长点和产业优势,调整和优化经济结构,促进经济增长方式转变,推动社会生产力跨越式发展,才是经济可持续发展的唯一选择。当今世界百年未有之大变局加速演进,国与国之间竞争更加激烈,要实现科技自立自强,必须抢占技术创新的制高点,推动技术创新和经济紧密结合,要充分发挥企业的创新主体作用,通过市场机制的选择及其配置资源决定性作用,牢牢把握国际创新潮流,经济发展才能永葆生机活力。

### 六、技术创新的过程

技术创新过程可以分为以下几个步骤:问题识别、概念生成、设计与开发、商业化和市场化。

（1）问题识别。在这个阶段,企业需要明确需要解决的问题,包括市场需求、技术瓶颈等。这个阶段的关键是精准把握市场需求,了解用户的痛点和真正的需求,从而确定技术创新的方向和重点。

(2)概念生成。概念生成阶段主要是通过内部和外部渠道获取创新想法和解决方案。内部渠道包括企业内部的研发人员、员工和业务部门,外部渠道包括合作伙伴、供应商和科研机构。通过开展创意工坊、技术竞赛和产学研合作等方式,吸引更多的创新人才和创新思维。

(3)设计与开发。这一阶段的关键是将创意转化为实际的技术解决方案。企业可以通过自主研发、技术引进和合作开发等途径来实现技术创新。在技术开发过程中,需要注重技术的可行性和可操作性,以及技术与市场需求的匹配。同时,还需要注重知识产权的保护,避免技术的流失和侵权。

(4)商业化阶段。在这一阶段,企业需要将技术创新转化商业价值。这包括市场规划、产品定位、商业模式设计等工作,企业需要分析市场竞争环境,确定产品差异化竞争策略,并制订相应的市场推广和销售计划。此外,还需要考虑技术创新对企业组织结构和流程的影响,以确保技术创新与企业的整体战略一致。

(5)市场化阶段。在这一阶段,企业需要将技术创新产品引入市场,并实施市场推广和销售。这包括市场定位、品牌建设、渠道管理等方面的工作。在市场推广过程中,企业需要进行市场调研,了解用户对产品的认知和需求,不断改进和优化产品。

然而,在技术创新过程中仍存在一些挑战。首先是技术风险和不确定性。技术创新具有一定的技术风险和不确定性,包括技术可行性、技术引进和商业化的不确定性等。企业需要具备足够的技术能力和创新意识,以应对技术风险和不确定性。

其次是组织和文化变革。技术创新需要企业具备灵活的组织结构和运作机制,以适应不断变化的市场需求和技术进步。此外,企业还需要培育创新文化,增强员工的创新意识和创新能力。

最后是资源投入和回报问题。技术创新需要大量的资源投入,包括研发设施、人力资源和资金等。企业需要在技术创新过程中合理配置资源,并确保技术创新能够获得可持续的经济回报。

总之,技术创新是企业提高竞争力和实现可持续发展的重要手段,通过合理的创新管理和技术创新过程,企业可以不断推出具有竞争优势的新产品和新服务,从而实现技术、经济和社会效益的协同提升。

### 七、技术创新的影响因素

技术创新是一个复杂的过程,受到多种因素的影响。以下是一些主要的影响因素。

(1)政府支持力度。政府的支持力度对技术创新有着重要的影响。政府的政策支持和资金投入可以为企业提供必要的资源和环境,促进技术创新的开展。

(2)社会科学技术发明的成果状况。社会已有的科学技术发明成果状况也会影响技术创新。已有的科技成果可以为新的技术创新提供基础和灵感,减少研发的重复工作。

(3)社会资源的紧缺程度。资源的紧缺程度会影响技术创新的可行性和效率。在资源丰富的情况下,企业有更多的资源投入研发中,反之则会限制技术创新。

(4)市场结构与市场竞争的状况。市场竞争的激烈程度和技术市场的结构都会影响企业的技术创新决策。竞争激烈的市场会促使企业加大研发投入,以保持竞争优势。

(5)企业规模大小。企业的规模也会影响其技术创新的能力和效率。大规模企业通常有更多的资源和能力进行技术创新,而小型企业则更加灵活,能够快速应对市场变化。

(6)知识产权制度。知识产权制度对技术创新有着深远的影响。完善的知识产权保护机制可以激励企业进行技术创新,保护创新成果,防止被抄袭。

(7)科研投入。科研投入是技术创新的基础。增加科研经费和人员的投入可以提升企业的技术创新能力,促进新技术的研发和应用。

(8)市场竞争程度。市场竞争的激烈程度会影响企业的技术创新决策。在竞争激烈的市场中,企业需要不断进行技术创新以保持竞争优势。

(9)企业类型。企业的所有制结构和类型也会影响其技术创新的能力和效率。不同类型的企业在技术创新方面有不同的优势和限制。

(10)融资模式。企业的融资模式会影响其技术创新的资金来源和可持续性。多样化的融资渠道可以帮助企业更好地进行技术创新。

(11)技术溢出效应。技术溢出效应是指技术从一个企业或机构传播到另一个企业或机构的现象。技术溢出可以促进整个行业的技术创新水平提升。

## 第三节 技术市场与技术创新的关系

技术市场与技术创新之间存在密切的关系,技术市场与技术创新相互影响、相互促进。技术市场的需求推动了技术创新,而技术创新又反过来促进了技术市场的发展。

### 一、市场推动技术创新

市场是技术创新最重要的推动力量。市场的竞争和需求促使企业不断进行技术的研发和升级,市场的需求促使企业和科研机构投入更多的资源进行技术研发,以满足市场需求,如清洁能源技术的发展就是市场需求推动技术创新的一个例子。在竞争激烈的市场中,企业只有不断进行技术创新才能保持竞争的优势,更好地满足消费者的需求。同时,市场也为企业提供了资金,提高了技术创新的研发投入。技术市场推动了技术转移和扩散,促进了科技成果的商业化,是科技成果转化成现实生产力的纽带和桥梁。

技术市场通过提供技术商品的营销场所和领域,包括软件技术市场、硬件技术市场和一体化技术市场等,促进了技术的转移和扩散。技术市场的交换关系主要是技术成果的生产者、经营者和消费者之间的关系。这种交换关系推动了技术的商业化应用。此外,国际技术市场更是集技术开发、技术交易、技术中介和技术信息交换为一体的多功能的市场结构,进一步促进了全球范围内的技术创新和技术应用。

技术市场作为市场体系中重要的生产要素市场,对于企业以及国家的发展至关重要,能够实现科技和经济的紧密结合,促进国家经济发展的同时提高经济增长的质量。因此,市场是创新的动力源泉,不断变化和升级的市场需求推动技术创新不断进入新阶段。

## 二、技术创新提高市场效率

技术创新对市场的影响不仅体现在市场规模的扩大和消费者需求的增加,更重要的是技术的不断革新与升级,提高了市场效率。比如,互联网技术的发展改变了传统的商业模式,大大提高了市场的效率。传统的购物、支付流程需要人工操作,而随着支付宝、微信等电子支付的兴起,消费者可以在线上给商家进行支付,大大提高了购物和交易的效率。此外,小程序和社交媒体的出现也极大地促进了消费者和商家之间的交流和互动,推动了市场的发展。

技术创新反哺市场。技术创新不仅满足了市场的需求,而且开拓了新的市场。比如,无人机技术的发展给快递配送、公安、环境监测等诸多领域带来了新的应用机会。大数据为金融、医疗、交通等行业提供了更全面的信息支持,促进了这些行业的转型升级。因此,技术创新的实施还可以推动市场的发展和升级。

## 三、技术创新与技术市场的相互作用

技术创新和市场是相互联系的。市场是技术创新的发起者和推动者,而技术创新则为市场营造了新的发展趋势和机遇。技术市场的需求推动了技术创新,而技术创新又反过来促进了技术市场的发展。

市场需求是技术创新的来源,技术创新是市场的表现。市场的需要促进了技术的发展,技术的发展又满足了市场的需求。比如,在智能手机的市场走向方面,消费者的需求推动了手机厂商不断地更新和升级手机的功能和性能,而科技的创新创造了更好的手机和新的市场需求进而推动市场的扩张和发展。因此,技术创新和市场的关系是相辅相成的。

技术创新和市场作为两个重要因素,彼此依存共生,这种相互作用推动着整个经济的运行和市场的发展。技术创新驱动市场的效率,提高市场的整体功能和竞争力,而市场则需要技术创新的引领和推动,以不断满足消费者的需求和开拓新市场。在未来,市场和技术创新之间的关系将变得更加密切,技术的不断革新将为市场提供更多的机遇和空间。

# 第二章　技术创新营销

## 第一节　技术创新营销的概念

### 一、技术创新的实质

"技术创新是以市场为导向,将科技潜力转化为营销优势的创新活动,涉及从创新创意到技术开发、产品研制、生产制造、市场营销和服务的全过程。"技术创新是指由技术的新构想,经过研究开发(R&D)或技术组合,到获得实际应用,并产生经济、社会效益的商业化全过程的活动。

技术创新是技术与经济结合的产物。本质上,技术创新是一种经济活动,是一种以技术为手段,实现经济目的活动。技术创新关键在于商业化,检验技术创新成功与否的基本标准是商业价值(有时也包含社会价值)。可见,技术创新是一种商业化的过程,要在市场上实现其价值的技术创新才是有意义的创新。

我们可以简单地运用一个公式进行表述:技术创新＝技术研究与开发(R&D)＋技术成果转化(商业化)。

## 二、技术创新与市场营销的关系

(一) 技术创新对营销创新的贡献

1. 技术创新伴随着营销创新

技术创新是一个技术商业化的过程,技术创新思想、观念改变市场营销思想和观念。技术创新的发展和强大逐步改变"满足消费者需求"的传统营销观念为"诱导和创造顾客新需求"的观念。

2. 技术创新为营销创新提供物质基础

市场营销的创新方法与手段依赖创新的技术,技术创新为营销创新提供物质基础。例如,互联网技术、大数据技术、现代通信技术等为现代广告、销售与渠道、消费市场分析、网络营销、微信营销、自媒体营销等提供了营销创新的物质基础。

3. 技术创新引导营销创新方向

技术创新引导营销创新方向。创新将是营销未来发展的永恒主题。纵观企业营销100年来发展的历史,无论是新产品开发、新促销方式的出现、新渠道模式的诞生,很大程度上都得益于新技术、新材料、新工艺、新配方、新的通信手段,新的计算机软件等的运用。尤其是近20年来,营销创新活动的频繁更是信息技术日新月异发展直接推动的结果。在网络营销时代,要不断提高信息搜寻的范围与速度、以大幅降低交易成本、获得更优的交易方案,要建设更友好的沟通界面与更有效的互动方式,要在更广泛的时空中设计、开发与制造新产品、外购资源与信息,要寻求更多的产品服务通过网络直接传递的途径,要创造更加逼近现实的虚拟采购环境、使购买人可利用嗅觉、触觉、味觉来提供更综合的判断,以获得网上采购如同传统现场采购一样的经历与体验,要扩大价格决策的弹性空间、使价格的确定更逼近供求的均衡位置。凡此种种,都离不开技术的持续创新与突破。来自营销创新的需要将更直接地推动技术进步,而技术进步的成果也将更直接作用于营销的全部进程。

(二) 市场营销对技术创新的贡献

1. 技术创新是一种营销理念

技术创新不是纯粹的科技概念,也不是一般意义的科学发现,而是一种现代化的营销理念。由于技术发展不断缩短产品的市场生命周期,新产品层出不穷,企业仅仅适应消费者需求而开发和销售产品已跟不上消费者需求变化的步伐。为适应这种变化,企业的营销观念要从满足顾客需求转变为诱导和创造顾客需求。它强调企业必须面向市场进行创新,把市场需求、社会需求作为技术创新的基本出发点,而且创新全过程的各个环节都要贯彻营销观念。

2. 市场营销引导技术创新的市场方向

技术创新的动力来自市场,技术创新必须以市场为导向。市场导向的实质是以客户需求为中心,技术创新不能脱离市场营销的有效支持,不能超越或滞后市场需求的实际水平,不能忽视市场购买者的承受能力及未来趋势。技术创新项目要想获得成果,需要技术机会与市场机会的高度吻合,从而实现技术与市场有机融合的成功:一是技术开发成功,即符合技术评价标准;二是市场开发成功,即符合社会效益和经济效益评价标准。

3. 市场营销参与并服务于技术创新的全过程

技术创新是以市场为导向,将科技潜力转化为营销优势的创新活动。创新部门要很好地与营销部门配合,营销部门也要积极参与创新过程,如参与创新目标的确定、新产品构想的筛选和创新预算的制定,与技术部门共同完成市场需求、产品说明书的编写、用户培训及售后服务工作,向技术部门定期提供有关用户对新产品的意见、竞争对手的动向等信息,对正在开发的技术项目进行市场需求的调查、预测并将结果反馈给技术部门,确定新产品的目标市场、市场定位、上市时机以及相应的产品策略、价格策略、促销策略和服务策略,进而确保创新产品市场营销的成功。

### (三)技术创新与市场营销的互动关系

"技术创新的主要动力来自市场,市场是技术创新的基本出发点和最终归宿。技术创新最重要的是要有市场效果,这是检验技术创新成功与否的唯一标准,通过技术创新开发的新技术、新成果最终通过商品化回到市场。"技术创新与市场营销是"互相渗透、互相联系、互为前提和补充的有机整体"。技术创新是一种经济活动,它必定离不开市场营销,"技术创新不能脱离市场营销的有效支持,不能超越或滞后市场需求的实际水平,不能忽视市场购买者的承受能力及其未来趋势"。因为强大的市场营销能力,既是科研、生产投入的保障,又是把科研、生产的成果转化为效益的制高点。一些只注重技术创新且颇有成效的高技术企业,由于忽视市场需求的变化,缺乏与之匹配的市场营销模式,结果导致经营的惨痛失败,铱星公司和CIO公司的"悲怆交响曲"便是典型的案例。技术与市场、技术机会与市场机会、技术创新与市场营销等关系密切,同等重要。市场的需求和技术的实现是技术创新的前提,市场实现程度是检验技术创新成功与否的最终标准。实际上,技术创新、市场营销、技术创新营销与技术市场四者之间具有密切的关系(图2-1)。

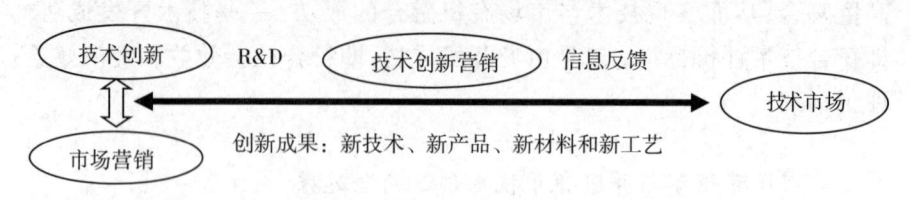

图2-1 技术创新、市场营销、技术创新营销与技术市场等

【案例2-1】美国铱星公司:技术成功而市场失败

美国铱星公司是一家卫星移动通信公司,曾耗资50亿美元、花费12年的时间用于技术创新。该公司曾研究开发出了由66颗低地球轨

道卫星组成的移动通信网络,其定位于"该网络可以使用户随时随地进行通信联络"。但从1998年11月投放市场以来,由于手机和服务费用昂贵等原因,该公司一直客户稀少。到1999年8月初,只有2万家用户,而要实现盈利则至少需要有65万家用户。在无法按期偿还巨额债务的情况下,铱星公司于1999年8月13日被迫向特拉华州的美国破产法院申请破产保护。

该公司破产的重要原因是缺乏市场导向,忽视市场需求的变化,漠视普通移动电话的竞争威胁。该公司的失败案例成为"技术成功而市场失败"的典型案例。

【案例2-2】ICO公司:缺乏市场导向

据新华社华盛顿1999年8月29日消息,在美国铱星公司申请破产保护后时隔仅两个星期,ICO全球通信公司8月27日也向美国特拉华州一法院递交了破产保护的申请。ICO全球通信公司计划投资47亿美元建立一个由12颗卫星组成的通信网络。到1999年8月底,该公司已筹集到30亿美元。但在铱星公司陷入困境后,投资者拒绝继续向ICO公司投资,使得该公司在该年度夏季提出的几项筹资计划全部流产。ICO公司已无力支付到期的4000多万美元债务利息。

以上两个公司失败的案例有一个共同的原因:技术创新与市场营销脱离,技术与市场分离。

**三、技术创新营销的概念**

技术创新营销就是有关技术创新活动的营销,即市场营销在技术创新活动中的应用。技术创新活动很多,其中技术创新项目运行是非常重要的技术创新活动,所以,本书所讲的技术创新营销主要是指技术创新项目的营销,即探讨市场营销在技术创新项目中发挥怎样的作用,如何通过营销服务来发挥作用,促进技术创新(项目)的成功。

技术创新营销是技术创新过程、成果及项目的营销。技术创新营销面临的自然界、市场竞争与市场需求等都是变化的,其不确定性(供应与自然的关系)、竞争性(供应与竞争关系)和需求性(需求与消费者的关系)压力下,运用营销理念、理论、原理和技术服务于技术创新过程,以技术创新项目的创新链、产业链为核心,借助行业内、R&D-营销界面和跨界资源整合等,以增加技术创新的市场反应能力和竞争力为直接目的,以促进和保障技术创新项目成功为终极目的的营销活动。技术创新(项目)营销分为技术创新阶段营销和技术成果转化阶段营销,前一阶段确保营销服务助力技术创新能创造出市场需要的新技术、新工艺、新材料、新产品等成果;后一阶段确保营销服务助力技术创新的新技术、新工艺、新材料、新产品等成果能应用并逐步开发成样品、产品、商品,形成产业化。

从产业链、创新链和营销链视角看,技术创新处于产业链和创新链的前端,自然地,技术创新营销也处于营销链的前端。我们可以简单地运用一个公式进行表述:技术创新营销 = 技术研发(R&D)营销 + 技术成果转化营销。

**四、技术创新中的市场营销链**

(一)基于企业的传统市场营销链

营销链是指企业为实现与顾客的有效沟通,经由需求、市场、开发、技术、生产、渠道、用户等功能性节点连接而成的一个动态流程式结构(图 2-2)。这一营销链概念是基于企业的传统市场营销链。

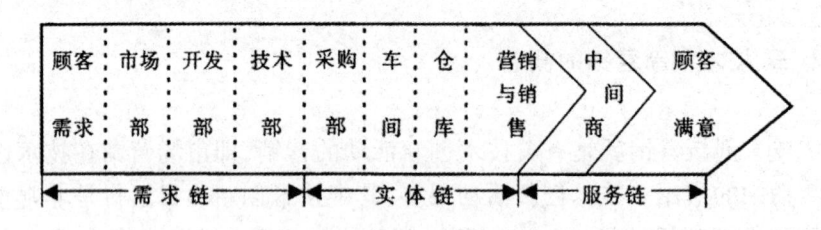

图 2-2　企业的营销链示意图

(二)基于产业链和创新链的营销链——技术创新营销链

1. 技术创新营销链

创新链是描述从创意到创新成果形成整个过程的链状结构,反映了创新要素在整个创新过程中的流动、转化和价值实现过程,体现了创新主体在创新活动中的价值连接与创新协同。产业链是指具有特定技术经济联系的各个产业部门,按照一定逻辑关系和特定的结构关系形成的具有关联和动态连结的链式产业系统,并通过系统中的要素和价值流动实现分工协作、价值增长和产业发展等目的,产业链是在价值链、企业链、供需链和空间链相互对接的均衡中形成的。营销链是在动态变化的市场背景下,以顾客需求为起点,顾客满意为终点,由营销者和顾客两大主体为核心要素组成的需求满足链。传统营销链是按照从需求—生产—市场—顾客逻辑,简称"供—产—销"营销链。本书依据产业链和创新链的逻辑提出"产品营销—服务营销—技术营销—技术创新营销"的营销链(图2-2)。

2. 对营销链中的几个营销概念术语的认识

(1)产品营销。即营销的是产品。企业通过营销技术(市场细分、目标市场选择、市场定位、产品组合、广告促销等系列)方法和手段,将生产出来的"产品"营销给"消费者"(市场)从而获得利益等活动的总和。产品是营销客体,消费者是营销对象。同时也隐含有依靠"产品"的功能、质量、价格等优势进行营销竞争的含义。

(2)服务营销。即营销的是服务。企业将"服务"营销给"消费者"(市场)。同时也隐含有依靠"服务"的质量、形象等优势进行营销竞争的含义。

(3)技术营销。即营销的是技术。通过营销将技术(新技术、新产品,推广应用)营销给"消费者"(市场)。同时也隐含有依靠"技术"的质量、价值、信誉、形象等优势进行营销竞争的含义。

(4)技术创新营销。即营销的是技术创新(项目)。通过营销将技术创新开发项目营销给"消费者"(市场)。同时也隐含有依靠"技术创新(项目)"的质量、价值、信誉和形象,甚至技术创新团队等优势进行营销竞争的含义。

(三)创新链、产业链和营销链的协同和融合关系

营销在技术创新和产业链中发挥着市场信息服务和技术开发导向

的作用,实质上创新链、产业链和营销链三者是协同和融合的关系。技术创新营销简单讲就是技术研究与开发(R&D)的市场营销。按照产业链的上下游,可将产品营销、服务营销、技术营销和技术创新营销的链条称为"营销链"。基于 R&D- 界面管理、技术创新与商业(模式)创新耦合等要求,现代技术创新是全过程营销的技术创新、是技术经理人全程参与的技术创新、是技术需求顾客参与的技术创新。

技术创新营销就是技术创新过程及其成果的营销,也是技术创新项目的营销。按照营销的侧重点不同,营销可分为产品营销、服务营销、技术营销与技术创新营销。这些营销形成了全营销链(图 2-3),技术创新营销位于全营销链的前端。

| 产业链 | 技术创新(研发R&D) | 新技术商业化 | 技术应用与推广 | 新产品开发 | 服务推广 | 产品生产与推广 | 市场 |
| 营销链 | 技术创新营销 | | 技术营销 | 新产品营销 | 服务营销 | 产品营销 | 产品销售 | |

**图 2-3 全营销链示意图**

(1)技术创新营销与技术营销。技术创新营销与技术营销容易混淆。从产业链来看,由新技术、新产品开发始端到销售市场终端,形成了技术创新营销、技术营销、服务营销和产品营销的完整营销链。技术创新营销是技术创新(项目)全过程的营销,其营销对象是"技术创新项目和过程",包括技术开发和技术商业化,是一种前置的营销,从项目立项论证、开发、运行及新技术、新产品走向市场,实现技术商业化、产品商品化和市场化等全过程每一环节都需要市场营销的参与,关注每一阶段、每一节点的创新,也称为"技术研发(R&D)营销"。而技术营销的营销对象是"技术结果或成果",是一种技术创新结果的点的营销,是一种创新成果后置的营销,它是发挥或利用技术竞争优势实现技术交易,也称"技术推广与应用营销"。

(2)新产品营销。技术创新的成果包括新技术、新材料、新产品和新工艺等形式。技术创新的最终目的是实现技术商业化,将技术成果转化为直接的社会效益和经济效益。技术成果转化的具体过程环节包括新技术样品化、样品产品化和产品商品化,涉及技术设计与创造、样品设计与制造、产品设计与制造、产品定位与商品化等环节。每一环节都可以是一个独立的项目,同时又是整个链条上的一环。因此,技术创新营销不仅是新技术、技术项目的营销,还包括新技术开发为新产品的营销,要发挥技术创新营销、技术营销、服务营销和产品营销"营销链"的作用。

## 第二节 技术创新营销的相关基础

### 一、R&D-营销界面管理研究

(一)理论依据

高新技术创新过程中,研究与开发(R&D)部门、市场营销部门是两个非常重要的职能部门。这两个部门的绩效水平与相互关系(R&D-营销界面)对企业技术创新的绩效乃至成败具有决定性影响。研究表明:R&D-营销界面友好是创新取得成功的必要条件之一;R&D-营销界面质量不佳是导致产品创新失败的最主要因素;而R&D-营销界面质量的好坏在很大程度上取决于企业R&D-营销界面管理的水平。高新技术创新的成功实现,要求R&D与市场营销部门密切合作,建立友好、高效的职能界面(R&D-营销)。

(二)R&D-营销界面管理研究的结论

R&D-营销界面管理研究认为,R&D-营销界面管理的有效性对技术研发(R&D)项目的成败和效率具有很强的影响。通过调查发现,当R&D-市场营销职能整合存在严重的管理问题时,68%的R&D项目将在商业化上完全失败,21%的项目将部分失败。说明技术创新是技术研发(R&D)和市场营销两个部门共同合作的事,技术创新必须由市场营销人员积极参与并发挥营销应有的作用。

研究与开发(R&D)部门担负创造新技术、获取新技术、解决技术难题、开发新产品和新工艺以及提供创新的构思等任务(技术活动)。目标要求:能否经济、高效地研究和开发出技术含量高、市场前景好的新产品。

## 二、市场营销与技术成果转化耦合结论

技术成果转化是技术行为和市场行为耦合的产物。据国外有关资料对新产品失败原因的分析,主要有:(1)市场分析不恰当占32%;(2)产品本身不好占23%;(3)成本超过预期占14%;(4)投放时机不当占10%;(5)竞争阻碍占8%;(6)销售力量、分销促销组织不好占13%。其中,与市场有关的因素占63%。

由此可见,市场营销对技术成果转化(技术创新)具有重要作用,在技术成果转化全过程中要融入市场营销理念和思想要素,将市场营销技术、现代信息技术和行业技术(理工农医艺专业技术)"三类技术"有效融合(图2-4)。因此,为了培养"复合型、创新型和应用型"新商科人才,市场营销专业转型发展必须走三类技术融合教育之路。

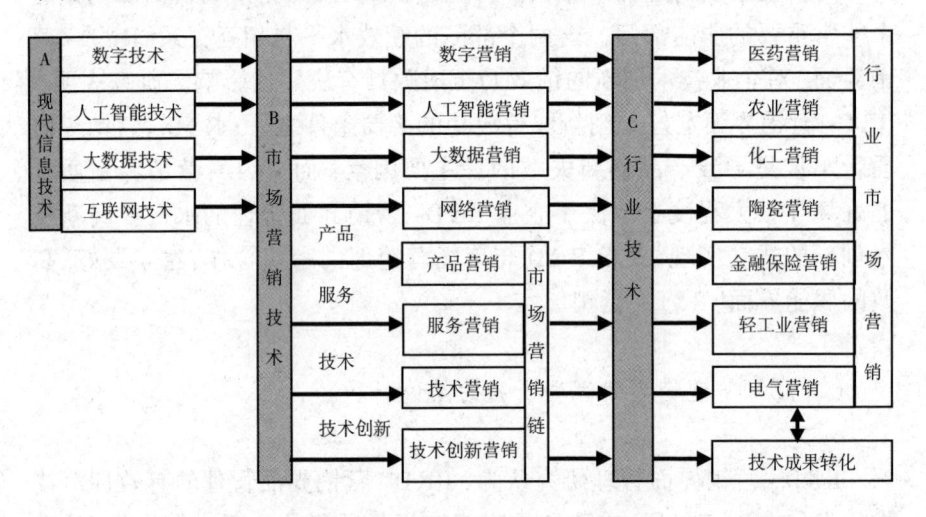

图 2-4 现代信息技术、市场营销技术、行业技术"三类技术"

## 三、技术创新与商业创新融合

R&D-营销界面只是为技术创新营销的存在提供了必要性和价值,而R&D-营销界面管理为技术创新营销发挥作用提供了保障。但技术创新营销的根本作用还是要研究市场营销在技术创业过程、环节中所处的地位和发挥的作用。因此,技术创新营销要围绕技术创新过程中出现

## 第二章 技术创新营销

的"技术—市场"矛盾,解决两者协调、互动的问题,确保技术创新的成功。技术创新本身就是技术与市场的融合物,技术创新与商业创新天然耦合,技术创新是主体,技术创新营销是服务,两者是一体,而且具体运行是以"技术创新项目"为载体。因此,技术创新营销,我们也可以直接称其为技术创新项目营销。技术创新项目往往也是技术创业项目。

**四、专业教育与创新创业教育融合**

技术创新项目的实质是一个技术创业项目的运行过程,它离不开复合型、创新型和应用型理工科人才和商科营销人才共同参与。技术创新营销人才、技术经理人等要具备技术创新营销意识、知识和方法,需要经过专业教育与创新创业教育融合(专创融合)训练,并全程参与技术创新项目过程(表2-1),随时遵循"技术—市场""创新—营销"管理链来调整营销策略和对策,服务好技术创新项目的运行。目前高校教育体系中最缺乏的是"创业实践"缺失和滞后(图2-5),需要通过"微专业—技术转移转化管理"教育来加强科技创业教育和双创实践教育。

图2-5 专业教育与创业教育的关系

根据"7+1双创工-坊"育人模式下的专创融合课程"大学生创新创业实践"所进行的"创业项目"运行训练来看,市场营销在技术创新项目中发展着极强的融合应有作用(表2-1)。

表 2-1 专业教育

| 序号 | 跨专业的对应名称 | 专业知识和能力 | 创新创业知识和能力 | 创新创业项目 |
|---|---|---|---|---|
| 1 | 市场营销 | 需求调查 | 需求痛处、问题 | 创新创业项目运行的流程与环节 |
| 2 | 市场营销 | 市场细分 | 创业机会分析 | |
| 3 | 市场营销 | 目标市场 | 创业机会选择 | |
| 4 | 市场营销 | 市场定位 | 创业项目定位（产品、商业模式创新） | |
| 5 | 会计学 | 财务评价 | 项目可行性评价 | |
| 6 | 会计学、金融保险学 | 财务、金融风险分析 | 项目风险分析 | |
| 7 | 工商管理 | 团队管理 | 创业团队组建与创新 | |
| 8 | 金融保险学 | 投融资学 | 项目融资 | |
| 9 | 工商管理 | 项目管理 | 项目运行管理（文化、机制、管理模式创新） | |
| 10 | 理工类专业 | 技术研发（R&D） | 新技术成果转化 | |
| 11 | 陶瓷专业 | 产品研发 | 新产品商品化 | |
| 12 | 市场营销 | 销售管理 | 产品销售与创新方案 | |

  从技术创新过程看,组成技术创新能力的结构要素包括创新决策能力、R&D 能力、生产能力、市场营销能力、组织创新能力等五个方面。R&D-营销界面管理：技术创新项目实际上就是一个技术创业项目,是技术创新与商业创新的融合。所以,技术创新项目营销就是要运用创新思维和创业思维,通过营销理论、知识、原理和方法来服务于技术创新过程、成果转化。我们将"7+1 双创工作坊"的跨专业融合与专创融合教育一体化训练应用到"技术转移转化项目"训练中,即"双创、双转"教育,实现技术创新营销教育和技术管理人才的培养(图 2-6)。

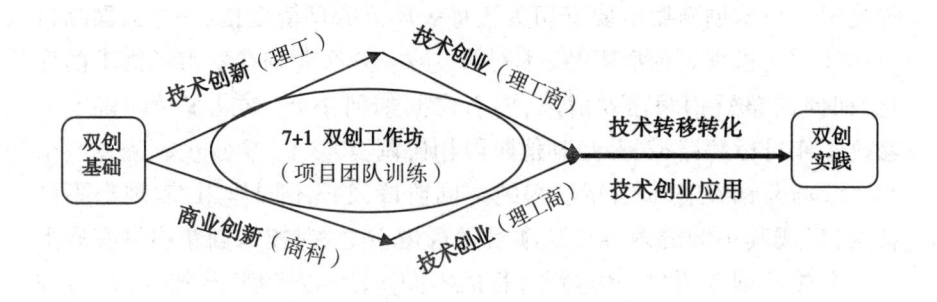

图 2-6 "双创、双转"教育示意图

# 第三节 技术创新营销的作用及内容

市场营销在技术创新过程中发挥着重要作用,在不同阶段表现出不同特点。

**一、市场营销部门的作用**

市场营销部门的任务是不断将新的产品付诸实践,并使其在市场中有效地扩散。它是研发部门的协助者、帮助者与合作者。它是技术创新项目运行的"侦察兵"、"情报员"、决策者、管理者和"催化剂"。

采取"R&D-营销"一体化创新模式,形成技术创新项目团队化(技术创新与商业创新融合一体)。

**二、技术创新过程不同阶段的营销内容**

在技术的发展速度、综合程度和复杂性日益提高以及市场需求变化无穷的情况下,技术创新的过程越来越复杂。一般认为,技术创新的复合环状过程包括新思想(创意)、研发、开发、中试、生产、营销、扩散等流程。但实际上,市场营销应用已经从创意开始,贯穿于整个技术创新过程之中。技术创新团队要密切关注每一环节的环境变化,一方面面临科技和技术的进展,如何调整技术对策;另一方面面临技术市场需求的变化,如何调整营销策略及对策,两者之间如何协调,据此来及时确定和修改工作目标和路径,并与其他阶段相协调。

市场营销在技术创新过程的不同阶段发挥不同作用,表现出不同特点,形成其不同的内容。从项目运行逻辑上看,技术创新项目实质上是一个技术创业项目,其运行过程的不同阶段,技术创新(技术创业)与市场营销具有密切的对应关系(表2-2)。技术经理人或技术创新营销人员全程参与技术创新项目全过程,及时发现问题,及时采取相应的营销措施,发挥技术创新营销的作用,并形成不同的市场营销内容与策略。

(1)技术创新(项目)立项前的营销。对市场需求信息与技术竞争情报等,进行调查、预测与分析,准确掌握技术的需求和竞争状况,为确定技术开发方向与定位奠定良好的基础。

(2)技术创新(项目)立项时的营销。项目目标化,运用营销理论知识和原理对技术开发进行分析和定位,明确目标,决定方案,做到市场定位和技术定位有机结合,即技术与市场的融合。技术创新既是技术活动,更是经济活动。广义的技术成果转化过程是技术创新与商业创新的耦合。

(3)新技术开发阶段的营销。了解国内外的科技发展动态和企业技术创新需求,帮扶研发部门制订R&D战略方向,营销部门与研发部门共同研究需求与竞争,制订R&D计划,选择创新路径,实现技术创意成果化,产生新技术、新材料或新工艺。

(4)新产品开发阶段的营销。了解国内外最新产品发展动态,根据市场和竞争变化不断改进完善新产品开发,营销与研发部门共同制定产品营销策略,实现新技术的样品化和产品化。

(5)新产品试制阶段的营销。主动调查用户,跟踪竞争对手,及时向R&D部门反馈客户意见及市场信息,分析制定新产品开发路径、方案和营销策略,向R&D部门提出产品的改进意见。

(6)新产品投放市场阶段的营销。掌握竞争对手的最新动态,制定营销组合方案和策略,做好新产品市场测试,积极开拓各种营销渠道,做好媒体宣传和产品售后服务,向R&D部门反馈新产品的市场表现,并采取相应营销策略,实现新产品的商品化和产业化。具体要明确新产

## 第二章 技术创新营销

品的价格策略、渠道策略和促销策略等营销策略。

表 2-2 技术创新技术对应关系

| 序号 | 技术创新 | 技术创业 | 市场营销 |
|---|---|---|---|
| 一 | 技术机会发现 | 创业机会发现 | 需求调查,市场细分,机会(痛处、问题)分析,竞争分析。把市场需求、社会需求、国家安全需求作为研发的基本出发点 |
| 二 | 技术机会选择 | 创业机会选择 | 机会选择(目标市场) |
| 三 | 技术开发方向、R&D项目计划 | 创业方向、项目 | 市场定位(技术或产品、类型、档次;市场地位、定价、功能等) |
| 四 | 创新构思 | 产品概念 | 用营销术语准确表达新产品的消费效用,对产品功能、规格、品质、款式、包装、品牌、目标市场等给出合理描述,初步市场定位 |
| 五 | 创新中期 | 创业中期 | 及时向R&D部门反馈客户意见及市场需求、竞争信息,分析调整新产品开发路径、方案 |
| 六 | 技术成果形成 | 新产品市场试销 | 市场测试,及时反馈用户意见,修改完善新产品 |
| 七 | 技术商业化 | 新产品市场化 | 新产品的营销策划及商业化分析:市场规模、结构与消费行为;预期定价、分销策略 |
| 八 | 技术推广应用与改善 | 新产品商品化、产业化 | 制定营销组合方案和策略 |

# 第三章　技术成果转化与技术成果转化教育

## 第一节　技术成果转化

**一、技术成果及技术成果转移转化的相关概念**

（一）技术成果

技术是人们为了变革自然和社会所采取的一切物质手段、工具和方法的总和。技术的任务是在科学理论的指导下发展或开发出新的方法、手段、措施或途径，用于改造世界。

新技术是指建立在信息技术、生物技术和其他学科发展基础上的技术。

科技成果是指就某一科学技术问题通过研究活动取得的具有一定学术意义或实用价值的创造性劳动结果，并获得实践检验及社会承认。一般包括基础研究成果、软科学研究成果和应用技术成果（表3-1）。而《中华人民共和国促进科技成果转化法》所规定的科技成果是应用技术成果，即具有使用价值的技术创新成果。

## 第三章　技术成果转化与技术成果转化教育

表 3-1　技术成果的界定

| 界　定 | 区　别 | 依　据 |
|---|---|---|
| 本法所称科技成果,是指通过科学研究与技术开发所产生的具有实用价值的成果 | 前者规定的科技成果比后者宽泛;前者强调实用价值,后者限于技术方案;前者着眼于转化,强化价值实现,包括实施与转移,后者着眼于转移,主要是权属转移;前者不强调产权属性,后者强调产权属性 | 《中华人民共和国促进科技成果转化法》（2015） |
| 利用科学技术知识、信息和经验作出的涉及产品、工艺、材料及其改进等的技术方案,包括专利、专利申请、技术秘密、计算机软件、集成电路布图设计、植物新品种等 | | 《最高人民法院关于适用〈中华人民共和国民法典〉若干问题的解释》（2004） |

（二）技术成果转移转化

1. 技术成果转化

《中华人民共和国促进科技成果转化法》（2015年）将技术成果转化定义为"为提高生产力水平而对科技成果所进行的后续试验、开发、应用、推广直至形成新技术、新工艺、新材料、新产品,发展新产业等活动"。

技术成果转化的最终目的就是将科研成果转化成市场需要的商品或服务,产生相应的经济效益和社会效益,也称"技术商业化"。一般认为,它包括成果形成阶段、成果转化阶段、成果推广应用阶段。

2. 技术成果转移

技术转移就是技术从供给方向需求方转移,即主体之间的转移。技术转移包括技术转让、技术移植、技术引进、技术运用、技术交流和技术推广六种活动。《合同法》将技术转让分为专利权转让、专利申请权转让、技术秘密转让和专利实施许可四种。

由于以上两者的相近性,我们将两者统称为"技术转移转化"。

## 二、技术成果转化的主要内容

（1）产品开发。产品开发包括新产品开发、现有产品改进。这是技术成果转化的核心与关键。因为走向市场，被消费者所接受的科技成果最直接最终的表现是产品或服务，包括功能、性能、使用、外观、价格、便利、成本等。

（2）设备与工具开发。开发、生产产品或提供服务时，可能需要用到新的专用设备、工具等手段，必须进行专门开发，否则就会影响成果转化。

（3）工艺开发。对工艺开发可以提高生产效率、产品品质，对成果转化非常重要。

（4）原材料选型及利用。原材料适当、对路，直接关系到新产品质量，关系到成果转化的成功率。

（5）能源的利用开发。能源质量好坏及其利用率高低，对产品的价值都有重要影响。

（6）生产环境改善。只有改进生产环境，才能利用先进技术实现成果转化，或者在开发新产品、新工艺，研制新设备、新工具时，必须改进生产环境。

（7）商业模式开发。好的产品或服务，如何更有效、更及时地到达消费者或用户手中，并被消费者或用户所接受，就需要设计良好的商业模式。商业模式是基于消费者或客户的需求，以市场需求为导向。一种新产品的开发，必须同步开发其商业模式。

## 三、技术成果的评价

### （一）技术成果评价原则

《科技评估通则》对科技评估提出了独立、客观、公正、科学、专业、可信、务实、尽责、规范、尊重等基本准则。另外还可以选择：分类评估原则、系统性原则、定量定性相结合原则和可溯源原则等。科技成果评

## 第三章 技术成果转化与技术成果转化教育

估指标设计时,坚持以下原则:(1)科学性原则;(2)系统性原则;(3)准确性原则;(4)可操作性原则。

(二)技术成果评价指标

技术成果全面评价,包括技术成果的创新性和先进性、可靠性(获取性、成熟度)和安全性、实用性(适用性、经济性)等。具体指标包括:技术成熟度,技术创新度,技术先进度,知识产权保护情况,团队经济效益、社会效益和风险。技术成果评价主要指标是:技术创新性、先进度与效能评价;技术成熟度评价;技术市场成熟度评价;技术经济与社会效益评价和技术风险与产业化风险评价。

**四、技术成果转化过程及特点**

(一)技术成果转化过程

技术成果转化过程也就是技术商业化过程,是指从新产品或新工艺设想的产生,经过研究、开发、工程化、商业化生产,到市场应用的完整过程中的一系列活动的总和(图3-1)。由于技术创新项目在整个过程运行中,随时面临市场的不确定性和变化,所以市场营销和技术经理人要全过程参与技术成果转化,提供信息、情报和市场决策服务。

技术研究　　产品形成与生产　　市场开拓与产品销售　　技术商业化生产

图3-1　技术商业化的一般过程

(二)技术成果转化特点

技术成果转化具有以下几方面的特点。
(1)技术成果转化是一个商业过程。技术商业化是一种商业行为,其目的在于为社会提供一种新的产品或服务的同时获取商业利润。

（2）技术成果转化是一个长期的、多阶段的复杂过程。技术成果商业化是一种周期长、阶段多的活动，每个阶段即独立又互有联系。

（3）技术成果转化具有利益驱动性。由于新产品、新技术具有较大的市场潜力和可观的经济效益，因此，对投资者来说具有较强的利益驱动性。

（4）技术成果转化具有不确定性。新技术过于超前，市场风险较大，技术环境复杂，技术成果转化不确定性较大。

**五、技术成果转化的影响因素**

我国每年取得了大量的科技成果，专利数量已跃居全球第一，但技术成果转化率较低。影响或阻碍技术成果转化的因素比较多，主要有以下几方面。

一是与技术成果转化相关的政策落实不到位，机制缺乏，转化体系尚在完善中；二是应用性技术成果本身质量不高、转化价值不大，在项目立项时缺乏市场意识、项目意识和团队合作，仍然是传统做法，整个技术创新过程还是技术部门闭门独立完成，缺乏市场营销参与；三是对技术成果转化投入不足、投入结构不合理；四是技术转移转化专业人才队伍建设不足。

## 第二节 技术成果转化教育

**一、技术成果转化教育**

技术成果转化教育，也称"技术转移转化教育"，是以培养技术转移转化人才为目的而进行的一系列教育教学活动。目前我国高校还没有明确的技术转移转化专业教育，个别高校为了适应技术转移转化专业人才，如技术经理人等急需，开设了本科层次的"技术转移转化管理"或"技术成果转化"等专业。还有部分高校开设相应的硕士学位专业。

# 第三章 技术成果转化与技术成果转化教育

## 二、技术成果转化过程与教育

技术成果转化是将技术开发成市场需求的新技术成果、新产品,最终实现消费者所需的具有市场竞争力的新商品。实质是新技术商业化、产业化。这个过程既是一个复杂的过程,又是一个多元素参与、风险性极高的过程,由技术机会与市场机会的吻合、技术价值转变为市场价值的增值,是技术创新的新产品开发、技术创业的市场开发和市场营销等多方面综合的结果(图 3-2)。

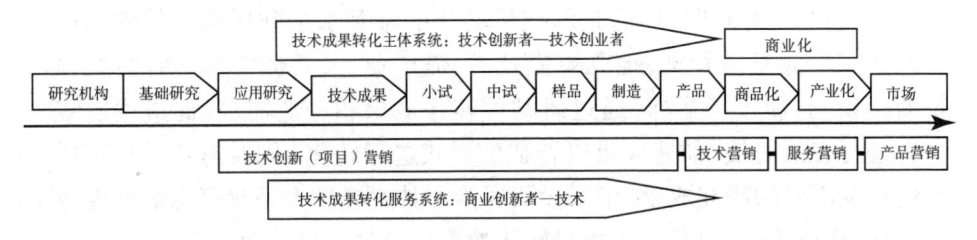

图 3-2 技术成果转化流程和系统模拟图

随着"双创"教育的发展,分散化、微型化的创新创业成为技术成果转化的新渠道。技术创新过程中伴随着理工科专业的技术创新和商科专业商业创新的有机融合。

## 三、技术成果转化人才——技术经理人

技术成果转化人力资源可分为技术开发类和技术市场类两大类型,按照参与技术成果转化参与者的"角色",具体界定为技术创新者、技术创业者、技术经纪人和技术经理人等人员(图 3-3),但最重要的是技术经理人。

(一)技术创新者与技术创业者

技术创新者是技术创新过程中的创意、技术原理与实验、技术开发与改进,以及技术成果的创造者和提供者,解决"最先一公里"的问题;商业创新者是技术成果转化的商业模式、营销策略、新技术、新产品的市场推广者;技术创业者是技术创新与商业创新的复合者,具有技术创新

能力和市场战略把握能力,加快有市场竞争力的高水平技术成果的供给。

(二)技术经纪人与技术经理人

技术经纪人是技术开发者与技术需求者之间信息传递和技术交易的中间人,其作用主要是做好技术成果转化的"最后一公里"的问题。技术经理人是技术成果转化服务系统的复合型人才,需要熟悉技术、掌握经济、管理、营销、知识产权,能较好解决技术创业和技术成果转化中复杂商科问题的综合能力,负责技术成果转化项目运行全过程,解决好"每一公里"的问题,提高技术成果转化的服务水平和质量。技术经理人具有专业复合特征,他既要懂技术、懂产业,又要懂资本、懂法律、懂商务谈判、懂市场运作,通过研判可转化成果和企业需求,促进供需双方进行有效对接,加速成果以合适的形式进行转化;同时避免转化不适应市场需要的研究成果,带来投资风险。技术经理人是我国急需的专业人才,肩负重任,也是技术成果转化教育培养的重要人才。

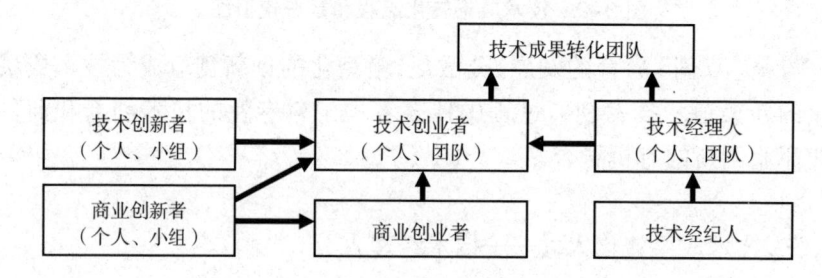

图 3-3 参与技术成果转化"六新人"的关系

四、技术成果转化人才培养与技术创新、技术创业、技术创新营销的关系

技术成果转化人才主要指的是技术经理人。因此,技术成果转化教育就是技术经理人培养。创新链、产业链和营销链"三链"之间的协同分别形成技术创新教育、技术创业教育和技术创新营销三者之间的协同,共同形成技术成果转化教育的内容(图3-4)。技术创新教育和技术创业教育是"双创"教育的重要类型,是以"专业技术"为核心的创新创业教育。因此,要通过"7+1双创工作坊"模式的"专创融合"来育人。

# 第三章 技术成果转化与技术成果转化教育

而技术创新营销是针对"技术创新项目过程"的营销,是经理人必须掌握的重要内容。技术成果转化教育的实施由多个教育环节、教育内容和教学方法来完成,其中研究性教学是有效的方式。

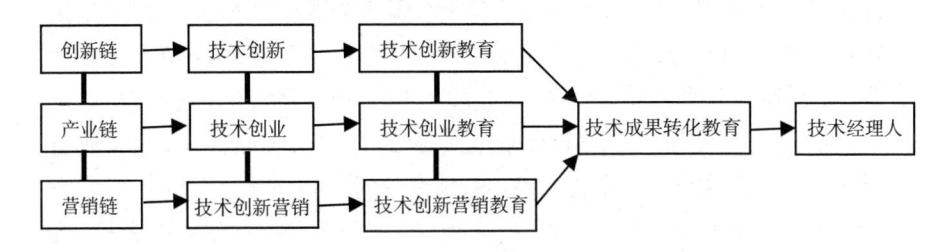

图3-4 创新链、产业链和营销链与技术成果转化教育的逻辑

## 五、技术成果转化教育的实施

技术成果转化教育的实施由多个教育环节、教育内容和教学方法共同来完成的。

### (一)技术成果转化教育的目标

按照"四新"专业的复合型、创新型和应用型人才需求与定位,对应用型高校大学生进行技术成果转化意识、理念、思想、流程、知识、素质和能力培养,提高其发现、分析和解决复杂问题的高阶能力,培养其爱科学、会创新、能创业、善应用的品质和能力,成为能够担当服务企业、奉献家乡的社会主义建设者和接班人。技术成果转化对人才要求很高,主体系统的复合型人才——技术创业者具有技术创新能力和市场战略把握能力,加快有市场竞争力的高水平技术成果的供给;服务系统的复合型人才——技术经理人需要熟悉技术、掌握经济、管理、营销、知识产权,能较好解决技术创业和技术成果转化中复杂商科问题的综合能力,提高技术成果转化的服务水平和质量。

### (二)我国技术成果转化教育的现状

随着国家对科技成果转化和技术转移工作的日益重视,大量高校科研所和企业对技术转移专业人才需求增加,越来越多的高校通过各种形式开设技术转移相关专业来培养专业的技术转移人才。

成都大学2023年12月成立技术转移学院,已完成技术转移辅修专业方案和技术转移方向硕士培养方案,形成从本科生到研究生的完整技术转移人才培养体系。湖南工学院2024年4月举办技术经理人微专业结业,成为湖南省第二家举办技术经理人相关专业建设的高校。

目前国内开设技术转移硕士相关专业的有北京工业大学、北京航空航天大学、常州大学、北京理工大学、清华大学、同济大学、华东师范大学、西交利物浦大学、浙江大学、南开大学、天津大学、上海交通大学、中国科学院大学等多所高校。其中正式获得国务院学位委员会批准的技术转移硕士专业学位点有两所高校,分别是上海交通大学(2021年10月获批)和清华大学(2023年9月获批)。

### (三)"技术转移转化管理"微专业的必要性及意义

提高技术成果转化的质量关键在于高质量的"技术经理人队伍建设",技术经理人已列入国家新职业。通过"技术转移转化管理"专业人才培养是建设高质量的技术经理人队伍的重要渠道。

高校"技术转移转化管理"微专业人才培养是"四新"专业跨专业融合和复合型、创新型和应用型人才培养的聚焦和体现,是提高大学毕业生就业的新渠道。通过理工商跨专业融合,新商科技术赋能,提高行业服务能力,以科研助理、技术经理人、技术创新(项目)营销人才等职业人才培养,提高毕业生就业质量。

技术转移转化管理微专业利用跨专业与专创融合的"7+1双创工作坊"育人平台将我院市场营销、工商管理、会计学等商科专业与理工艺等专业融合育人,为企事业单位和政府技术园区、基地、中心培养技术创新营销、科研助理、技术创新管理、技术经理人等技术成果转化人才。

### (四)"技术转移转化管理"微专业建设

(1)培养目标。通过技术创新管理、技术创新(项目)营销、技术合同管理与知识产权保护、技术转移转化实践等课程的学习和"7+1双创工作"模式跨专业融合育人,提高学生的技术创新创业能力、新技术应

## 第三章 技术成果转化与技术成果转化教育

用能力和技术成果转化能力,为企事业单位及政府技术成果转化行业培养"爱科学、爱创新、会创业、会转化"的复合型、创新型和应用型技术转移转化管理专业人才。具体目标如下:

①知识目标:掌握技术创新管理、技术创新(项目)营销的方法与技术,具备技术合同管理与知识产权保护、技术经济学与技术成果评价的理论知识和行业技术创新与转化知识。

②能力目标:培养技术经理人既懂技术,又懂商业、管理、营销、成本、风险和知识产权保护的综合能力:技术创新项目的技术甄别、市场定位、运行管理与营销能力;技术商业化路径选择、方案策划、管理与营销服务能力;新技术成果评价能力;技术、专利、新产品等商品化的路径和策略选择能力;技术合同管理与知识产权保护能力;融资与沟通交流能力。

③素质目标:了解某一行业技术发展,具有科学精神和创新创业思维、意识,具备技术经理人职业素养。

④思政目标:爱科学、爱创新,遵纪守法,热情合作,诚信保密。

(2)课程体系建设。课程设置:技术转移转化管理微专业设置6门课程,包括技术创新管理实务、技术创新(项目)营销与技术情报、技术合同管理与知识产权保护、技术经济学与技术成果评价、技术转移转化实践(案例)、行业技术创新发展与转移转化(分医药与器械、化学化工与尼龙、电气与机械、信息工程和陶瓷五个行业),共计15个学分。其中技术创新(项目)营销、技术合同管理与知识产权保护、技术经济学与技术成果评价、技术转移转化实践(案例)为校企合作开发课程。理论课和应用实践课构成的课程体系,满足学生知识提升与能力培养。如某课程体系与师资队伍见表3-2所示。

表3-2 课程体系与师资队伍

| 序号 | 课程名称 | 学分 | 课程性质 | 完成学期 | 师资 |
|---|---|---|---|---|---|
| 1 | 技术创新管理实务 | 2 |  | 上学期(春) | 罗*阳、张*凤 |
| 2 | 技术创新(项目)营销与技术情报 | 3 | 校企合作 | 上学期(春) | 李*同、张*江、张*凤 |
| 3 | 技术合同管理与知识产权保护 | 2 | 校企合作 | 上学期(春) | 彭*丹、朱*文 |

续表

| 序号 | 课程名称 | 学分 | 课程性质 | 完成学期 | 师资 |
|---|---|---|---|---|---|
| 4 | 技术经济学与技术成果评价 | 2 | 校企合作 | | 刘*英、刘*、王*黎、侯*红 |
| 5 | 技术转移转化实践（案例） | 4 | 校企合作 | 下学期（秋） | 李*喜、胡*、董*涛 |
| 6 | 行业技术创新发展与转移转化（1医药、器械；2化学化工、尼龙；3电气与机械；4信息工程，含计算机；5陶瓷） | 2（5选1） | | | 1. 李*志、祁*旭（医药）<br>2. 马*（材料）、田*（化工）<br>3. 彭*杰（电气）、陈*（机械）<br>4. 葛*涛（信工）<br>5. 刘*甫（陶瓷） |

（3）实践教学。跨学院合作、产业学院融合提供训练项目、案例教学,建设项目库、案例库。

（4）师资团队。师资队伍包括技术转移转化管理微专业遴选在技术创新管理、技术成果转化实践、技术开发与应用实践、知识产权保护等方面具有深入研究的经管学院老师12名,同时引入科研处、医学院、化学与环境、电气与机械、信工、陶瓷、政法等学院有技术开发能力、技术成果转化与知识产权保护经验的老师9名左右。陆续建立实践教学基地并聘请专利服务公司、知识产权保护部门、高校、科研院所、企事业单位、政府局（委）等技术成果转化、技术管理人员为行业教师,建立案例库、项目库、进校讲座、指导训练。师资队伍有博士11名、硕士10名,教授2名,副教授9名,讲师8名。师资队伍科研、教学能力强、经验丰富,开展技术创新和成果转化育人。

（5）平台建设。跨专业交叉融合平台是"技术转移转化管理"微专业的实践教学平台（图3-5）,可实现理、工、艺、商跨专业融合,学院与部门合作,产业学院间合作和校企政合作（地方科技局、科技企业）。以经济管理学院为牵头学院,组建科研处、电气与机械学院、信息工程学院、化学与环境学院、陶瓷学院、医学院、政法学院、马拉加工程学院、软件学院老师组建跨学科、跨专业的师资团队及行业教师队伍,共同进行"技术转移转化管理"专业人才培养。

# 第三章 技术成果转化与技术成果转化教育

7+1双创工作坊模式：跨学科、跨专业、专创融合"项目训练"，研究性教学

技术创新教育、技术创业教育、技术创新营销教育、技术成果转化教育

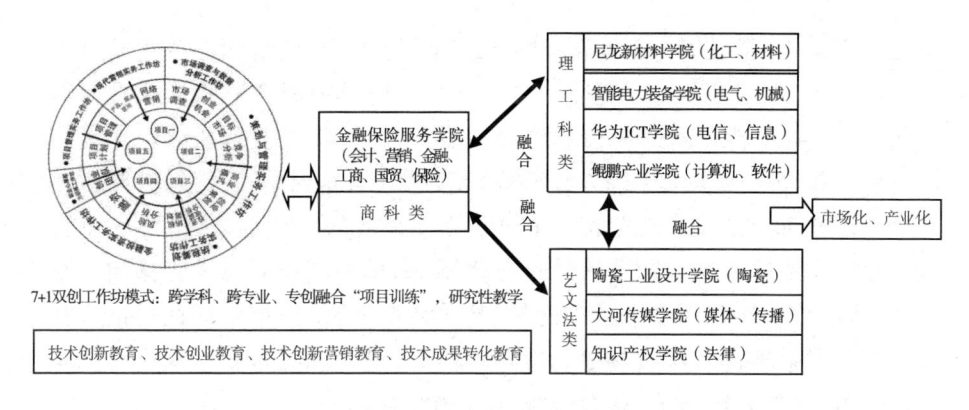

理工科类：尼龙新材料学院（化工、材料）、智能电力装备学院（电气、机械）、华为ICT学院（电信、信息）、鲲鹏产业学院（计算机、软件）

商科类：金融保险服务学院（会计、营销、金融、工商、国贸、保险）

艺文法类：陶瓷工业设计学院（陶瓷）、大河传媒学院（媒体、传播）、知识产权学院（法律）

融合 → 市场化、产业化

**图3-5 "7+1双创工作坊"模式跨学科跨专业跨产业**

（6）技术成果转化教育的内容。大学生技术成果转化教育的内容主要有以下几方面：技术成果转化的意识、理念、品德、素质、知识及能力教育。①培育技术成果转化意识。培养大学生积极学习，勇于进行技术创新、技术成果转化，积极参与到创新创业实践、主动服务社会与造福人民的意识以及忧患意识、市场竞争意识。②传授技术成果转化知识。知识产权保护。结合技术创业教育，从公共通识教育和相关专业教育两方面提升我国技术成果转化人才培养质量。高校可开展两类教育，一类是技术成果转化的公共通识教育：如技术成果转化基础、知识产权保护法、保密法等；另一类是技术成果转化的相关专业教育，技术创新教育和技术创业教育，培养"技术创新（项目）营销"人才和技术经理人。③培养技术成果转化能力。大学生的技术成果转化能力主要是技术创业能力。技术创业能力实质上体现着大学生利用专业知识和能力去解决创业中复杂问题的思维和能力，是专业知识、素质和能力应用的最集中体现。技术成果转化教育内容分为通识教育内容和专业教育内容，要求也不一样。一是面向全体的专业学生开展技术成果转化的公共通识课教育，包括通识类公共选修、必修课程，如《创业创新基础》《技术成果转化基础》，培养技术创新和技术创业基础知识、基本流程和初步技能；更重要的是培养其创新创业意识和技术成果转化意识。二是技术成果转化的相关专业学历教育。技术创新教育和技术创业教育，培养技术创业者和技术经理人人才。专创融合课程大学生创新创业实践、项目管理、合同法、知识产权保护法等；技术经理人培养的技术创新（项目）营销课程教育。三是技术成果转化的训练实践教学。

技术经理人具有专业复合特征。技术经理人既要懂技术、懂产业，

又要懂资本、懂法律、懂商务谈判、懂市场运作,通过研判可转化成果和企业需求,促进供需双方进行有效对接,加速成果以合适的形式进行转化;同时避免转化不适应市场需要的研究成果,带来投资风险。作为高级复合型人才的技术经理人,培养难度较大、培养周期长。因此,要在教育上做长远布局,针对技术转移的专业化服务的高层次人才需求,应将培养技术经理人纳入国家人才培养体系,高校相应设立技术转移相关专业,培养技术转移后备人才。此外,从实践层面看,还应依托社会化培养机构与成果转化转移机构等,开展技术市场管理和技术转移从业人员职业培训,培养既懂技术,又懂市场实务的综合性人才。

一是技术创新教育,包括技术创新与技术开发过程、技术成果产出。二是技术创业教育,主要有技术创业项目(技术机会、商业机会、创业机会)、创业过程、创业团队管理、跨学科跨专业融合、技术创业项目策划与管理。三是技术创新营销教育,包含技术创新市场、技术需求与竞争、技术目标顾客、技术创新项目定位(方向)、技术创新开发项目策划与营销组合、技术商业化、产业化。四是技术成果转化专业教育,主要有成果评价、知识产权保护、技术成果转化教育实施的有效路径是"7+1双创工作坊"模式的融合,有效方法是项目化、过程化、团队化的研究性教学。

## 第三节 技术成果转化教育的"7+1双创工作坊"模式

技术成果转化教育实施的有效路径是"7+1双创工作坊"模式的五融合,有效方法是项目化、过程化、团队化的研究性教学。跨专业与专创融合一体化"7+1双创工作坊"育人模式。"7+1双创工作坊"是培养复合型、创新型和应用型人才的有效模式。教师团队带领学生团队,以专业、课程为背景,以创业项目为载体,进行创业项目训练和综合能力培养,具有一定的理论基础、独特的结构层次和明确的培养目标,形成了层级、循环的训练运行体系(性质、内容、方法)和师资、实践平台、机制等保障体系,发挥多种融合教育功能,取得初步成效,具有广泛的应用推广价值。

## 一、模式构成

模式由"市场调查与数据分析""策划与管理实务""现代营销实务""纳税与财务实务""投融资实务""项目管理实务""职业心理素质能力训练"等7个工作坊和1个"创新创业俱乐部"构成。各"工作坊"由营销、工商、会计、金融保险等不同专业的老师、学生组成,按照创业过程所需的专业能力模块进行训练;"创新创业俱乐部"由各工作坊学员组成"创新创业项目组"进行创业项目运行训练或赛事训练,进行创业过程综合能力训练,实现跨专业、专创融合育人。模式结构呈现出"六层面、三层级"等特色。六层面是专业、课程、工作坊、项目、俱乐部;三层级是根据跨专业融合深度不同分为商科专业融合的A级(商业创业)、理工艺类专业嵌入式跨专业的B级(商业创业)和以理工艺专业的技术创新为核心的C级(技术创业)。

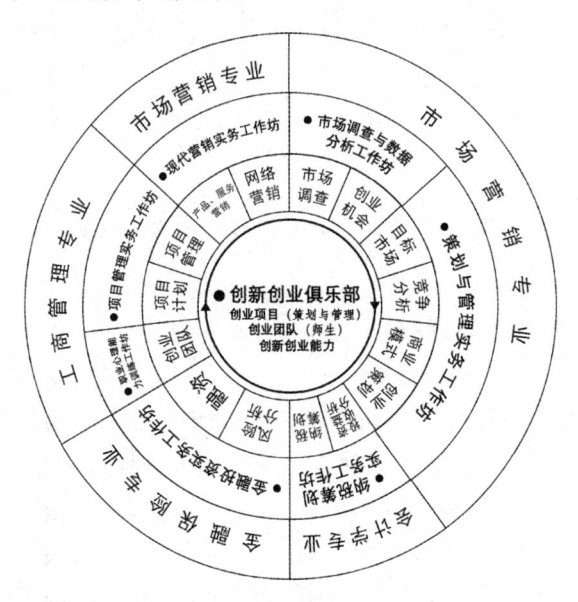

图3-6 "7+1双创工作坊"模式结构图

## 二、模式目标

工作坊的专业模块能力训练和俱乐部跨学科跨专业的创新创业综合能力训练,嵌入思政教育、科研融合、产教融合等,实现跨专业融合、专创融合、思创专融合、科教融合和产教融合等"五融合一体化"教育,培养学生爱国爱乡情怀、敢想敢创精神、吃苦坚毅品质和善创能创技能,具有科学创业观,能运用创新创业与专业的理论知识、技术技能参与团队项目创新创业的综合素质与能力,培养复合型、创新型和应用型人才。

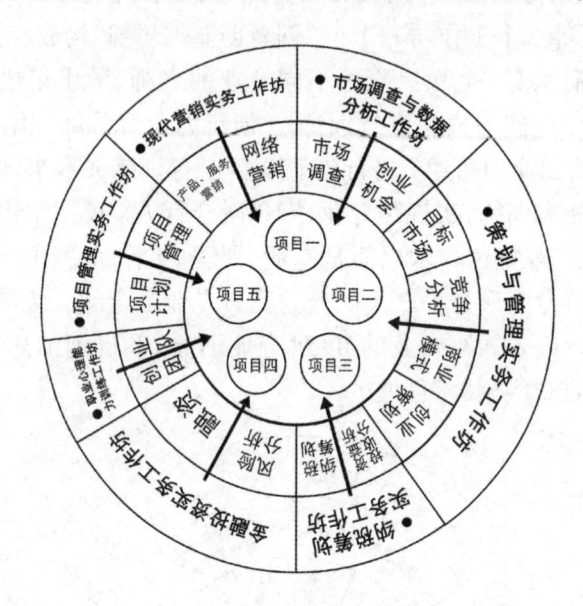

图 3-7 "7+1 双创工作坊"模式运行图

### 三、模式的内容与运行

训练循序渐进,由工作坊的单一能力训练到俱乐部的综合能力训练,从商科专业跨专业融合到理工艺商等多专业跨专业融合。

①工作坊的专业模块能力训练。工作坊在大二下学期以第二课堂形式独立进行训练,围绕模块能力进行专业理论与实践融合训练。如"市场调查与数据分析工作坊"围绕调查能力和数据分析能力,将市场调查理论应用到调查训练中去,进行数据分析训练。各工作坊独立运行、"单兵种"训练,为创新创业俱乐部项目(团队)的"多兵种"综合训练提供基础专业训练和"模块专门人才"。

②创新创业俱乐部项目综合能力训练。大二跨专业班组、形成项目组,运用专业知识和能力(如市场调查与数据分析、目标市场选择与定位、策划与管理、财务投资收益分析、投融资与风险分析、商业模式分

## 第三章　技术成果转化与技术成果转化教育

析、团队管理等)参与项目团队训练,发挥跨专业团队合作优势完成"创新创业项目"运作,具有创新创业项目运作的实操能力(需求调研与分析、创业机会发现和开发、创业项目定位、投融资)、综合能力(团队组建与管理、项目管理、合作能力)和创新创业能力、跨专业融合能力。项目训练可选分层级进行(图3-8),操作性强。

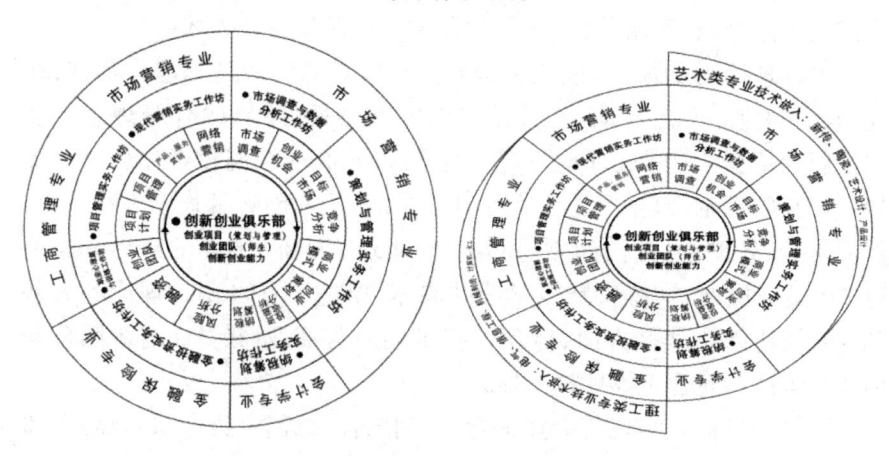

A级：商业创业　　　B级：商业创业

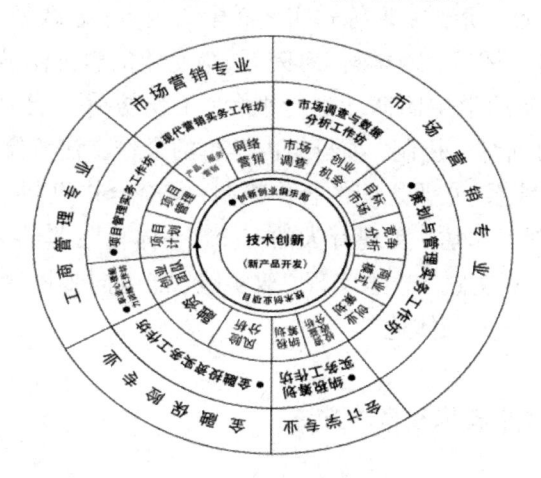

C级：技术创业

图3-8　项目训练教学层级图

## 四、模式解决的主要问题

为"四新"专业复合型、创新型、应用型人才培养提供实现路径和平台,构建跨学科、跨专业融合和专创融合的项目组、团队和训练运行系统。

从理论、理念、形式、内容、团队、运行平台与机制等全方位实现该模式的多融合教育,培养复合型、创新型和应用型专业人才。

①以理论为支撑,以理念为指导。该模式的实践具有理论基础,体现"学生中心、产出导向、持续改进"、文理渗透、跨界融合等理念。从宏观层面依据"三螺旋理论",需要发挥政府、企业和高校合作环境的支持;从中观层面,遵循"政产学研用协同,教学做创转融通"学校理念,需要学校、各院系、部门的支持和配合,体现"四新"专业的跨界融合理论;从微观层面,训练实践以学习共同体、项目学习(PBL)理论等为基础;从创新创业学科方面,体现了技术创新与商业(模式)创新耦合和R&D-营销界面管理等理论支撑。

②确立目标。实现跨专业融合、专创融合、思创专融合、科教融合和产教融合等"五融合一体化"教育,培养复合型、创新型和应用型人才。

③运行管理。形式:训练式实践教学。内容:思政教育、专业教育、创新创业教育。团队:跨学科、跨院系、跨专业的教师团队带领跨学科、跨院系、跨专业的学生团队。运行平台:工作坊单一能力训练、俱乐部项目综合能力训练。机制:项目组内学员的合作交流机制;项目组之间的竞争机制;院系、专业之间的合作机制;校企合作机制。

"7+1双创工作坊"实现育人的三个"一体化":跨专业融合与专创融合一体化,"双实践"教学实现"双实践"能力同步培养一体化和"四综合、五融合"育人一体化。

## 五、技术成果转化教育的方法

(一)技术创业项目的全过程、阶梯式训练

创新创业俱乐部运行方式就是组织不同工作坊的学员集成到俱乐部各创业小组中去,进行"项目综合能力训练",并形成若干次循环(图

## 第三章 技术成果转化与技术成果转化教育

3-9)。

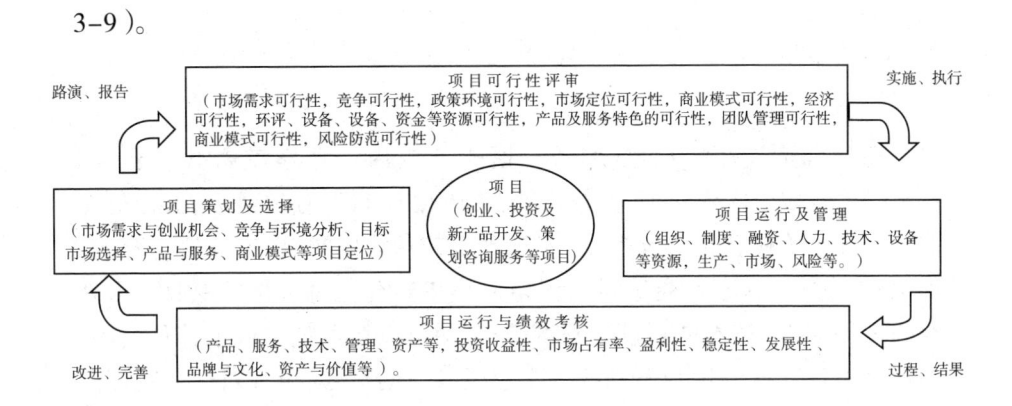

**图 3-9 项目训练教学循环模式**

模式具有层次性、渐进性和多融合性等特点。层次性表现为由商科跨专业的商业创业（A）到理工艺专业嵌入的商业创业（B），再到商科跨专业基础理工艺技术创新中心的技术创业（C）的梯级。渐进性表现为由单一专业能力训练到团队综合训练，项目由模拟训练到实战训练，如延伸到生产一线的技术创新、产品开发、技术成果转化等项目训练。

### （二）跨学院跨专业融合的研究性教学

研究性教学是在教师指导下，学生从自然、社会和生活中选择并确定研究专题，以科学研究的思维，主动获取和应用知识来解决问题的教学，包括研究性教和研究性学。常见类型有课题（专题）探究式、项目训练式、案例分析式、现场体验式等。研究性教学是培养复合型、创新型和应用型人才的创新教学模式。技术创业营销、技术创新营销与研究性教学是技术成果转化育人的重要手段（图 3-10）。

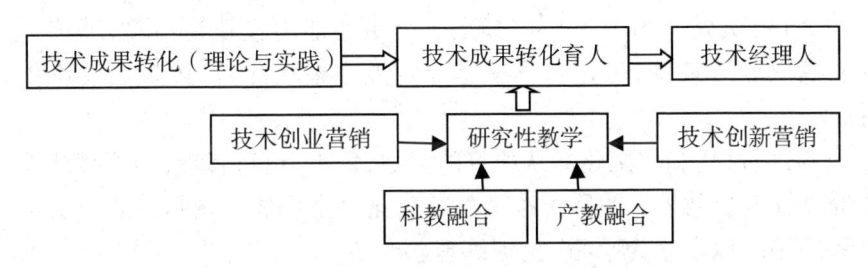

**图 3-10 技术创新营销与研究性教学**

(三)开展"技术转移转化管理"微专业教育

充分利用"7+1双创工作坊"模式下校内产业学院融合平台(图2-5),开展以"技术创业和技术成果转化项目"为训练基础的微专业——技术转移转化管理探索,实现理工艺商跨学科、跨专业融合育人。理工农医等专业融入商法科知识培养成果转化人才;商科专业融入基本的理科知识(技术创新过程基本操作)均可以培养技术成果转化人才。如根据商科专业学生与不同的理工农医专业的融合,可针对性分别培养农业技术(种植、养殖、农机、农保)等专业集中的技术经理人。医药分为中成药、西药、医疗器械等技术创新成果转化人才。理工科有生物制药、化学化工、肥料农药、电气电缆、建筑工程及材料、汽车与轨道交通器械、船舶、海洋、计算机、新材料、机械、电子电信等多个分支分类。因此,技术创新成果转化也多种多样。

(四)模式的特色

(1)体现新理念。模式在实践中综合体现出新的教学理念:立德树人,思创专融合,开启学生创新性学习动力和研究性教学改革;体现"四新"专业跨界、跨学科、跨专业和专创融合育人的"复合型、创新型、应用型"人才培养理念;体现学生中心(学生团队)、产出导向(创业竞赛项目)、持续改进(模式升级、项目优化、质量提升);综合应用包括项目式学习(PBL)、技术创新项目、技术创业项目、科研项目、CDIO及OPDE项目多层次融合,可实现"现代信息工具技术、商科专业技术和所服务的行业技术"三类技术融合育人培养。

(2)模块化。每个工作坊都是一个专业能力模块,工作坊训练是专业模块能力训练,工作坊群就是专业能力模块化群,体现出模块化特点。

(3)项目化和团队化。从项目的策划、评审、运行管理,到项目绩效评价改进等全循环。团队由跨学科跨专业师生构成。老师团队带学生团队,突出"以学生为中心"的训练理念。

(4)过程化和循环性。创业项目运行过程训练是专业应用能力、操作技能、团队合作能力以及解决复杂问题能力培养的重要实践教学。通过不同类型、等级和各种团队项目的随机交叉、组合和集成增强训练的真实性、不确定性、复杂性和实战性,会锻炼学生的适应能力、应急能力和思辨能力。创业项目团队化训练是多次循环的,多个循环训练不断强化和培养学生"发现问题、分析问题和解决问题"的逻辑能力。

(5)阶梯性与层次性。表现在项目的多类型和分层次实施。从工作坊专业模块单一能力训练到俱乐部跨专业集成能力综合训练,从商科跨专业"商业创业项目训练"到理工艺商跨专业"技术创业项目训练",项目可以从模拟训练到实战训练。

(6)综合性。模式的项目团队训练具有专业综合性、理论与实践综合性、思维综合性和能力综合性,还可以实现"思政教育、专业教育、创业教育、科学研究"等综合育人的综合性。该模式兼具磁石模式和辐射模式的结合,具有书院制"文理渗透"的效果。

(五)价值功能

模式本身是具有融合功能的,但其功能能否发挥出来、其价值的大小关键还要看其实施和运行得如何。模式已纳入经管学院专业人才培养方案进行实践,形成从大一的理论课"创新创业基础"到大二的实践课"创新创业工作坊",再到大三的实践课"创新创业俱乐部"等,构建完善的创新创业教育教学体系,实现创业理论教学和实践教学一体化,解决多数大学生没参与过创业项目训练和不会创业的根本问题。该模式运行可使"新技术、新产品"转化为新商品,促进技术成果转化,实现社会、市场功能和价值,同时具有多种融合育人功能和价值,可以培养学生技术创业的高阶思维能力、综合能力和全面发展能力,实现由专业学生转变为创业模块专门人才,最后转变为创新创业复合型人才。

(1)专业理论与实践融合。该模式为各专业理论提供了实践应用的平台和机会,实现专业理论与实践相结合。例如,在创业项目运行过程中应用的营销理论知识有:市场需求调查与数据分析、市场细分、目标市场选择与分析、市场竞争分析、市场定位等知识技能;应用会计学等财务知识分析创业项目的经济可行性。

(2)创新与创业融合。一个好的创业项目往往涉及理工科技术发明、新产品开发和艺术类的新产品创意与设计,以及商科类的商业模式创新等综合应用,在创业项目运行中实现创新与创业的有机融合。目前众多的项目存在创新与创业的分离,理工科或理工科融合的独立项目是技术创新项目,但还不是严格意义上的创业项目。只有当这些项目需要走向市场,与商科跨学科、跨专业,形成"技术创新与商业创新融合"才能称为技术创业项目,实现创新与创业的融合。

(3)专业教育与创新创业教育融合。高校专创融合育人是"四新"专业培养复合型、创新型和应用型专业人才的基本要求。该模式以创业项目运作训练为基础,强化以创新为导向的发现、分析和解决问题的能力以及对产业的新需求、新应用、新趋势的洞察力等复合型能力目标,将不同专业知识、技能综合应用到项目中去,天然形成了专业与创业交融的平台,自然就实现了专业教育与创新创业教育融合。

(4)跨学科跨专业融合。跨学科跨专业融合是"四新"专业发展的方向、要求和特征。该模式实现三个层次的跨学科、跨专业融合。第一层次是最基本的跨专业融合,即经管学院(商学院)内的专业融合(商业创业)。第二层次是在商科内跨专业融合(商业创业)的基础上理工科、艺术类专业技术"嵌入"式的跨学科跨专业融合(商业创业与技术创业融合)。此时,技术还是以一般创业资源参与。第三层次是以理工科、艺术类的技术创新为核心的、以经管专业融合为服务基础的"理工艺商"跨学科跨专业融合(技术创业),培养技术创新营销人才、技术创业者和技术经理人。

(5)思创专融合。思创专融合是指思政教育、创业教育和专业教育的融合。通过团队项目运行的专创融合训练,融入思政元素、品质、思维方法、职业道德、团队合作精神,培养学生爱国爱乡情怀、敢想敢创精神、吃苦坚毅品质和善创能创技能以及科学的创业观和创新行为,实现思创专融合育人。

(6)科教融合。学生参与老师的科研项目,老师将科研成果应用于项目训练教学,实现科研项目与创业项目一体化。开展研究性教学,将最新科研成果融入实践教学,开展现代信息技术、专业技术和所服务面对的行业技术的"三类技术融合"培养。

(7)产教融合。校企合作,校内教学与产业学院合作。创业导师和行业教师指导训练;走进一线,与产业学院结合,对接产业,真题真做。"7+1双创工作坊"育人模式的实施是"以学生为中心、产出为导向和持续改进"的实践教学过程,学生自选工作坊,通过理、工、艺、商等专业融合,达到了"实践赋能和技术赋能"的目的和高质量培养复合型、创新型和应用型人才的效果。具有书院制"文理渗透"的特点,而且具有明确的项目训练教育目标。

# 第四章　技术创新(项目)与市场调查

## 第一节　技术创新需求信息与分析

### 一、技术需求的概念

(一)技术

技术是指人们利用现有实物形成新的事物,或者改变现有事物的属性、功能和性能的方法。它包括解决问题的方法、理论知识、技术操作经验和技能。

(二)技术需求

技术需求旨在增强系统或单位的技术实力与综合能力,其基础在于拥有购买、吸收及整合引进技术的资金与物质资源,通过优化人力资源配置来实现。这一过程涉及引进技术的产业化应用与市场推广,是对先进且适用技术的追求。由此可见,明确的技术需求是项目成功的基石,它不仅决定了开发方向,还影响到项目的成本、时间和质量。

这里需要注意的是,企业技术需求≠企业技术难题,技术经理人在挖掘企业技术需求的时候不应局限于技术难题的解决。

技术经理人在了解了企业技术需求的分类,在企业技术需求挖掘的时候就会更有方向性,减少遗漏需求的机会,也能更加系统地服务

## 第四章　技术创新（项目）与市场调查

好企业。

在这里可以把企业的技术需求细化为六大类别：成本效率提升、能源节约与环保、产品更新换代、新业务领域拓展、产业链协同优化以及其他类别。

技术经理人根据企业技术需求的分类，在挖掘需求的时候就会更有方向性，减少遗漏需求的机会，也能更加系统地服务好企业。通常来讲，企业技术需求包括六个类别：产品升级类、新品拓展类、降本增效类、节能减排类、产业链整合类以及其他类。

（1）产品升级类。产品迭代是指在原有产品的基础上对功能、性能、效率以及质量等方面进行改进和提升。例如，华为每年都会开发新一代手机，对性能进行升级，对设计进行革新。

【案例4-1】电子元器件企业需求提升贴片电阻抗冷热冲击性能

某电子元器件生产企业，需求提升贴片电阻抗冷热冲击性能：将待测贴片电阻焊在PCB板上放置在温度箱中，温度-55℃升温到+125℃，用时5分钟，为一个循环；中间的转换时间为11分钟，整个循环时间为21分钟。再由+125℃降温至-55℃，用时5分钟，为第二个循环，总计完成1000个循环。完成后将贴片电阻常温下静置24±4小时后，量测产品阻抗，要求阻值变化率在±2%以内，且产品焊点没有出现锡裂现象。需求分析：本技术属于典型的产品升级，解决后能提升产品质量，提高市场占有率，增加利润率。

（2）新品拓展类。增加现有产品的长度、宽度、深度和关联度，满足消费者的不同需求，扩大消费市场。例如，企业原来只生产手机，现在将生产线扩展到平板电脑和笔记本电脑等新产品。

（3）降本增效类。企业通过引入新技术和新工艺，优化业务流程，降低成本投入，提高生产效率，以实现提高盈利能力和竞争力。通常来讲，此类需求主要集中在信息化、自动化和智能化的改造升级。

【案例4-2】某汽车零部件公司技术改造：降低成本

某汽车零部件公司，主营产品为压铸件。受工艺条件限制，压铸件内部会形成不规则的气孔、裂纹、砂眼、渗漏等缺陷。传统人工检测效率低，严重制约产能。该公司找到科创帮寻求AI视觉检测技术来对压铸件进行无损检测，提高效率。需求分析：本技术需求属于降本增效类，引入AI视觉检测技术，有效地提高产品检测速度，同时降低了人员成本。

（4）节能减排类。通过使用新技术、新设备和新工艺来减低能耗的使用，减少损失和污染物排放，合理有效地利用能源，此类需求主要集中工业三废的处理。

（5）产业链整合类。通过整合与自身产业链上下游关联的企业，实现资源共享、优势互补，可以实施向前一体化或向后一体化的战略，延伸产业链的长度。

（6）其他类。通常以专精特新企业为代表，具有专业化、精细化、特色化、新颖化特征，对先进的、颠覆的、突破的技术感兴趣。

【案例4-3】某大型新能源公司寻求优质成熟的氢燃料电池技术

某大型新能源行业公司，寻求优质成熟的氢燃料电池技术。氢燃料电池具有高效能、可再生、低噪声以及续航长等优点，被称为车用能源的"终极形式"。该企业积极在氢燃料电池领域布局，抢占新能源技术发展的先机。需求分析：经济体量较大的公司，除了降本增效的技术外，还对高新技术有着浓厚的兴趣，有投资新技术的经济实力并且对行业有着更深的判断，愿意投入大量资金和精力进行长远的技术布局。

（三）技术任务

技术的任务是在科学理论的指导下发展或开发出新的方法、手段、措施或途径，用于改造世界。

## 二、技术需求的重要性

技术需求的重要性主要体现在以下三个方面。

（1）确保开发方向正确。明确的需求有助于团队理解客户的真正期望，避免方向性错误。只有当开发团队清晰地理解用户的需求时，才能设计出符合用户预期的产品和服务。如果需求不明确，团队可能会在错误的方向上投入大量资源，最终导致产品无法满足用户需求，甚至项目失败。

（2）提高资源利用效率。清晰的需求可以减少返工和资源浪费，提高团队工作效率。项目开始时明确需求，能帮助团队制订合理的开发计划和资源分配策略。反之，如果需求模糊不清，项目过程中可能会频繁修改和调整，不仅浪费时间和资金，还会影响团队士气和工作效率。

## 第四章　技术创新（项目）与市场调查

（3）提升企业产品竞争力。满足用户需求的产品更具市场竞争力，有助于企业在激烈的市场竞争中脱颖而出。市场竞争日益激烈，用户的选择越来越多。只有那些真正理解用户需求，并能快速响应市场变化的产品，才能在竞争中占据有利位置。通过精确的需求挖掘和分析，企业能够不断优化产品功能和性能，提升用户满意度和市场占有率。

### 三、技术需求的特性

通过日常企业技术对接和沟通，发现企业偏好的技术需求具有以下六个特征。

（1）产业链内的技术。新技术的研发和使用必然建立在给企业带来正收益的预期之上，同时也意味着风险的存在。企业选择产业链条内的技术，一方面，由于对本行业及上下游行业的了解，可以利于技术后期产业化的实现；另一方面，产业链条内的技术更有可能嫁接其原先在设备、销售渠道、销售市场等方面的资源，提高技术落地的可能性，降低项目操作风险。

（2）技术成熟度高。企业作为技术的实现方，相关技术的成熟度是企业能否承接该技术的一个重要考量。技术的成熟度高不仅要求该技术在参数指标方面较同类技术有一定的先进性，还在实用性、工艺实现难度等方面有很多要求。很多早期的技术企业不敢承接，往往都是企业担心技术的成熟度不高，对后期技术的落地缺乏信心所致。

（3）投入规模不大。承接技术的投入规模必然是企业关心的重点之一，特别是当企业盈利能力有限，资金缺口较大，抗风险能力差的情况下，非大规模的技术投入是企业考虑的方式。

（4）经济效益体现快。企业存在就是为了盈利，在新技术的投入后，相应的经济效率越能快速提升，该技术越能得到企业家的偏爱。经济效益体现快的技术正好满足了企业家"今天投入，明天立马有产出"的心态。

（5）附加值高。企业在决定采用某项技术前，会重点考虑该技术能带来的效率提升幅度、产值增长量及利润增加额等关键因素。企业在应用新技术之前，首先会考虑新技术能够带来的经济效益和成本效益，特别是对效率的提高、产值的提升、利润的增加。如果企业对这些问题不能做到心中有数，相应技术是不可能得到应用。

（6）市场前景好。实体企业属于长期生意，非短期经营，市场前景好的技术可以在一定程度上保证业务的可持续性。因此,企业在应用新技术之前要对技术的市场前景进行预判,主要包括新技术的市场规模、目前同类厂家的数量、同类厂家的生产规模、行业的市场需求量等。有一些处于国际领先水平的技术成果正是因为其市场需求太小而难以得到转化应用。

**四、技术需求的分类**

根据技术需求的清晰程度,可以划分为清晰型、模糊型、概念型、无方向型四种类型,不同类型的技术需求分别对应不同的操作方式。

**(一)清晰型:可直接操作**

清晰型技术需求指的是企业研发路径明确、技术要求具体且投入可预估的情况。尽管技术实现颇具挑战,但在技术经纪人有效匹配资源的情况下,能高效推进,技术方能否实现需求,经过在对相应指标有一定的研判后,就可以直接有相应的结果。

【案例4-4】A 企业所需要的理想技术

A 企业主要为移动智能产品生产企业提供二次能源电池,为了提升电芯容量以及能量密度,企业计划投入 4000 万元进行 800Wh/L 体系高能量密度电池关键技术开发与应用。由于该技术对所使用的电池主材料(硅碳负极、隔膜、电解液等)要求严格,同时该电池所使用的工艺也同样与现有工艺不同,因此企业期望对外寻求合作攻克关键性技术难题。企业要求技术合作方研发的 800Wh/L 高能硅碳电池在安全性、原理设计、生产工艺符合要求的同时达到效率 ≥ 89%、循环寿命达到 500次,容量不低于 5Ah 等技术指标。

**(二)模糊型:进一步细化**

模糊型技术需求是指企业对产业发展规律认识不清,发展趋势不明,对自身技术需求处于模糊的状态,对当前的工艺、改进后的产品所要达到的属性、效率和成本等方面都没有一个清晰的概念。

对于此类需求技术经纪人在进行技术匹配之前就需要跟企业再次沟通,进一步细化需求,否则在面对形形色色的技术时根本无法判断相应技术是否有可能适合企业。

【案例4-5】B企业的环保型除锈除油技术

B企业主要从事各种高精度机械类零部件和特种紧固件的设计与制造。相关产品在生产过程中需要经过除锈除油工艺处理。传统的除锈除油工艺由于涉及强酸等原料的使用虽然成本低廉,但环境污染大、废水处理成本高,而且受国家易制毒化学品管制的制约,使得企业在相关工艺的报批、环保达标方面面临巨大的压力。该企业期望能够找到一种环保型除锈除油技术代替传统处理工艺。

(三)概念型:重新梳理

概念型的技术需求是指企业只知道需要某类技术,企业自身可能有一些想法,但是考虑不够全面,更多的是需要专业人士结合企业的自身情况和目前行业现状来帮助企业进行重新梳理。这些关键信息的梳理可能不是单纯依靠专业的技术转移机构和技术经纪人就可以完成,还需要相关领域的专家和技术经理人进行指导。

【案例4-6】C企业的技术梦想:智能化工厂

C企业是一家专业从事电动工具系列产品的设计、制造和销售企业。近年来,企业已经通过自动化设备的替换提升了工厂的生产效率,但离智能化生产还相差甚远,为此,企业期望能够在工厂的智能化改造方面寻求相关的技术合作。智能化工厂的概念涵盖内容很宽泛,企业对自身的实力和优势能够发挥的程度不明确。

(四)无方向型:长期跟踪

无方向型的技术需求是指企业无法告知的技术需求,这类企业确实有"好项目"的需要,只要有好的技术企业都不会排斥。在服务此类企业的时候,其需求不可能立马得到满足,要求技术团队常态化地向企业推荐一些优质的项目,在长期推荐、反馈、沟通中帮助企业找到转型的方向。

**【案例 4-7】D 企业所需要的技术是什么？**

D 企业是一家生产工程机械、农业机械、卡车、索道、通用机械等零部件的铸造企业。当前我国铸造行业被列为污染行业之一，铸造行业面临的环境污染和环保问题给企业带来了严峻的经营压力，企业负责人一直在尝试寻求转型，希望能够推荐一些好的项目。以 D 为代表的一类企业，由于所在行业的发展面临较大的压力，所以希望尝试一些新的业务推进企业的转型，但是由于还未找到明确的转型方向，因此也无法告诉技术经纪人或者技术经理人到底需要什么样的技术。

**五、技术需求的影响因素**

技术需求的影响因素可以分为内部影响因素和外部影响因素。

（一）技术创新内部影响因素

1. 创新投入

首先，在企业财力投入方面，技术创新的成效与研发投入的力度密切相关。确保充足的资金投入，能够有力地促进技术创新活动，二者之间存在正向关联。其次，人力投入同样至关重要。人才是企业技术创新活动的核心驱动力，一个由高素质、技术精湛且富有创新精神的团队构成的工作集体，对于推动企业技术创新至关重要。最后，企业家在技术创新工作中扮演着举足轻重的角色。作为企业的领航者，企业家负责制定战略决策、评估潜在风险，并管理公司各项事务。企业家若具备优秀的沟通技巧、管理能力和持续学习的精神，将能确保企业资源的有效利用，制定出更为科学合理的决策，从而极大地推动企业技术创新的发展。

2. 企业管理

企业进行管理工作的核心目标是协调企业与利益相关者之间的关系，这可以通过正式和非正式两种制度来实现，从而增强管理决策的合理性与公正性,并有效维护利益相关者的权益。从宏观视角来看,管理工作对技术创新的影响主要体现在以下几个方面:企业文化氛围、企业组织结构、企业规模大小、企业资本结构安排以及企业研发激励机制的设立。

(1)企业文化。企业文化是企业在进行相关活动时所秉持的信念和价值观的体现,它指导着企业的生产经营活动。企业文化涵盖了内部的行为准则、价值观、目标追求和精神风貌。一个积极向上的企业文化能够激发科研人员的创造力和工作热情,对技术创新起到显著的推动作用。在当今社会,企业既承担着社会责任,也扮演着经济组织的角色,这就要求企业员工在追求经济利益的同时,也要实现个人价值。如果企业能够顺应市场需求,将员工利益与企业发展紧密结合,积极塑造富有深刻内涵和精神特质的企业文化,就能提升生产经营效率。在此过程中,优秀的企业文化还能吸引更多杰出的科研人才,为企业的长远发展提供坚实的人力资源支持。将企业文化融入员工的思想观念,能有效规范员工行为,激励他们为企业的发展贡献力量,营造积极向上的工作氛围,这些都有利于推动企业技术创新工作的深入发展。

(2)企业规模。企业规模能够反映其产量和生产要素的集中程度。拥有庞大劳动力的企业,通过技术升级提升劳动生产率,对技术创新成果的提升极为有利。对于具备强大管理能力、坚实技术基础、卓越科研团队以及充足资金的企业来说,它们能够利用技术创新来扩大规模效益,在增加财力投入的同时,这些企业还积极推动资源创新,因此技术创新积极性较高。而小企业则灵活寻找创新机会,利用灵活管理和快速响应机制应对创新难题。它们还能借鉴成功经验,根据实际情况调整创新方向。

(3)企业组织。企业的组织方式和形态深受其制度和技术特性的影响。为了确保技术创新取得预期成效,技术创新需与企业的组织结构、形式等相协调。企业组织结构的调整若与技术创新相悖,将会阻碍技术创新。创新活动涉及销售、制造、研发等部门,其质量受员工创新意识和积极性的影响。优化企业部门组织形式能打破传统束缚,促进技术创新。合理的组织结构能推动技术创新顺利进行,并实现生产资料的整合与优化配置,减少技术创新中的资源损耗,还关乎资源的利用效率。优化组织结构能够提升技术创新的效率。此外,一个优秀的企业组织结构还能促进员工之间的沟通与协作,鼓励员工相互学习,共同进步,从而增强企业的整体技术创新能力。

（4）资本结构。企业的资本结构反映了其长期资金来源的构成和比例，它为技术创新活动提供了重要的资金支持。然而，技术创新往往具有周期长、资金投入大且结果不确定的特点，难以在短时间内产生现金回报。因此，在推进技术创新的过程中，企业通常会面临较大的负债压力。若企业的负债率较高，那么技术创新所带来的风险将进一步加剧，极端情况下甚至可能导致企业破产。鉴于此，企业更倾向于利用内部资金来支持技术创新工作，以避免承担过高的外部债务风险。

（5）内部创新激励机制。在技术创新的实际推进中，研发人员扮演着至关重要的角色。他们的研究成果不仅能增加企业利润，推动企业持续成长，还能在企业内部推广新技术，有效普及创新技术知识，从而全面提升企业的发展能力。合理的奖励与薪酬机制能大幅提升企业科研人员的积极性和工作热情。构建一个有效的企业激励机制对推动技术创新至关重要。设计激励机制时，需确保其可行且易于操作，并留有足够的薪酬激励空间，使技术创新成果与科研人员的薪酬紧密关联，以进一步挖掘和激发科研人员的创新潜能，促使他们取得更加卓越的技术创新成果。

（二）技术创新外部影响因素

1. 政府政策措施

技术创新在很大程度上受政府政策措施的影响显著。政府政策方向和制度的调整，会直接影响技术创新活动的开展。企业通过技术创新不仅可提升自身利润，也对政府部门及社会经济整体发展有利。因此，政府在享受技术创新成果的同时，也需积极承担引导和管理企业技术创新工作的责任。

目前，政府机构采用多种策略来推动企业技术创新，如直接资助创新项目、制定税收优惠政策及开展公共研究等。在直接资助方面，政府为实施技术创新的企业和科研机构提供贷款或专项经费，但主要针对高收益预期和自主知识产权的项目，有一定限制。不过，政府的扶持能确保企业获得必要的资金支持，从而更有效地推进技术创新。此外，政府

## 第四章　技术创新（项目）与市场调查

还根据企业技术创新的实际情况，制定了税收优惠政策，以激励技术创新活动的开展。这些政策包括允许企业将技术创新投入从应税收入中扣除，将基础成本从应交收入税中扣除，以及对技术创新活动中涉及的固定资产投入提供加速折旧优惠。对于积极开展技术创新并构建创新型企业的，政府还可在前两年内免除其所得税，或根据技术创新项目的成本消耗，实行税收按比例返还政策。在公共研究领域，政府机构向相关单位、研究机构或高校提供部分或全额的经费支持，以深化技术创新及其成果的应用研究，有力推动了产学研的融合。此举不仅为企业技术创新提供了方向性引导，还为企业提供了宝贵的参考借鉴。

2. 市场环境

由消费者、销售者和生产者共同参与形成的商品交换关系构成了市场，而市场环境与企业技术创新成果之间存在着密切的联系。在良好的市场环境中，企业在公平、公正的竞争中开展技术创新活动能受到激发，这对企业的可持续发展至关重要。市场环境对企业技术创新的影响主要体现在市场制度和市场集中度两方面。市场制度的完善对市场环境的好坏有直接影响。要打造良好的市场环境，关键在于建立健全的市场经济体制，这既能规范市场秩序，又能为企业提供公平的竞争平台，进一步激活企业的技术创新潜力。

（1）市场制度。市场环境的优劣与市场制度的健全性紧密相关。一个完善的市场制度不仅能有效刺激经济发展、合理调整收入分配，还能提供丰富的市场信息，并根据实际生产需求高效地整合生产要素和技术资源。在这样的市场机制下，企业科研人员的收入得到了公正保障，这极大地提升了他们参与技术创新的积极性。企业在开展生产经营活动时，也需遵循市场制度，确保公平竞争。为了赢得市场份额，企业会从根本上重视技术创新，以此增强自身的市场竞争力。一个可靠且健全的市场制度能确保企业间的公平竞争，有效遏制不正当竞争行为，使市场竞争更加规范化。这为企业的技术创新活动提供了有力保障，对企业的长远发展具有积极作用。受到技术创新热情的驱动，企业会更深入地挖掘和利用自身的技术创新资源，并增加在技术创新领域的资金投入，并高效地将技术创新成果转化为实际应用，从而推动企业不断发展和进步。

（2）市场集中度。企业行为深受市场结构的影响，而企业经营活动的效果则直接取决于这些行为。市场集中度，作为市场结构的一个核心要素，对市场结构有着显著的影响。它不仅能够反映行业的垄断状况和竞争态势，还是研究人员分析这些状况时常用的指标。在寡头垄断市场结构中，企业通常展现出最强的创新活动动力。因此，提高市场集中度能够激励企业自主进行技术创新的意愿。相反，若市场集中度较低且企业规模相近，可能会制约企业技术创新的积极性。这是因为，在市场规模相对均衡的情况下，企业可能缺乏足够的动力和资源去推动技术创新。然而，随着企业的持续扩张和规模经济的形成，企业的垄断地位可能会得到提升，这在一定程度上会削弱市场竞争机制的调控作用，进而降低企业技术创新的积极性。在高度垄断的市场中，企业可能会因为自我满意度较高而减少技术创新的动力。另一方面，如果市场竞争过于激烈，也可能会对企业的技术创新能力造成负面影响。在激烈的市场竞争中，创新人员可能难以在短期内获得收益，这可能会削弱他们进行技术创新的意愿。市场集中度在很大程度上影响着企业的技术创新活动。无论是市场集中度过高导致的垄断问题，还是市场集中度过低导致的竞争过度问题，都可能对企业的技术创新产生不利影响。因此，企业需要密切关注市场结构的变化，合理调整自身的市场策略，以激发和保持技术创新的活力。

## 第二节 技术创新竞争情报

### 一、技术创新竞争情报

技术竞争情报提供的是技术创新及其成果供给的状况，是超前或第一时间反映对于技术创新与竞争的信息，已成为联结技术创新政策与实践活动的关键纽带，在构建技术创新体系中扮演着至关重要的角色。

### 二、技术创新的过程

基于技术创新理论的研究，技术创新是在内外环境因素共同影响下

第四章　技术创新（项目）与市场调查

启动并完成的。随着环境的不断变迁，技术创新的内在机理也在不断演进，从早期的简单线性模式，至今已逐步形成了五代技术创新过程模式，并进一步形成了国家创新体系。这一演变过程反映了技术创新活动的复杂性和动态性，以及对更加系统化、综合化创新管理的需求。

第一代技术创新过程模式主要流行于20世纪60年代以前，该模式以"技术推动"为主导，强调技术进步是创新的主要驱动力。在20世纪60年代至70年代早期，第二代技术创新过程模式兴起，即"需求拉动"模式，认为市场需求是技术创新的主要动力。到了20世纪70年代至80年代，第三代技术创新过程模式应运而生，它综合了前两种模式，提出了创新的"交互作用"模式，强调技术与市场需求的相互作用共同推动创新。而到了20世纪80至90年代初，一体化的创新过程模式作为第四代技术创新模式被提出，它更加重视创新各环节的整合与协同。进入21世纪，系统集成和网络模式成为第五代技术创新过程模式。

国家创新体系是由公共机构与私有机构共同构成的网络系统，其核心目标是创造、引入、改进及推广新知与技术，并着重于体系中各主体的制度设计及相互协作。

（一）第一代为技术推动创新模式

从知识创新开始基础研究，对科学理论研究进行应用研究探索，在实验开发实现突破后，应用到企业当中生产开发，然后再进行市场销售，创新主要是靠技术推动。创新模式如图4-1所示。

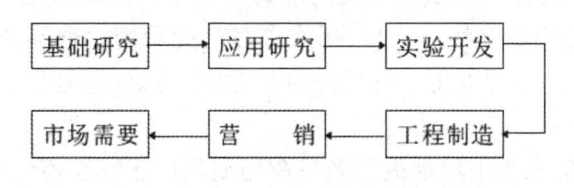

基础研究 → 应用研究 → 实验开发 → 工程制造 → 营销 → 市场需要

图4-1　技术推动创新模式

20世纪60年代前，技术推动模式在技术创新理论中占据主导地位。此模式下，创新流程呈单向推进，各环节完成各自任务后，再传递给下一环节，以此激发后续环节的开始与运行。这些环节之间相对独立，各自负责创新过程中的特定部分，通过纵向协作形成简单的线性关系。有时，这些职能分工可能归属于不同的实体，它们在产权、组织架构及地理位置上均保持独立。在这种情况下，企业往往需要以市场交易的方式被动地接受来自科研机构和高校的科技成果。

### （二）第二代为需求拉动的创新模式

20世纪60年代中期至70年代初，经济步入调整增长阶段，市场供求渐趋平衡，企业间的竞争愈发激烈，营销成为决定成功与否的关键因素之一。在此背景下，市场需求的拉动效应愈发凸显，市场的影响力显著增强。同时，随着技术创新研究的不断深入，越来越多的实证结果揭示出，创新并非仅由技术驱动，而是深受市场需求的影响。因此，需求拉动的创新过程模型在这一时期应运而生。创新模式如图4-2所示。

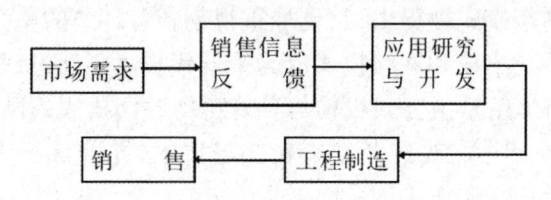

**图4-2　需求拉动的创新模型**

根据这一模型，创新流程从企业捕捉到市场需求开始。企业将这些需求信息传递给研发部门，研发部门根据这些信息开发出符合消费者需求的产品，随后投入生产，以满足市场的实际需求。为了确保信息能够迅速且准确地反馈，创新流程的机制需要进行相应的调整。这意味着研究开发机构需与企业，或是企业内部的研发与销售部门建立紧密合作关系，确保信息流通顺畅。这样，研发项目就能紧密贴合不断变化的市场需求。因此，为了适应这一流程，企业需要对创新过程及其组织结构做出相应的调整。

技术推动和需求拉动的创新过程模型均属于线性模型，其特点是创新流程从一个起点单向流动至终点。然而，随着竞争环境的日益激烈和科学技术的快速发展，技术创新机制已变得日益复杂。

### （三）第三代为交互作用的创新模式

20世纪70年代到80年代初期，全球各大工业国家已明显转变为买方市场，供大于求，需求接近饱和，技术创新成为寻找出路的关键，技术优势逐渐成为竞争优势的重要组成部分。单纯依赖技术推动已不足以应对市场变化，必须在创新初期就将市场需求纳入考量，否则产品的市场前景难以预料。在这一背景下，创新过程机制强调技术与市场的互动，即技术创新是在技术与市场的相互作用下被激发；在产品的生命周期和创新流程的不同阶段，技术推动和需求拉动发挥着不同的作用；科学、技术与市场的紧密结合是技术创新成功的关键所在。第三代创新过程模型如图4-3所示。

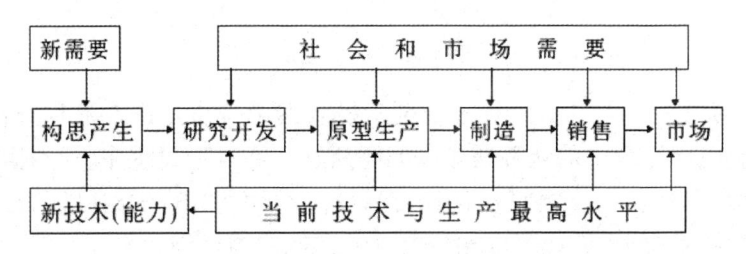

图 4-3 交互作用的创新模式

在技术创新的整体流程里，市场与技术能力始终在各个阶段发挥着不同的作用，共同推动着整个创新链的发展。故而，技术创新的每个环节及其相关部门需不断关注市场需求，并充分利用最新的技术突破。为了满足这一需求，从事技术创新的企业必须调整其内部组织结构，以更好地适应市场与技术能力综合作用的要求。

20世纪70年代，美国学者阿伯纳西（Abernathy）和厄特拜克（Utterback）提出了A-U过程创新模式，研究发现产品创新和工艺创新在产业发展的不同阶段呈现出不同的相互关系。A-U过程创新模式包括不稳定阶段、过渡阶段和稳定阶段三个阶段（图4-4）。

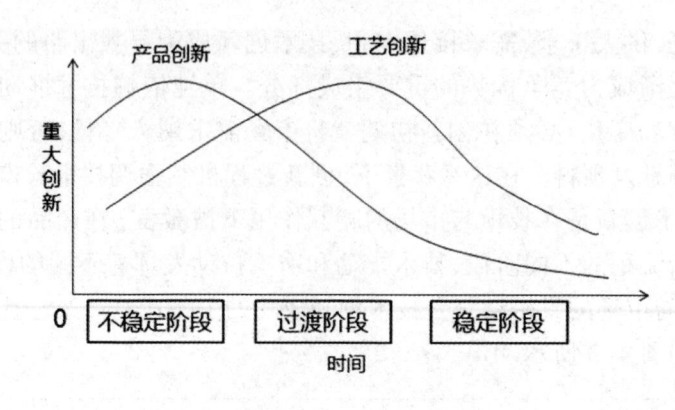

图 4-4　A-U 图形

A 阶段——分析，A-U 过程创新模式的第一步是进行流程分析，了解企业内部运营中的流程瓶颈和问题所在。在这一过程中，企业需要收集数据、调查员工反馈，从而明确现有符合标准和不符合标准的流程内容。在此基础上，企业可以制订改进方案和实施计划。

U 阶段——优化，在明确问题后，企业需要对流程进行优化。优化的目标是通过改进企业内部流程，提高运作效率和客户满意度。在这一过程中，企业可以引入新的技术、重新设计流程、实现分工协作等方法，以提高效率和降低成本。

（四）第四代为"链环—回路"的创新模式

进入 20 世纪 80 年代，随着经济全球化步伐的加快，市场竞争愈发激烈且瞬息万变，企业被要求必须迅速应对市场的各种变化。克莱因（Kline）和罗森堡在 1986 年提出了适应现代市场竞争需求的技术创新机制，如图 4-5 所示。

该模型摒弃了传统的线性思维模式，转而采纳集成观和并行工程观，将技术创新视为一个包含多路径、多回路且各环节并行的复杂过程。该模型具体包含了五条创新路径，分别以 C、F、D、I、R 标记。其中，第一条路径 C 构成了创新的中心链条，它从潜在市场分析出发，经由发明设计、开发、生产，最终抵达销售环节，整个链条中的各个环节间保持持续的信息反馈与紧密协作，同时与研究开发机构（R 路径）紧密相联。F 路径则是由一系列以 f、F 为标志的反馈回路构成，旨在敏锐捕捉并响应市场需求的变动，确保与市场趋势同步。而 R、K、L 路径则揭示了科学理论、技术开发与市场(用户)之间复杂且动态的交互作用。这一模型已成为当前主要工业国家技术创新的主流范式。

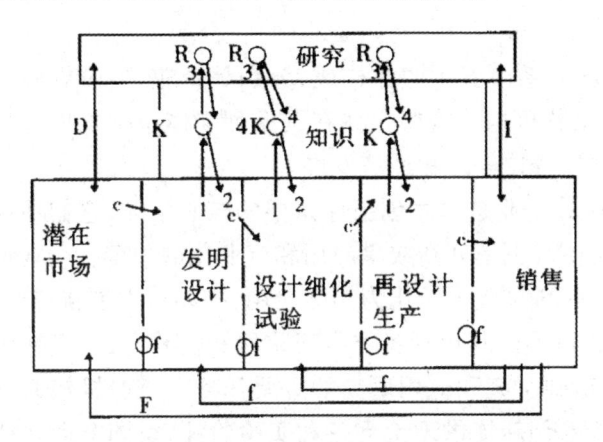

图 4-5 创新过程的"链环—回路"模型

"链环—回路"模型在实际操作中,通过设立联合开发组实现并行运作。在企业内部,它着重强调各职能部门之间的紧密集成与协作;而在企业外部,则重视与上游供应商及先导用户的紧密联系与横向合作,将用户置于战略性的核心地位。通过企业内外部的交互作用,构建全方位的联盟体系,逐步走向一体化的发展模式。

(五)第五代为系统集成与网络创新模式(SIN)

自 20 世纪 90 年代以来,随着产品生命周期不断缩短,技术开发投入增加且难度升级,企业面临的市场挑战日益严峻。从设计至销售的整个链条里,创新资源需实现高度集成、敏捷、并行及网络化运作。在此背景下,第五代技术创新模型得以发展,它在第四代模型基础上深化,凭借网络、专家系统及仿真技术,实现创新资源的全面集成与一体化并行开发。此模型着重与供应商及先导用户建立紧密联系(将顾客置于战略核心),在全球范围内优化创新资源配置,推动广泛的内外合作与高度集成。同时,该模型采用灵活多样的动态联盟策略,强化组织柔性,以促进协同创新。

### (六)国家创新体系

国家创新体系由五个主体构成,分别是企业、科研机构、高校、政府和社会中介服务机构。这些主体在国家创新体系中发挥着各自独特的作用,共同推动科技创新和经济发展。

(1)企业。企业是国家创新体系中的核心主体,它们不仅是技术创新的主要执行者,也是创新成果应用和产业化的关键。企业通过产学研合作,将高校的科技成果转化为实际应用,推动技术创新和产业升级。

(2)科研机构。其包括各类科研院所和实验室,它们在国家创新体系中承担着基础研究和应用研究的重要任务。科研机构通过持续的科研活动,为技术创新提供理论支持和实验验证,是国家创新体系中的重要知识源泉。

(3)高校。高校不仅是人才培养的摇篮,也是知识创新的重要基地。高校通过教学和科研活动,培养高素质人才,同时进行前沿科学研究和基础技术研究,为国家创新体系提供源源不断的知识和人才支持。

(4)政府。政府在国家创新体系中发挥着引导和调控的作用。通过制定科技政策、提供资金支持、搭建创新平台等方式,政府促进各创新主体之间的合作与交流,优化创新环境,保障国家创新体系的顺利运行。

(5)社会中介服务机构。这些机构包括技术转移中心、孵化器等,它们在国家创新体系中扮演着桥梁和纽带的角色。社会中介服务机构促进技术创新与市场需求的对接,加速科技成果的转化和应用,提升创新效率。

综上所述,国家创新体系的五个主体各有其独特的角色和功能,它们相互依存、相互促进,共同推动国家科技创新能力的提升和经济社会的发展。

### 三、企业技术竞争情报体系业务流程

企业技术竞争情报体系业务流程是用来指导实际工作中每个环节的具体操作,主要包括能力、体系、流程和管理四个层面(图4-6)。

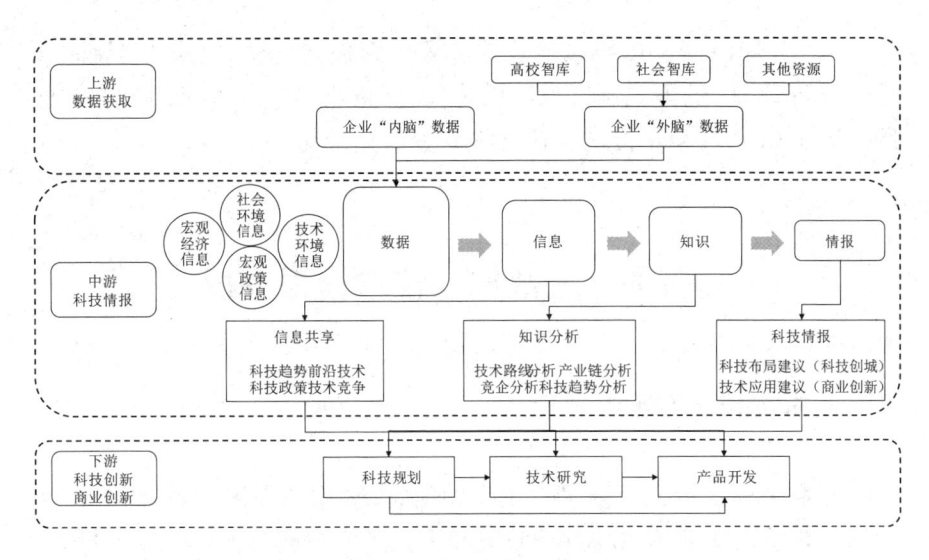

**图 4-6  企业技术竞争情报业务流程图**

（1）能力层面。在中游环节，利用 PEST 对宏观政策、经济、社会和技术四个方面全面分析外部环境，帮助企业构建"数据→信息→知识→情报"竞争情报能力体系，具有承上启下的作用。支撑上游环节的数据获取能力，打通下游环节的情报落地机制，从而实现科技创新与商业创新的有机融合。

（2）体系层面。企业通过整合内部和外部资源，搭建数据平台、分析工具方法、人才队伍三大支撑体系。构建一体化大数据平台，促进数据资源融合，畅通内部数据共享渠道，推动企业平台、各类智库等外部数据渠道建设，提升企业技术竞争情报的精准度。选择合适的工具和平台是构建企业技术竞争情报系统的关键，可以利用大数据分析和机器学习算法对数据进行收集、处理和分析，从而洞察市场和行业动态，判断和预测技术竞争对手的变化情况。搭建专业人才队伍是构建企业技术竞争情报系统的核心，包括企业内部情报研究和管理团队、内部技术专家委员会和外部智库专家等。

（3）流程层面。通过建立"数据→信息→知识→情报"体系，以提升从数据到知识再到情报的转化效率。从数据获取和收集，到信息共享（科技趋势、前沿技术、科技竞争和科技政策等），再到知识分析（技术路线分析、产业链分析、竞争分析和科技趋势分析等），最后到情报建议（科技布局建议和技术应用建议）。

（4）管理层面。按照风险管控和评价管理并行模式，采用"风险管控＋评价管理"的方式制定保障措施，发挥企业"内脑"数据＋企业"外脑"数据驱动力，稳步推进企业技术竞争情报研究。

# 第三节　大数据与技术情报分析

### 一、技术情报的概念

技术情报是指关于技术领域内的信息、数据和知识的收集、分析和利用。它旨在帮助组织、企业、政府和个人了解当前和未来的技术趋势、竞争对手的技术能力、市场机会以及创新机会。技术情报可以在决策制定、创新、竞争战略和研发规划等方面提供有价值的指导。技术情报是指通过收集、分析和解释有关技术、科学和工程领域的信息来获得洞察力和知识的过程。

技术情报的界定可以从以下几个方面考虑。

（1）信息收集与分析。技术情报包括收集来自各种来源的信息，如专利文献、学术论文、技术报告、市场分析、竞争对手行动等。这些信息需要经过分析、整合和解释，以获取对技术动态和发展方向的洞察。涉及在技术领域内广泛搜集各种信息，包括科技文献、专利、学术研究、行业报告、市场趋势、竞争情报等。这些信息可以来自各种渠道，包括图书馆、数据库、专业期刊、会议等。收集到的技术信息需要进行深入的分析和解释，以便提取出有价值的见解。这可能涉及数据挖掘、统计分析、专家判断等方法，以揭示技术发展的模式、趋势和重要节点。

（2）竞争情报。这涉及了解竞争对手在技术领域内的活动和能力。通过收集和分析竞争对手的技术创新、产品开发、专利申请等信息，通过分析竞争对手的技术路线和战略，企业可以做出更明智的决策，可以洞察市场竞争态势，为自身战略做出调整。

（3）趋势预测。基于已有的技术信息和发展趋势，技术情报可以帮助预测未来可能出现的技术趋势、市场需求和创新机会。这对于研发规划和战略决策至关重要。

（4）创新机会。技术情报可以帮助识别新的创新机会和市场需求。

通过对技术发展趋势的分析,企业可以预测未来的市场需求并为其创新战略做好准备。

(5)风险评估。技术情报也可以用来评估技术决策的风险。了解某项技术的潜在局限性和挑战,可以帮助企业在投资和开发决策中更加审慎。

(6)技术监测。通过技术情报,组织可以持续关注技术发展和变化,及时了解技术革新和新兴趋势,以便采取适当的应对措施。

(7)创新支持。技术情报可以为创新提供支持。它可以揭示市场上的技术空白、未满足的需求以及可能的创新点,帮助企业或个人发现创新机会并设计出更具竞争力的产品或解决方案。

(8)决策支持。技术情报为决策者提供有关技术和创新的信息,帮助他们制定战略、规划研发投资、管理知识产权等。

(9)知识管理。技术情报有助于组织有效管理和利用其技术知识资产。通过整合和分析技术信息,组织可以更好地记录和传承内部的专业知识,从而提升创新能力和知识管理水平。技术情报可以用于追踪和管理组织的知识产权,如专利、商标等,以保护其创新成果。

总之,技术情报是一个跨学科的领域,涵盖了信息科学、商业智能、市场研究和创新管理等方面的知识和方法。它对于在快速变化的技术环境中保持竞争优势和创造价值具有重要作用。技术情报也是一种帮助组织在科技领域中保持竞争力和创新能力的战略性活动,它涵盖了信息的收集、分析、应用和转化,以支持更好的决策和发展。

## 二、技术情报的特性

(1)知识性。技术情报的本质就是知识。没有知识内容的技术情报,就不能成为技术情报。人们之所以要收集各种情报,就是为了扩大自己的知识视野和增加新的知识内容。技术情报的知识性是它的基本属性之一。

(2)传递性。由于情报本身是一个动态传递的过程,技术情报必须进行传递交流。传递情报包含两个方面的内容:一是通过物质载体进行传递,二是情报需要经过一定手段来获取。情报工作之所以能进行,就是利用了情报可以传递的性质特征。随着科学技术的发展,传递情报的手段和渠道也在不断改进,如从口传、手传、邮传和电话传递,到用电子计算机进行传递。

（3）实用性。技术情报具有一定的实用价值，有用的知识才需要传递。特定的知识，目的在于解决特定的问题。另外有用的情报、信息还要具有及时性、准确性和保密性等特性。

### 三、技术情报的收集

归纳总结现有的技术情报收集方法，主要包括文献回顾法、网络搜索引擎查询法、竞品网站追踪分析法、实地考察与数据收集法、人际信息交流法、专家咨询法和委托咨询法等。

（一）文献调查法

通过查阅资料和整理文献信息来获取相关的研究数据和资料，主要包括书籍、杂志、档案资料、行业出版物、报纸、论文、统计年鉴、研究报告等。文献调查法的基本步骤包括文献搜集、梳理信息和文献分析三个环节。分析文献的方法包括文献定性分析法和文献定量分析法。

（二）搜索引擎检索法

互联网情报搜集是获取竞争对手相关信息最方便的途径之一，通常会选择使用搜索引擎检索关键词，运用高级搜索技巧和方法，快速、高效地检索到所需信息。

（三）竞争对手公司网站跟踪监测法

竞争对手的网站是获取其情报信息的重要渠道，通过定期浏览可获取大量有价值的信息。此外，还可借助各种网站信息跟踪与监测软件，实现对竞争对手网站的自动监测，以持续获取其最新动态。

（四）实地调查与现场采集法

实地调查与现场采集是竞争情报搜集的核心手段。鉴于许多情报

## 第四章　技术创新（项目）与市场调查

信息难以通过公开渠道获取,因此需根据特定情报需求开展专项调查。主要调查方法涵盖现场考察、访问交流、发放调查问卷及样品收集等。

（1）观察法。从侧面观察竞争对手的方法,通过观察其办公地点位置、办公楼规模与布局、员工人流量、停车场车辆情况等信息,间接推测竞争对手的经济实力、公司规模、生产能力以及员工收入水平等。

（2）现场调查法。通过实地探访、参与各类会议及展览,如学术研讨会、贸易洽谈会、博览会等,可深入现场获取宝贵的第一手信息。例如,参观技术领先的企业,能直接搜集到有关先进技术和工艺的情报。

（3）访问调查法。通过面谈、电话沟通等手段获取信息,如接触竞品用户,了解其使用竞品的情况及产品评价,或接触竞品的供应商、经销商以获取相关情报。这是关键的人际情报搜集途径。通常,在进行访问调查前,应周密准备访谈计划,包括访谈大纲、对象选择、时间安排、提问方式及应对预案等,同时需熟练掌握访谈技巧。

（4）样品调查法。搜集实物信息是获取竞品信息的常用策略,可通过购买、租赁、交换等途径获得竞品实物,再运用观察、测量、测试等手段深入挖掘竞品的产品信息。

（5）问卷调查法。通过向竞争对手员工、行业人员、专家学者及客户发放调查问卷来搜集情报,发放方式包括当面调查、函件/邮件、电子邮件及网络调查等。关键在于问卷设计与调查对象选择,问题内容及提问方式直接影响信息搜集成效。

（五）人际信息交流法

利用人际关系网络,往往能够获取到那些公开途径难以触及的信息,如通过亲戚、朋友和同事等各种人际关系及时了解竞争对手或潜在竞争对手的规划信息,掌握潜在竞争者的定价策略、销售与推广手段等最新动态,积累资源和人际关系是获取大量高质量人际情报的前提与基础。

（六）专家咨询法

向业内的资深专家、商业教授、媒体从业者及专栏作家等咨询,是获取情报信息的有效途径。这些群体对本行业的发展脉络和竞争态势有着深入的了解,往往能提供独到的见解。他们拥有广泛的消息来源,且与众多企业,包括竞争对手,保持着良好的接触,旨在获取专家学者的专业意见及媒体人士在舆论上的支持。因此,这是一种非常重要的情报信息获取方法。

(七)委托咨询法

通过委托市场调查公司、资信调查公司、信息咨询公司等专业的第三方机构,来帮助搜集和分析竞争对手情报,以购买服务的方式获取相关的情报信息。比如,行业调查、产业调查、特定市场调查、消费者行为调查等。

**四、技术情报的分析**

技术情报分析方法可以分为定性分析和定量分析。定性分析包括德尔菲法、技术路线图、情境规划等策略;定量评估则涵盖指标预测、技术特性预估、专利分析、科学文献研究以及结合专家智慧、资金数据、新闻资讯等手段。

定性研究聚焦于收集与提炼专家们对于特定技术的深入理解与前瞻洞察,采用多元化策略。例如,科学设计问卷,征询专家观点,并结合多轮投票机制平衡意见,力求在汇聚广泛专业知识的同时,削弱单一偏见的影响。通过构建直观的技术路线图,促进专家在逻辑清晰的结构框架内深入分析与预测。此外,还探索未来场景描绘法,依据实际需求构想,引领技术发展方向。值得注意的是,传统定性分析虽侧重主观智慧,而今正逐渐寻求与客观数据的结合,以弥补非数据化分析的不足,推动产业技术情报分析迈向更加科学与全面的新阶段。

在定量研究领域,主要广泛整合专利资料库、科研文献、新闻资讯、基金进展及专家见解,构建起一幅详尽的产业技术发展图景。这些方法不仅捕捉技术的萌芽与演进轨迹,更以精密的量化工具如指标预测、引文网络分析、共词网络解析及文本主题建模,深度剖析其发展潜力。尽管已取得数据支持与技术算法的双重进步,当前的定量研究尚显数据驱动理念不足,缺乏系统化的数据思维框架。实际应用中,往往局限于特定领域数据集,方法运用缺乏整合性与连贯性,亟待构建一个更加完善、面向产业技术的数据驱动情报分析体系,以全面释放数据潜力。

## 第四章　技术创新（项目）与市场调查

### 五、数据驱动技术情报分析方法

随着数据密集型研究时代的到来，产业技术情报分析方法正经历着数据驱动下的深刻变革。面对纷繁复杂的文本、音频、图像、视频乃至网络数据洪流，我们聚焦于数据特性的精准捕捉与处理模式创新。尽管音频携带着独特的声纹信息，于技术情报分析而言，其核心价值往往需转化至文本层面，方能通过文本挖掘技术深度剖析。至于视频数据，其动态画面本质虽然增添了分析复杂度，但究其根本仍隶属于图像挖掘范畴，通过高效算法解锁图像背后的技术秘密，推动情报分析迈向智能化、精准化新境界。

从数据来源来看，尽管网络数据源自文本与图像的数据分析，但涵盖了预处理、检索、挖掘及存储等流程，与传统数据处理方式大相径庭。因此，针对产业技术数据的复杂特性与计算需求，可以分为三大核心数据处理模式：文本解析、网络探析与图像识别，它们共同支撑起技术情报的深度挖掘与精准利用。因此，产业技术情报分析方法体系由文本挖掘、图像挖掘和图挖掘三部分组成，如图4-7所示。

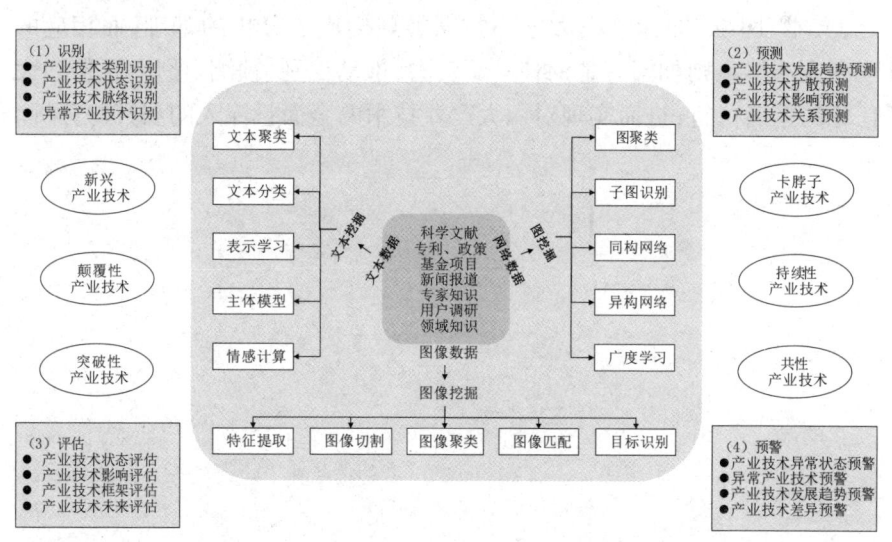

图 4-7　产业技术情报分析方法体系

基于数据驱动的技术情报分析框架，聚焦于六大技术领域：持续进步、革命性变革、颠覆性创新、新兴领域、基础共性技术及瓶颈挑战。该框架强调三大核心方法：细致的文本挖掘分析、关联性的图挖掘洞察及直观的图像挖掘解构，以实现识别、预测、评估及预警四大情报目标。在识别任务中，我们精确定位产业技术类型，并深入识别产业技术状态、脉络及异常技术；预测方面，我们前瞻性地把握产业技术趋势、创新扩散路径、影响范围及关联网络；评估环节则涵盖技术现状、影响深度、关键结构要素及未来潜力；预警则针对技术异常情况进行及时响应、差异偏离及潜在风险实施即时警报，为决策者提供坚实的数据支撑与前瞻洞察。

  在数据驱动的技术情报分析框架下，六大技术情报分析目标围绕识别、预测、评估、预警四大核心任务展开，构成了一个紧密相连、不可分割的体系。每一技术类型均需在上述任务中寻求其定位，而四大任务亦广泛适用于各类技术，呈现出普适性与灵活性的特点。在这一框架下，文本挖掘、图挖掘、图像挖掘三大方法体系支持着每项情报分析任务的执行，确保了分析过程的全面性与深入性针对六大产业技术，其关键信息蕴含在多样化的数据中，不同类型的数据对应着特定的分析方法，而多源异构数据则需结合多种方法进行处理。数据与技术方法之间形成了精确匹配或复杂交织的关系，确保了分析过程既精确又高效。简而言之，文本、网络、图像这三大核心数据类型构成了分析的基础，而相应的三大方法体系则如同智慧的核心驱动力，推动识别、预测、评估、预警四大任务的精确执行，进而实现对六大产业技术的全面且深入的洞察与分析。

# 第五章 技术创新营销的影响因素及环境

## 第一节 技术创新的影响因素

技术创新在当今这个日新月异的商业环境中，已经成为企业能否持续发展乃至领跑市场的关键所在。它不仅仅是一个简单的概念，而是一种战略选择和行动方案，影响着企业的生存与兴衰。正是因为技术的不断进步和更新迭代，使得企业能够在激烈的市场竞争中稳固自己的地位，保持领先优势。然而，我国在这方面的表现却似乎并不尽如人意。首先，我国许多企业的技术创新及研发技术水平依然处于初级阶段，远远落后于国际先进水平。这种现象反映出我国企业在设备引进、技术吸收、产品开发等多个方面都存在明显的短板。其次，创新人才的缺乏也是我国技术创新进程中不容忽视的问题。创新型人才是企业技术创新的重要推动力，而当前我国在这方面的投入远远不够，这严重制约了企业技术创新的步伐。最后，自主创新能力的不足更是让我国企业难以在全球化竞争中占据有利位置。

因此，为了实现我国技术创新能力的实质性飞跃，我们必须彻底认清当前所遭遇的挑战与困境。深入探究那些制约技术创新的关键因素，包括但不限于资金投入、人才培养、技术壁垒以及市场需求等多方面的因素。通过全面而细致地分析这些影响因素，我们可以更有针对性地制定策略，优化资源配置，从而推动我国技术创新水平的持续提升。

## 一、技术创新内部影响因素

在对技术创新的研究中,学者们对其内部影响因素的研究所占比重较多,本书对学者们的研究进行归纳总结,并结合自己对技术创新的理解,将技术创新的内部影响因素分为企业规模、企业组织制度、企业文化、企业技术创新投入和企业技术创新能力这五项进行分析。

### (一)企业规模

企业规模,指生产资料等生产要素和产量在企业中的集中程度。企业规模的定义不仅仅是一个数字,它反映了生产资料等生产要素以及产量在企业内部的集中程度。在经济发展的舞台上,不同规模层次的企业凭借各自独特的优势,在技术创新领域展开激烈竞争。大规模企业,以其庞大的资本实力和集中的技术资源,能够在多个行业中进行创新尝试,从而有效地分散研发过程中的风险,并通过大规模的研发投入实现规模经济效益。这些企业往往拥有先进的研究设施、强大的人才队伍和丰富的市场经验,使得它们能够在产品开发、市场策略等方面持续领先于对手。

相对而言,小规模企业则因其规模较小而显得更为敏捷,它们通常更注重灵活性和快速响应市场变化的能力。这类企业往往具有较强的自我更新能力,能够迅速模仿并适应新的市场趋势和技术变革。在某些情况下,小型企业甚至能利用其独特的优势,如迅速调整产品线或服务模式来迎合消费者需求的转变,这对于捕捉新兴市场机会尤为关键。然而,小规模企业在资金实力、资源整合能力和品牌影响力方面可能会受到一定限制,这也意味着它们在面临重大技术挑战时可能会显得力不从心。因此,选择何种规模和类型的企业进行技术创新,不仅取决于企业自身的战略定位,还需要综合考虑市场环境、资金状况、技术基础和人才储备等多方面因素。

### (二)企业组织制度

企业组织制度是企业内部管理结构和运作机制的总和,它决定了企

## 第五章　技术创新营销的影响因素及环境

业内部资源的配置方式、决策流程以及员工的行为规范。一个科学合理的组织制度能够激发员工的创新潜能，促进知识的交流与共享，从而为技术创新提供良好的内部环境。在组织制度方面，企业需要建立一个开放、灵活的管理体系，鼓励员工提出新想法，并为这些想法的实施提供必要的支持和资源。同时，企业还应建立有效的激励机制，以奖励那些在技术创新中做出突出贡献的员工，从而激发整个团队的创新热情。

此外，企业组织制度还应包括对创新项目的管理。企业需要设立专门的创新项目管理部门，负责统筹规划和协调技术创新活动，确保创新项目能够顺利进行并取得预期成果。同时，企业还应建立跨部门合作机制，打破部门壁垒，促进不同部门之间的信息交流和技术合作，以实现资源的最优配置和创新效率的最大化。

在组织制度的构建过程中，企业还应注重培养一种创新文化，即鼓励员工敢于尝试、勇于创新，并且能够接受失败。这种文化氛围能够使员工在面对挑战时更加自信，敢于突破传统思维的束缚，从而为技术创新提供源源不断的动力。同时，企业还应注重对创新成果的保护，通过申请专利、版权等方式，确保企业的创新成果能够得到法律的保护，避免被竞争对手模仿或侵权。

### （三）企业文化

企业文化是企业在长期经营过程中所自然形成的最高目标、价值体系、基本信念及行为规范的总和，并且是能够被企业全体成员所认可且共同遵守的。企业文化不仅是一个企业精神的精髓，更是其长久发展的内在驱动力。它源于企业多年不懈努力与沉淀，凝聚了企业的核心价值观、目标导向和道德准则，这些无形的理念构成了企业独特的精神标识。在这个基础上形成的行为规范和价值观念，是企业成员共同遵守和遵循的行为指南，它们体现了一种深层次的认同和归属感。

一方面，一个卓越的企业文化为创新工作提供了肥沃的成长土壤，这不仅仅是因为它激发了员工内在的创造力和潜能，更在于它能够营造出一种鼓励探索和实验的氛围。这种文化鼓励团队成员敢于挑战常规思维，勇于尝试新的方法和技术，从而推动企业向更高层次的科技进步迈进。通过这样的技术革新，企业得以不断拓展其业务范围，增加市场份额，最终实现可持续的发展。另一方面，技术创新也对企业文化的演变产生深远的影响。随着新技术的涌现和应用,旧的企业文化可能会逐渐显得过时或不足以适应新环境的需求。

因此,企业必须不断地调整和更新自己的文化,使之与最新的技术趋势相契合。这种文化的重塑不仅关乎如何吸引和保留人才,也涉及如何激励他们在不断变化的工作环境中保持动力和效率。此外,企业还需在人才管理策略上进行创新,如通过更加灵活的薪酬结构、职业发展规划和学习机会来留住关键人才,同时也要加强团队协作,打造开放包容、共享共赢的工作氛围,以确保企业在激烈的竞争中能够有效地应对各种挑战,并迅速适应新的技术环境。

(四)企业技术创新投入

企业技术创新投入是企业为了推动技术创新而进行的资源投入,包括资金、人力、设备等各个方面。创新投入的多少直接影响到企业技术创新的深度和广度,是企业技术创新能力的重要体现。一个企业在创新投入上的表现,往往能够反映其对技术创新的重视程度和未来发展的战略规划。

资金投入是企业创新投入中最直接、最基础的部分。充足的资金支持能够保证企业在研发、试验、市场推广等各个环节有足够的资源进行尝试和探索。资金的投入不仅能够吸引和留住优秀的科研人才,还能够购买先进的实验设备和仪器,为技术创新提供物质基础。此外,资金的投入还能够用于与外部研究机构、高校等进行合作,通过外部资源的引入,加速技术创新的进程。

人力投入是企业创新投入中不可或缺的一环。企业需要培养和吸引具有创新精神和专业技能的人才,为技术创新提供源源不断的智力支持。通过建立完善的培训体系和激励机制,企业可以激发员工的创新潜能,鼓励他们积极参与到技术创新活动中来。同时,企业还需要注重团队建设,通过跨部门、跨领域的合作,促进不同专业背景和技能的员工之间的交流与合作,从而产生更多的创新灵感和解决方案。

设备和基础设施的投入也是企业创新投入的重要组成部分。先进的实验设备和完善的基础设施能够为技术创新提供良好的实验环境和条件。企业需要根据自身的技术特点和发展方向,投资于关键技术和核心设备的研发和购置,以确保在技术创新过程中能够保持技术领先。同

## 第五章 技术创新营销的影响因素及环境

时,企业还需要注重对现有设备的维护和升级,以适应技术发展的需要。

(五)企业技术创新能力

企业技术创新能力是指企业在技术创新过程中所具备的综合能力,包括研发能力、技术转化能力、市场适应能力等多个方面。一个企业的技术创新能力直接决定了其在市场中的竞争力和可持续发展能力。

研发能力是企业技术创新能力的核心,它涉及企业对新技术、新产品、新工艺的研发和创新。一个拥有强大研发能力的企业能够不断推出符合市场需求的创新产品,从而在激烈的市场竞争中占据有利地位。为了提升研发能力,企业需要不断投入资金和人力资源,加强与高校、研究机构的合作,引进和培养高水平的研发人才,同时注重知识产权的保护和管理。

技术转化能力是指企业将研发成果转化为实际产品和服务的能力。这不仅需要企业具备良好的技术开发环境,还需要有高效的项目管理和市场推广能力。企业应建立完善的项目管理机制,确保技术创新项目能够按照既定目标高效推进,并及时将创新成果推向市场,满足消费者需求。

市场适应能力是指企业根据市场变化及时调整技术创新方向和策略的能力。在快速变化的市场环境中,企业需要敏锐地捕捉市场信息,准确地把握市场趋势,从而制定出符合市场需求的技术创新战略。此外,企业还应具备灵活的组织结构和管理机制,能快速响应市场变化,及时调整技术创新方向。

**二、技术创新外部影响因素分析**

企业置身于外部环境中,技术创新活动必然受外部环境的影响。尹秀芝(2006)从自主创新能力的角度提出了影响技术创新的四个因素,即宏观管理体制因素、创新机制因素、创新主体的创新能力、创新环境因素。胡永健、周寄中(2009)研究了政府直接资助强度与企业新增投资之间的关系,研究结果表明,政府对企业技术创新的直接资助显著促进了企业技术创新的支出增长。本书通过归纳,从社会文化、政策制度、市场需求三个方面分析影响技术创新的外部因素。

(一) 社会文化影响

技术创新与社会文化之间存在着密切的联系。社会文化不仅为技术创新提供了思想基础和价值导向，而且在很大程度上影响着技术创新的方向和速度。一个开放、包容、鼓励创新的社会文化环境，能够激发人们的创造力和探索精神，从而促进技术创新的发展。反之，一个保守、封闭、排斥新事物的社会文化环境，则可能抑制创新思维，阻碍技术创新的进程。

在社会文化的影响下，技术创新往往呈现出不同的特点和趋势。例如，在一个重视教育、鼓励科学探索的社会中，技术创新往往更加注重科学原理和理论的突破，而不仅仅局限于应用层面的改进。在这种文化背景下，企业更倾向于投资于基础研究和长远的技术开发，以期在未来的市场竞争中占据先机。

此外，社会文化还影响着人们对技术创新的接受程度和使用方式。在一些文化中，新技术的推广和应用可能会遇到阻力，因为人们对于改变现状和尝试新事物持有保守态度。而在另一些文化中，新技术则可能迅速被接受并广泛应用于各个领域，因为人们对于创新和进步持开放态度。

企业在进行技术创新时，必须充分考虑社会文化因素的影响。企业需要通过市场调研和文化分析，了解目标市场中消费者的文化背景和价值观念，从而制定出符合当地文化特点的技术创新策略。同时，企业还应积极参与社会文化建设，通过各种方式传播创新理念，营造有利于技术创新的社会氛围。

(二) 政策制度影响

政策制度对技术创新的影响主要体现在为创新活动提供法律保障和激励机制。政府通过制定一系列政策和法规，为技术创新提供了框架和方向。例如，知识产权保护制度能够确保创新成果的合法权益，激励企业和个人进行更多的研发投入。税收优惠政策、财政补贴等措施能够减轻企业在创新过程中的经济负担，提高企业的创新积极性。

## 第五章　技术创新营销的影响因素及环境

此外,政府还通过建立科技园区、创新孵化器等平台,为企业提供创新所需的基础设施和公共服务,促进企业间的交流与合作。政府的政策引导和资金支持,能够有效促进技术创新与产业发展的紧密结合,推动产业结构的优化升级。

在政策制度的影响下,企业需要密切关注政策动向,及时调整自身的创新战略。企业应积极与政府沟通,争取政策支持,同时也要注意防范政策变动可能带来的风险。通过与政府的良性互动,企业可以更好地把握政策导向,利用政策优势,推动技术创新的持续发展。

### (三)市场需求影响

市场需求是技术创新的重要外部影响因素之一。技术创新的产生和发展往往与市场需求的变化密切相关。市场需求的变化可以分为两个方面:一是消费者需求的变化,二是行业需求的变化。

首先,消费者需求的变化对技术创新具有直接的推动作用。随着社会经济的发展和人们生活水平的提高,消费者对产品和服务的需求越来越多样化和个性化。为了满足消费者的这些需求,企业必须不断进行技术创新,开发出更加符合市场需求的新产品和新技术。例如,随着人们对健康和环保意识的增强,绿色、环保、节能的产品越来越受到消费者的青睐,这促使企业加大在绿色技术创新方面的投入和研发力度。

其次,行业需求的变化也会对技术创新产生重要影响。随着技术的不断进步和行业竞争的加剧,企业需要不断创新以保持竞争优势。例如,在信息技术行业,随着互联网技术的快速发展,企业需要不断更新技术,以适应新的市场需求。此外,行业内的技术标准和规范也会对技术创新产生影响。企业需要根据行业标准进行技术创新,以确保其产品和服务能够满足行业内的技术要求。

### 三、技术创新影响因素的协同互动

技术创新的内部影响因素和外部影响因素之间存在互动关系。例如,企业文化中对创新的重视,可以激发员工的创新热情,促进企业技术创新能力的提升。而企业技术创新能力的提升,又能够增强企业在市场中的竞争力,从而吸引更多的投资和资源,进一步推动企业规模的扩大和企业制度的完善。

技术创新影响因素的互动不仅限于企业内部和外部因素的相互作用,还体现在不同影响因素之间的相互影响和协同效应。例如,企业规模的扩大往往伴随着企业制度和企业文化的成熟,这为技术创新提供了更为稳定和有序的内部环境。同时,企业技术创新投入的增加,又会促进企业技术创新能力的提升,形成良性循环。

在技术创新的外部因素中,政策制度的完善和市场需求的扩大,往往能够激发社会文化对创新的重视,进而推动企业加大技术创新的投入。例如,政府对知识产权保护的加强,不仅能够保护创新成果,还能够鼓励企业进行更多的基础研究和长远技术开发。同时,消费者对新技术的接受程度和使用方式的改变,也会对市场需求产生影响,进而影响企业的技术创新策略。

## 第二节 技术创新营销的环境分析

技术创新营销的环境包括了影响企业营销活动的各种外部和内部环境。外部环境通常涉及市场趋势、消费者行为、竞争对手、法律法规、经济状况、技术进步以及社会文化等方面。内部环境则包括企业的资源、能力、组织结构、企业文化、营销策略和管理决策等。技术创新在营销环境中扮演着重要角色,它能够帮助企业开发新产品、改进服务、优化生产流程、提高效率和降低成本,从而在竞争激烈的市场中获得优势。技术创新营销需要企业不断关注和适应外部环境的变化,同时也要充分利用内部资源和能力,以实现可持续发展和市场竞争力的提升。

### 一、技术创新营销环境的内涵

随着技术的不断进步,企业营销环境正经历着前所未有的变革。技术创新不仅改变了企业与消费者之间的互动方式,也重塑了整个市场结构。在这一背景下,企业必须深入理解技术创新营销环境的内涵,以便更好地适应和利用这些变化。

首先,技术创新营销环境强调了数据驱动的决策过程。在大数据时代,企业能够收集和分析海量的消费者数据,从而更准确地了解市场需求和消费者偏好。这使得企业能够基于数据制定更加科学和有效的营销策略,提高营销活动的针对性和效果。

其次,技术创新营销环境倡导个性化和定制化的服务。借助人工智能和机器学习技术,企业可以为消费者提供高度个性化的购物体验和产品推荐。这种定制化服务不仅能够提升消费者的满意度和忠诚度,还能为企业创造更多的商业机会。

再次,技术创新营销环境强调了跨平台整合的重要性。随着移动互联网、社交媒体和电子商务的快速发展,消费者获取信息和购物的渠道变得多样化。企业需要在不同的平台上整合资源,实现无缝的用户体验,确保在各个触点上都能与消费者保持良好的互动和沟通。

最后,技术创新营销环境还关注可持续发展和绿色营销。在环保意识日益增强的今天,企业需要通过技术创新来降低生产过程中的能耗和排放,开发环保产品,以满足消费者对绿色消费的需求。

**二、企业技术创新营销环境特征**

(一)数字化转型与智能化升级

随着互联网、物联网和云计算等技术的快速发展,企业营销环境正经历着数字化转型和智能化升级的浪潮。数字化转型不仅意味着企业需要将传统业务流程迁移到线上,更关键的是要利用数字技术重构商业模式,实现业务流程的优化和创新。例如,通过建立在线平台,企业可以实现与消费者的实时互动,收集反馈并快速响应市场变化。

智能化升级则涉及利用人工智能、机器学习等技术,提升企业运营效率和决策质量。通过智能化系统,企业能够实现精准的市场预测、智能库存管理、自动化客户服务等,从而在竞争中获得优势。例如,智能客服机器人可以提供 24/7 的客户服务,解决用户问题,提高客户满意度。

## （二）数据驱动的决策制定

在技术创新营销环境中，数据已成为企业制定战略和决策的关键资源。通过大数据分析，企业能够洞察市场趋势、消费者行为和竞争对手动态，从而做出更加科学和精准的决策。数据驱动的决策制定要求企业建立完善的数据收集和分析体系，确保数据的准确性和时效性。此外，企业还需要培养数据分析师和数据科学家团队，利用先进的分析工具和算法，从海量数据中提取有价值的信息，为产品开发、市场定位和营销策略提供支持。例如，通过分析社交媒体数据，企业可以了解消费者对品牌的看法和需求，进而调整营销策略。

## （三）客户体验的持续优化

在技术创新的推动下，企业越来越重视客户体验的持续优化。客户体验不仅关乎产品和服务的质量，还包括购买过程、售后服务以及与品牌的互动体验。技术创新使得企业能够通过多种渠道和方式，为消费者提供无缝、一致且个性化的体验。

例如，通过增强现实技术，消费者可以在家中预览家具产品在自己家中的摆放效果，从而提升购买决策的便捷性和准确性。此外，利用物联网技术，企业可以实现智能设备的远程监控和维护，提供更加周到的售后服务。

## （四）跨界合作与生态系统构建

技术创新不仅推动了不同行业之间的合作与融合，还为企业带来了前所未有的发展机遇。为了在激烈的市场竞争中脱颖而出，企业需要构建一个跨行业的生态系统，通过这种生态系统实现各方的共赢。通过与技术供应商、内容提供商、渠道合作伙伴以及其他相关企业建立紧密的合作关系，企业可以实现资源共享、技术互补和市场信息的互通有无。这种跨界合作不仅有助于企业拓展市场范围，还能提高其整体竞争力。

在构建跨行业生态系统的过程中，企业可以共同开发新产品和服务,从而满足市场需求的多样化和个性化。例如,科技公司可以与汽车制造商合作,共同研发智能汽车;娱乐公司可以与电信运营商合作,推出更加丰富的数字娱乐内容。通过这种跨界合作,企业能够充分利用各方的优势资源,实现创新突破,从而在市场中占据有利地位。

### 三、企业技术创新营销环境分析方法

企业技术创新营销环境分析方法主要包括以下几个方面。

(一)宏观环境分析(PEST 分析)

宏观环境分析,也被称为"PEST 分析",是一种广泛应用于评估外部环境对组织影响的重要工具。它涵盖了政治(Political)、经济(Economic)、社会(Social)和技术(Technological)这四个关键维度。通过深入的 PEST 分析,企业能够更加全面地了解市场趋势,从而制定出更加精准的战略,并有效应对潜在的风险和挑战。

在政治(Political)维度方面,企业需要密切关注政府政策、法律法规的变化,特别是这些变化对企业技术创新可能产生的影响。例如,政府提供的税收优惠政策、知识产权保护措施等,都可能对企业的研发活动和创新成果产生重大影响。

经济(Economic)维度的分析涉及宏观经济状况、市场趋势、消费者购买力等因素。这些经济因素对企业技术创新的影响不容忽视。企业需要密切关注通货膨胀率、利率、汇率等经济指标,以便更好地预测市场需求,制定相应的技术创新策略。

社会(Social)维度的研究关注社会文化、人口结构、消费者偏好等社会因素。这些因素在很大程度上决定了消费者的需求和行为,从而对企业技术创新的方向和重点产生影响。例如,随着人口老龄化趋势的加剧,企业可能需要更多地关注与老年人相关的产品和服务创新。

技术(Technological)维度关注行业内外的技术发展趋势、技术标准、技术替代品等。技术的快速发展和变革为企业提供了新的机遇,同时也带来了挑战。企业需要密切关注新技术的出现和应用,以便及时调整技术创新的方向和策略。

## （二）行业环境分析（五力模型）

在进行宏观环境分析的基础上，企业还必须深入研究行业环境，以便更全面地识别和评估那些可能影响技术创新和营销活动的具体因素。波特的五力模型是一个非常重要的工具，用于分析行业环境，它涵盖了以下五个关键方面。

（1）行业竞争者分析是至关重要的。企业需要详细研究现有竞争者的数量、规模、市场占有率以及他们的竞争策略等，从而深入了解行业内的竞争态势。这有助于企业识别主要竞争对手，并评估他们在市场中的地位和影响力。

（2）潜在进入者威胁的评估也不容忽视。企业需要评估新企业进入市场的难易程度，这涉及进入壁垒、资本需求、技术难度等多个因素。通过这种评估，企业可以预测未来可能面临的竞争压力，并制定相应的应对策略。

（3）替代品威胁的研究同样重要。市场上可能替代企业产品或服务的其他产品或服务需要被仔细研究，包括其价格、性能、用户接受度等方面。了解这些替代品的优势和劣势，有助于企业更好地定位自身产品和服务，从而在竞争中占据有利地位。

（4）供应商议价能力的评估也不可或缺。企业需要评估供应商对原材料、零部件等关键资源的控制程度，以及他们对价格和供应条件的影响力。这有助于企业在采购过程中制定更有效的谈判策略，确保资源的稳定供应和成本控制。

（5）买家议价能力的分析同样关键。企业需要分析买家对产品或服务的需求强度、购买量、信息透明度等因素，了解买家对价格和条件的影响力。这有助于企业在销售过程中更好地满足客户需求，同时保持合理的利润空间。

## （三）内部环境分析（SWOT分析）

在进行企业战略规划和决策时，除了深入分析宏观和行业环境之外，企业还必须对其内部环境进行详尽的审视。这种内部环境分析有助于企业清晰地认识到自身的优势、劣势、机会和威胁，从而更好地定位自身在市场中的地位。SWOT 分析是一种广泛应用于内部环境分析的工具,它涵盖了以下四个关键方面。

(1)优势(Strengths)。企业需要评估自身在技术创新方面的核心竞争力。这包括但不限于企业的技术专利数量和质量、研发团队的专业能力和创新能力,以及品牌在市场中的影响力和认知度。通过深入分析这些优势,企业可以更好地利用其在技术创新方面的独特优势,以获得市场竞争中的有利地位。

(2)劣势(Weaknesses)。企业需要识别在技术创新过程中可能遇到的内部障碍。这些障碍可能包括资金短缺、技术落后于竞争对手、管理不善导致的效率低下,以及缺乏创新文化和机制等。通过识别这些劣势,企业可以有针对性地采取措施进行改进,从而提升整体的技术创新能力和市场竞争力。

(3)机会(Opportunities)。企业需要寻找外部环境变化给技术创新带来的机遇。这些机遇可能包括市场需求的快速增长、政府政策的支持和鼓励、技术进步带来的新应用领域,以及新兴市场的开拓等。通过敏锐地捕捉这些机会,企业可以调整其战略方向,以更好地适应市场变化,实现可持续发展。

(4)威胁(Threats)。企业需要分析外部环境变化可能对企业技术创新构成的威胁。这些威胁可能包括竞争对手的技术突破、市场饱和导致的增长放缓、法规限制和政策变动等。通过深入分析这些威胁,企业可以提前做好应对准备,以避免潜在的风险对企业造成重大影响。

**四、数智化时代的技术创新及对企业营销的影响**

在数智化时代,技术创新不仅改变了企业的营销方式,还重塑了消费者的购买行为。随着大数据、人工智能、物联网等技术的快速发展,企业能够更精准地捕捉消费者需求,实现个性化营销。例如,通过分析消费者的在线行为数据,企业可以预测其潜在需求,并推送相关产品或服务广告,从而提高营销效率和转化率。

此外,技术创新还推动了营销渠道的多样化。社交媒体、移动应用、在线直播等新兴渠道的出现,为企业提供了更多与消费者互动的机会。企业可以通过这些渠道实时了解消费者反馈,快速调整营销策略,以满足不断变化的市场需求。

然而,技术创新也给企业带来了挑战。数据安全和隐私保护成为企业必须面对的重要问题。在收集和使用消费者数据时,企业必须遵守相关法律法规,确保数据的安全性和消费者的隐私权益。同时,技术创新的快速迭代也要求企业持续投入研发,保持技术领先优势,否则很容易被竞争对手超越。

技术创新也为企业提供了更多元化的营销手段。例如,虚拟现实(VR)和增强现实(AR)技术为企业创造了沉浸式的营销体验,使消费者能够更直观地了解产品或服务的特点和优势。这种创新的营销方式不仅提高了消费者的参与度,还增强了品牌的记忆点和忠诚度。

在数智化时代,技术创新对企业营销产生了深远的影响。企业需要紧跟技术发展的步伐,灵活运用新技术,以实现更有效的营销策略,同时也要注意防范由此带来的风险。只有这样,企业才能在激烈的市场竞争中脱颖而出,实现可持续发展。在应对这些挑战的同时,企业还需注重技术创新与营销策略的深度融合。这意味着,技术不仅仅是工具,更是推动营销创新的重要驱动力。例如,通过利用人工智能技术进行情感分析和自然语言处理,企业可以深入理解消费者的情感需求和偏好,从而制定出更具针对性的营销策略。

## 第三节 技术创新营销的外部环境分析

企业技术创业营销环境可以细分为两个主要部分:外部环境和内部环境。外部环境涵盖了诸多关键因素,包括政策环境、行业竞争环境、技术环境、法律环境以及市场竞争环境等。这些因素共同构成了企业技术创新所处的宏观背景,对企业的发展方向和战略选择产生深远影响。

下面我们首先来分析企业技术创新所面临的外部环境。外部环境是企业技术创新的宏观背景,对企业的发展方向和战略选择具有重要影响。政策环境为企业提供了发展的动力和保障,行业竞争环境反映了企业在特定行业中的竞争地位和市场占有率,技术环境决定了企业在技术领域的竞争力,法律环境为企业提供了运营的法律框架,市场竞争环境则直接影响企业的市场策略和产品定位。通过对这些外部环境因素的

# 第五章 技术创新营销的影响因素及环境

深入分析,企业可以更好地制定技术创新战略,应对市场变化,提升自身的竞争力。

## 一、政策环境

政策环境是指在一定时期内,国家或地区政府制定和实施的各类政策、法规和制度的总和。这些政策、法规和制度对社会经济活动产生重要影响,从而影响企业的发展和经营。政策环境的稳定性、透明度和可预测性对于企业制定战略和决策具有重要意义。政策环境的变化还可能影响企业的投资决策、市场拓展和资源配置等方面。因此,企业需要建立有效的政策监测机制,及时了解政策动态,以便在激烈的市场竞争中保持竞争优势。同时,企业还应积极参与政策制定过程,为政府提供有价值的建议,以实现企业与政府的良性互动。

在当前全球化的背景下,技术创新已经成为推动经济发展和社会进步的关键力量。为了适应这一趋势,各国政府纷纷出台了一系列政策,旨在为创新活动提供良好的环境和条件。这些政策不仅包括财政支持和税收优惠,还包括知识产权保护、人才培养和引进,以及促进产学研合作等方面。

首先,财政支持和税收优惠是各国政府普遍采用的手段。通过提供资金支持和税收减免,政府能够降低企业创新的成本,激励企业加大研发投入。例如,一些国家设立了创新基金,专门用于支持初创企业和科技型中小企业的发展。此外,政府还通过税收优惠政策,鼓励企业增加对研发活动的投入,从而提高整体创新水平。

其次,知识产权保护是技术创新政策环境中的重要一环。只有在知识产权得到有效保护的情况下,企业才愿意投入大量资源进行研发和创新。为此,各国政府不断完善知识产权法律法规,加大执法力度,确保创新成果能够得到合理回报。同时,政府还积极推动国际知识产权合作,为本国企业在全球范围内开展创新活动提供支持。

再次,人才培养和引进也是技术创新政策环境中的关键因素。政府通过制订一系列教育和培训计划,提高国民的科技素养和创新能力。同时,通过引进海外高层次人才和建立人才交流机制,为本国创新活动注入新的活力。政府还鼓励企业与高校、科研机构开展合作,促进产学研一体化发展,加速科技成果的转化和应用。

最后,促进产学研合作是技术创新政策环境中的重要组成部分。政府通过搭建合作平台、提供政策支持和资金扶持等手段,鼓励企业与高校、科研机构开展深度合作,共同开展技术研发和创新项目。这种合作模式有助于整合各方资源,提高创新效率,推动科技成果的快速转化。

在技术创新政策环境的构建中,政府还扮演着协调者的角色,努力营造一个多方参与、协同创新的良好氛围。政府通过建立跨部门协调机制,促进不同领域和行业之间的信息交流和技术合作。例如,一些国家成立了专门的创新委员会,负责统筹规划和协调国家层面的创新活动,确保政策的连贯性和有效性。

## 二、行业竞争环境

在当前的市场格局下,企业之间的竞争日益激烈。为了在竞争中脱颖而出,企业需要密切关注市场动态,了解竞争对手的动向和市场需求的变化。通过深入分析竞争对手的优势和劣势,企业可以找到自身的定位,不断优化自身的战略和运营模式,制定有针对性的策略,同时加强对企业的技术创新。技术创新在人们生活以及市场中的作用越来越关键,无论是企业还是国家,都把技术创新放在重要的位置上。企业需要注重创新和研发,以保持技术领先和产品竞争力。在快速发展的行业中,只有不断创新,才能满足消费者日益多样化的需求。

技术创新在推动现有行业间差异化竞争方面发挥着至关重要的作用。通过不断的技术创新,企业能够实现其独特的价值主张,创造出具有独特功能、性能或体验的产品,从而满足消费者尚未被满足的需求。技术创新不仅提高了产品的附加值,还能够显著体现企业的竞争优势。产品差异化通常需要通过创造市场排他性来建立竞争优势,使企业能够收取溢价并有效抵御新进入者的竞争。这种差异化竞争策略有助于企业在激烈的市场竞争中脱颖而出,保持其市场地位。

技术创新在降低新竞争者的进入壁垒方面也起到了显著的作用。随着技术的不断进步,新产品开发的过程变得更加迅速和经济,这大大降低了进入新市场的门槛。同时,技术的开放式创新为小企业和创业公司提供了更多的机会,使他们能够获得之前无法获得的资源和技术。此外,云计算技术服务平台和基础设施的普及,显著降低了数据存储、计算和分析的成本,为新进入者提供了更多的竞争机会。这些因素共同作

第五章　技术创新营销的影响因素及环境

用,使得市场上的竞争格局更加多元化,为新兴企业提供了更多的发展空间。

技术创新在改变行业间的竞争格局方面具有深远的影响。新兴技术的出现可能会颠覆现有的商业模式,创造出全新的产品类别,从而改变竞争格局,创造新的市场机遇。企业需要密切关注技术趋势,并适时调整战略以利用技术突破。技术领先者可以获得先发优势,建立强大的市场地位和高准入门槛,从而重塑行业格局。技术创新为非传统参与者提供了进入市场的途径,如技术创业公司和来自不同行业的企业,这些新兴力量的加入进一步丰富了市场竞争的多样性。

行业竞争格局的变化反过来也促进企业进行技术创新。市场竞争的激烈程度迫使企业不断推出创新的产品和服务以满足客户需求,通过创新提高产品性能、降低成本或创造新的市场机会,为企业提供竞争优势,从而获得市场份额和保持领先地位。企业可以通过投资研发、建立创新团队和与外部合作伙伴合作来增强其创新能力,实现技术突破。这种持续的创新努力有助于企业在竞争中保持领先地位,应对不断变化的市场需求。

**三、技术环境**

技术环境是指对新技术、新产品和市场机会产生影响的各种因素与力量,如加快技术变革,增加创新机会,增加研发预算,关注产品的局部改进,增加对技术创新的监管等。

科技作为社会生产力中最为活跃的要素,对人类社会的历史过程和社会生活的每一个层面都产生了巨大的影响,并对社会生产方式、人们的思维方式、生活方式和消费方式等产生了历史性的影响,对企业的营销行为也产生了一定的影响。科技是一种重要的生产力,当它同生产紧密地联系在一起时,对整个国家的发展都有很大的影响。

科技的进步对企业创新营销的影响是全方位的,涵盖了多个层面。首先,科技的发明与应用不仅催生了新的产业和市场,而且对现有产业产生了深远的影响。每一次新技术的发现和推广,都会为某些企业带来前所未有的商机,从而孕育出全新的产业。然而,与此同时,这些新技术也对一些传统行业和企业构成了威胁,甚至可能导致它们被淘汰。例如,新能源技术的开发利用,为火电行业带来了新的发展机遇,但同时也给水电工业带来了巨大的挑战。此外，随着自动化装置和新技术的引进，一系列新兴产业如自动化控制、新技术培训和电脑教育等相继涌现。

其次，科技的飞速发展对企业的营销策略产生了显著影响。产品的生命周期大幅缩短，更新换代的速度加快，这迫使企业不断研发新产品，并加速新产品的推出。随着网络技术如短视频和多媒体的广泛应用，消费者获取商品信息的途径变得更加便捷，商品价格信息的透明度也显著提高，这要求企业对其产品和定价策略进行及时调整。此外，综合营销沟通工具的运用也需要借助新的科技手段，以促进企业的推广和宣传。

再次，科学技术的进步深刻影响着人们的消费方式和消费结构。科学和技术具有"创造性破坏力"，能够创造新事物并淘汰旧事物。随着新行业和新市场的出现，消费客体的种类越来越多，范围越来越广，消费结构也在不断变化。例如，汽车业的飞速发展使得美国成为"轮子之国"，现代美国人几乎每时每刻都离不开汽车。随着互联网技术的普及，人们的购物、沟通和娱乐方式变得更加多样化和便捷。

最后，科学技术的进步推动了企业经营管理水平的现代化。科技的发展为企业的市场管理带来了现代化的条件。例如，计算机、传真机、电子扫描仪和光纤通信等设备的广泛应用，对于提高企业的运营管理水平和实现现代化具有极其重要的意义。同时，科技的进步也给企业的营销经理带来了更多的挑战，这要求他们更新理念，掌握现代管理理念与方法，从而进一步提升他们的营销管理能力。

### 四、法律环境

法律环境是指影响企业技术创新和营销活动的法律法规和政策。在技术创新营销中，法律环境起着至关重要的作用，它不仅为企业提供了创新活动的法律框架，还为企业在市场中的竞争行为设定了规则和限制。

首先，知识产权法律是技术创新营销中最为重要的法律环境因素之一。知识产权法律保护了企业的创新成果，如专利法、商标法和版权法等，确保企业能够从其技术创新中获得经济利益。专利法保护了企业的发明创造，防止他人未经授权使用或复制，从而激励企业进行更多的研发投入。商标法则保护了企业的品牌和标识，增强了消费者对品牌的认知和信任。版权法则保护了企业的软件、设计和创意内容,避免了非法复制和盗版行为。

其次,反垄断法律和竞争法也对技术创新营销产生重要影响。这些法律旨在维护公平竞争的市场环境,防止企业滥用市场支配地位,限制不正当竞争行为。通过这些法律的实施,可以促进技术创新的健康发展,避免市场垄断和不公平竞争现象的发生。

再次,消费者保护法律和产品责任法律也对技术创新营销产生影响。这些法律要求企业在技术创新和营销过程中,必须确保产品的安全性和质量,保护消费者的合法权益。企业需要遵守相关法律规定,对产品进行严格的质量控制和安全测试,以避免因产品问题导致的法律责任和声誉损失。

最后,环境保护法律和能源节约法律也对技术创新营销产生影响。随着全球对环境保护和可持续发展的重视,相关法律对企业在技术创新和营销活动中提出了更高的环保要求。企业需要在技术创新过程中考虑环保因素,开发环保产品,减少对环境的影响,以符合法律要求并赢得消费者的认可。

**五、市场竞争环境**

市场竞争环境是指企业在进行技术创新和营销活动时所面临的整体竞争格局以及竞争对手的行为模式。在当今全球化的浪潮和信息化技术迅猛发展的背景下,市场竞争环境变得越来越复杂且充满动态变化。企业不仅需要密切关注国内市场的竞争态势,还必须将视野扩展到国际市场,仔细观察跨国公司和新兴企业的竞争策略,以便在激烈的市场竞争中保持敏锐的洞察力。

首先,对市场竞争环境的分析应当从行业内的竞争者数量和实力入手。企业需要对同行业内的主要竞争对手进行深入评估,了解他们的市场占有率、产品线布局、价格策略、营销手段以及研发能力等关键信息。通过这些详尽的信息分析,企业能够制定出更加精准和有针对性的竞争策略,从而有效地应对来自竞争对手的各种挑战。

其次,市场竞争环境的分析还应当关注潜在的新进入者和替代品所带来的威胁。新进入者可能会携带着创新的技术、产品或服务进入市场,这可能会对现有的市场竞争格局产生颠覆性的影响。同时,替代品的出现也可能削弱现有产品的市场地位,甚至导致市场份额的流失。因此,企业必须持续关注市场动态,及时调整自己的产品和服务策略,以保持其在市场中的竞争力。

再次,市场竞争环境的分析还应当考虑供应链和分销渠道的变化。供应链的稳定性和效率直接关乎企业的成本控制和市场响应速度。而分销渠道的多样化和创新则可以为企业提供更多的市场接触点,增强产品的市场渗透力。企业需要与供应商和分销商建立并维护良好的合作关系,共同应对市场竞争环境的变化,确保供应链和分销渠道的顺畅运作。

最后,市场竞争环境的分析还应当关注消费者行为的变化。消费者的需求和偏好在不断变化,企业需要通过市场调研和数据分析,了解消费者的需求趋势,从而调整产品和服务,以满足消费者的期望。同时,企业还需要关注消费者对品牌忠诚度的变化,通过提供高质量的产品和服务,增强消费者的忠诚度和满意度,从而在竞争中脱颖而出。

## 第四节 技术创新营销的内部环境分析

在当今竞争激烈的市场中,技术创新已成为企业持续发展的核心动力。为了确保在营销领域取得成功,企业必须构建一个有利于创新的内部环境。企业技术创新的内部环境主要包括企业内部的制度、企业文化、部门协作、技术研发、资源配置等方面。内部环境则关注企业内部的运作机制,特别是部门之间的协作与合作机制以及技术开发环境。部门之间的协作与合作机制涉及企业内部各部门之间的沟通、协调和资源整合,这对于提高企业的运营效率和创新能力至关重要。技术开发环境则包括企业的研发团队、研发设施、研发投入以及技术积累等,这些因素直接影响企业在技术创新方面的表现和成果。

### 一、企业制度环境

企业组织制度指的是在特定的环境和条件下形成的、涉及企业内部

## 第五章 技术创新营销的影响因素及环境

经济关系的一整套规范体系。这些关系不仅涵盖了企业在运营过程中所制定的规章制度和行为准则,还包括了一系列与之相配套的激励机制、风险控制手段以及产权分配模式等内容。通过这样的制度安排,企业能够有效地组织资源、协调行为,进而促进其长期稳定的发展。企业制度影响着企业的技术创新,其对技术创新的影响主要体现在产权制度、管理制度和组织制度三个方面。

(1)产权制度。作为一种适应于社会化大生产与现代市场经济环境的产权体系,其核心在于确保产权归属的明确性,即所有权益、权利和义务都得以明确界定。这种制度强调权责对等,使得每个参与者在享有权利的同时也承担相应的责任。它还着重于促进产权流转的顺畅性,通过建立一个高效透明的交易平台,使资产能够在不同主体之间自由流动,而不必担心法律或经济上的障碍。此外,严格的产权保护措施则为产权所有者提供了稳固的安全保障,避免了因信息不对称或其他因素造成的潜在风险。

在当今社会,产权制度的发展与创新能力紧密相联。一个健全的现代产权制度能够为技术创新提供必要的激励机制和安全保障。通过明确界定知识产权,确保发明者的贡献得到合理回报,这不仅激发了个人和企业的创新热情,还促进了技术的快速转移和应用。此外,良好的产权制度还能有效避免知识产权纠纷,减少不必要的法律成本,从而为创新活动创造一个更为有利的环境。因此,构建一个有利于技术创新的产权制度,对于推动经济的持续增长和社会的进步具有至关重要的意义。

(2)管理制度。管理制度是企业为了确保其日常运作的顺畅和高效而制定的一系列规范与流程。这些制度通常包括了组织结构、决策机制、财务管理、人力资源、质量控制等多个方面。一个科学且合理的企业管理制度,不仅能够为企业内部员工提供清晰的工作方向和目标,而且还能激发他们的积极性,即使在没有外在压力的情况下也能自发地追求卓越。

随着科技的进步和市场竞争的加剧,企业面临着前所未有的挑战。这要求企业在不断推进技术创新的道路上,同样也需要不断地探索和完善适合自身发展的管理模式。这样的探索和实践,将有助于企业在激烈的市场竞争中保持灵活性,及时调整策略,从而实现从平庸走向卓越的转变。只有通过持续的创新与改进,企业才能在变化莫测的竞争格局中脱颖而出,取得长期的成功与发展。因此,建立和实施一套行之有效的企业管理制度,对于每一个企业来说都是一项至关重要的战略任务。

(3)组织制度。组织制度指规定企业内部分工协调、权责分配关系的制度安排。组织制度是企业组织中全体成员必须遵守的行为准则,包括各种章程、条例等。合理的组织结构和完善的制度安排能够起到高效率配置创新资源的作用,实现创新思想和相关资源的完美整合,让企业顺利实现技术创新。通过建立合理的组织结构和周密的制度安排,企业能够在激烈的市场竞争中保持领先地位,有效地整合创新资源。这不仅仅体现在资金、技术和人才等有形资源的调配上,更重要的是企业文化和价值观的塑造。良好的组织制度是激发员工创造力、提升团队凝聚力的关键所在,同时也是推动企业持续发展和技术创新的强大动力。

## 二、企业营销文化环境

企业文化是企业内部环境的重要组成部分,它影响着员工的行为方式和企业的整体氛围。一个积极向上、鼓励创新的企业文化能够激发员工的创造力和工作热情,从而推动技术创新的进程。企业营销文化是企业核心价值观和经营理念在市场活动中的体现。它不仅影响着企业内部员工的行为和态度,还直接关系到企业与客户、合作伙伴之间的互动和关系建设。一个积极、健康的企业营销文化能够帮助企业树立良好的品牌形象,增强市场竞争力。

企业营销文化的形成并非一蹴而就,它需要企业长期的坚持和不断的优化。通过定期的评估和调整,企业可以确保营销文化始终与时俱进,满足市场和消费者不断变化的需求。同时,企业还应该注重与外部环境的互动,通过与社会各界的合作,不断丰富和拓展自身的营销文化内涵。最终,一个成熟的企业营销文化将成为企业在激烈市场竞争中脱颖而出的重要法宝。此外,企业营销文化还需注重创新。在当今这个快速变化的时代,传统的营销手段可能已经无法满足市场和消费者的需求。因此,企业需要鼓励创新思维,不断尝试新的营销策略和手段,以在市场中保持领先地位。

创新的企业营销文化不仅体现在营销策略上,还体现在对新技术、新平台的敏锐洞察和快速应用上。随着数字化、智能化技术的不断发展,企业需要紧跟时代步伐,利用大数据、人工智能等技术手段,提升营销效率和精准度。同时,企业还应该积极探索新的营销渠道和平台,如社交媒体、短视频等,以更贴近消费者的生活方式和兴趣点。

除了注重创新外,企业营销文化还需要强调团队协作和共同目标。在营销活动中,各个部门之间需要紧密配合,形成合力,以确保营销活动的顺利进行。同时,企业还需要设定明确的营销目标,并鼓励员工为实现这些目标而共同努力。通过团队协作和共同目标的设定,企业可以激发员工的积极性和创造力,从而推动营销文化的不断发展和完善。

企业营销文化是企业成功的重要基石。通过明确核心价值、鼓励创新思维、注重技术应用、强调团队协作和共同目标等措施,企业可以构建一个积极、健康、富有竞争力的营销文化。这样的营销文化将为企业带来持续的增长和发展动力,使企业在激烈的市场竞争中立于不败之地。进一步,企业营销文化还需融入社会责任和可持续发展的理念。在追求经济效益的同时,企业不应忽视其对社会和环境的影响。一个负责任的企业会在其营销活动中积极倡导环保、公益等理念,以此提升品牌形象,并赢得消费者的认同和尊重。

例如,企业可以开展绿色营销活动,推广环保产品和服务,减少营销过程中的资源消耗和环境污染。同时,企业还可以积极参与社会公益活动,通过捐赠、志愿服务等方式回馈社会,展现企业的社会责任感和担当。

此外,企业营销文化还应注重与消费者的情感连接。在营销过程中,企业不仅要传递产品的功能和价值,还要关注消费者的情感需求,通过情感共鸣来增强消费者对品牌的认同感和忠诚度。这要求企业在营销活动中注重人文关怀,关注消费者的生活状态和心理需求,以更贴近消费者的方式传递品牌价值。

为了将社会责任、可持续发展和消费者情感连接融入企业营销文化,企业需要加强内部培训和教育,提升员工对这些理念的认识和理解。同时,企业还需要在营销策略、产品设计、客户服务等方面进行全面优化,确保这些理念能够贯穿于整个营销活动之中。

### 三、企业部门协作与合作环境

在企业内部,不同部门之间的协作与合作对于技术创新至关重要。有效的沟通和协作能够确保信息在企业内部顺畅流通,促进不同部门之间的知识和资源的共享。企业因部门间沟通不畅,会导致出现各种问题。如产品功能重复开发,资源浪费严重;上下级沟通障碍,员工对战略目标理解模糊,导致执行力大打折扣;跨部门沟通缺失,项目进度严重滞后,错失市场机遇等。

为了打破部门壁垒,促进跨部门协作,企业应建立跨部门沟通机制。这包括设立跨部门协调小组、定期召开跨部门会议、建立信息共享平台等措施。通过这些机制,可以确保各部门之间的信息流通顺畅,减少沟通障碍,提升整体协作效率。例如,研发部门与市场部门的紧密合作能够使产品开发更贴近市场需求,从而提高产品的市场竞争力。建立跨部门项目团队,定期举行跨部门会议,以及采用项目管理软件等工具,都是促进部门间协作的有效方法。

为了进一步加强部门间的协作与合作机制,企业可以采取以下措施。

(1)明确跨部门协作的目标和责任。企业应制定明确的跨部门协作目标,并为每个部门分配具体的责任和任务。这有助于确保各部门在协作过程中有明确的方向和目标,从而提高协作效率。

(2)建立有效的沟通渠道。企业应建立一个统一的沟通平台,如企业内部的即时通信工具或项目管理软件,以便各部门能够实时共享信息和资源。此外,定期举行跨部门会议,讨论项目进展和问题,也是促进沟通的有效方式。

(3)培养跨部门协作的团队精神。企业可以通过组织团队建设活动,增强不同部门员工之间的相互了解和信任。这有助于打破部门壁垒,促进团队成员之间的协作。

(4)实施激励机制。企业可以设立跨部门协作的奖励机制,对于在协作过程中表现突出的团队和个人给予奖励。这有助于激发员工的积极性,鼓励他们在协作中发挥更大的作用。

(5)持续优化协作流程。企业应定期评估跨部门协作的效果,收集员工的反馈意见,不断优化协作流程和方法。这有助于提高协作效率,确保跨部门协作能够持续为企业带来价值。

**四、技术开发环境**

技术开发就是将新的科学研究成果运用到新产品、新材料、新工艺的生产和试验过程中。技术开发环境是企业技术创新的物质基础,包括研发设施、实验室、测试设备等硬件资源,以及相关的软件支持和开发

## 第五章 技术创新营销的影响因素及环境

工具。一个良好的技术开发环境能够为研发人员提供必要的条件,使他们能够专注于技术创新和产品开发。企业应不断投资于技术开发环境的建设与升级,以保持技术领先优势。

技术开发环境的优化不仅涉及硬件设施的更新换代,还包括软件资源的丰富和开发工具的升级。企业应关注最新的技术趋势,引入先进的研发工具和软件平台,以提高研发效率和质量。例如,采用云计算和大数据分析技术,可以大幅提升数据处理能力和研发决策的准确性。同时,企业还应注重研发人员的培训和发展,提供持续的技术学习和技能提升机会,以确保研发团队能够跟上技术发展的步伐。

此外,技术开发环境的建设还应考虑与外部资源的整合。企业可以通过与高校、研究机构的合作,引入外部的科研力量和技术资源,共同开展技术创新项目。这种合作不仅能够拓宽企业的研发视野,还能够加速技术成果的转化和应用。同时,企业还应积极参与行业技术交流活动,与同行分享经验,共同推动行业技术进步。

在技术开发环境的建设中,企业还应注重知识产权的保护。通过申请专利、商标等手段,确保企业的技术创新成果得到法律保护,避免被竞争对手模仿或侵权。此外,企业还应建立完善的知识产权管理体系,对研发过程中的创新点进行及时的记录和保护,确保技术成果的商业价值。

技术开发环境的建设是一个系统工程,需要企业从硬件设施、软件资源、人才培养、外部合作以及知识产权保护等多个方面综合考虑。通过不断优化技术开发环境,企业能够为技术创新提供坚实的基础,从而在激烈的市场竞争中保持竞争优势。同时,为了最大化技术开发环境的效益,企业还应注重以下几点。

(1)强化技术开发的战略规划。企业应根据自身的市场定位和发展目标,制定详细的技术开发战略,明确研发方向和重点。这有助于确保技术开发环境的建设与企业的整体战略相匹配,避免资源的浪费和方向的偏离。

(2)建立灵活的研发机制。企业应鼓励研发人员勇于尝试新技术和新方法,允许他们在一定的范围内进行自由探索。这种灵活的研发机制能够激发研发人员的创新热情,加速新技术的产生和应用。同时,企业还应建立快速响应市场变化的研发流程,确保新技术能够及时转化为产品或服务,满足市场需求。

（3）加强技术开发的团队建设。企业应注重培养一支高素质的研发团队，包括技术专家、市场分析师、产品经理等多方面人才。这些人才应具备跨学科的知识背景，能够协同工作，共同推动技术创新。此外，企业还应通过激励机制和晋升机制，激发研发团队的积极性和创造力，确保团队能够持续为企业创造价值。

（4）注重技术开发环境的可持续发展。企业应关注环保和可持续发展理念，在技术开发过程中注重节能减排和资源循环利用。通过引入绿色技术和环保材料，降低研发过程中的环境影响，提升企业的社会责任感。同时，企业还应关注技术开发的长期效益，确保新技术能够为企业带来持续的经济和社会价值。

**五、资源配置**

技术创新需要充足的资金、人力和时间资源。企业应合理规划和分配这些资源，确保技术创新项目能够得到充分的支持。在资源配置上，企业需要平衡短期与长期项目，确保既有能够快速带来收益的项目，也有能够为企业长远发展打下基础的长期研发项目。同时，企业还应建立有效的项目管理和评估机制，以确保资源的高效利用和项目的成功实施。

为了实现这一目标，企业可以采取以下措施。

（1）建立科学的预算分配机制。企业应根据技术创新项目的优先级和预期收益，合理分配资金资源。对于那些具有高创新性和高市场潜力的项目，应给予更多的资金支持。同时，企业还应设立专项基金，用于支持那些具有长远战略意义的长期研发项目。

（2）优化人力资源配置。企业应根据技术创新项目的具体需求，合理安排研发人员的工作。对于关键技术和核心研发项目，企业应配备经验丰富的技术专家和研发团队。同时，企业还应注重跨部门的人才交流和合作，以促进知识共享和技术融合。

（3）合理安排项目时间表。企业应根据技术创新项目的复杂程度和实施难度，制定详细的时间规划。对于那些需要较长时间研发的项目，企业应给予充足的时间支持，避免因时间压力而影响项目的质量和效果。

（4）建立项目评估和监控机制。企业应定期对技术创新项目进行评估,监控项目的进展和效果。对于那些进展缓慢或效果不佳的项目,企业应及时调整资源分配,确保资源能够得到更有效地利用。

### 六、创新激励与绩效评估

为了进一步激发员工的创新潜力,企业应建立一套完善的创新激励与绩效评估体系。企业需要明确创新目标,并将其与员工的个人绩效挂钩。通过设定与技术创新相关的绩效指标,可以有效地引导员工关注创新成果,从而提高整个组织的创新效率。这套体系应包括以下几个方面。

(1)明确创新目标和绩效指标。企业应根据技术创新的方向和重点,设定明确的创新目标,并将这些目标转化为可量化的绩效指标。这些指标应涵盖研发成果、技术应用、市场反馈等多个维度,确保员工在创新过程中有明确的方向和衡量标准。

(2)实施多元化的激励措施。企业可以通过奖金、股权激励、晋升机会等多种方式,对在技术创新中表现突出的员工进行奖励。同时,企业还应为员工提供学习和成长的机会,如培训课程、技术研讨会等,以提升员工的技能和创新能力。

(3)建立公正透明的绩效评估机制。企业应定期对员工的创新绩效进行评估,并将评估结果与激励措施相结合。评估过程应公开透明,确保员工了解评估标准和结果,从而增强员工对创新活动的信心和积极性。

(4)注重团队合作与知识共享。企业应鼓励团队合作,促进不同部门和团队之间的知识共享和技术交流。通过建立跨部门的创新团队和项目组,企业可以整合不同领域的资源和优势,推动技术创新的深入发展。

# 第六章 技术创新营销观念

## 第一节 技术创新营销观念

　　观念作为人们对客观事物的看法，它虽无形、看不见，却直接影响着人们的行为。营销观念是一种思想和观点，是指导企业如何进行营销活动的指导方针。所谓创新营销观念，就是企业在不断变化的营销环境中，为了适应新的环境而形成的一种创新意识。

　　创新是企业成功的关键，企业经营的最佳策略就是抢在别人之前淘汰自己过时的产品。在当今竞争激烈的市场环境中，企业营销文化的核心在于不断追求创新和改进。技术创新营销观念强调利用最新的科技手段和创新思维来优化营销策略，从而在市场中脱颖而出。企业不仅要关注产品的质量和功能，更要注重通过科技手段提升用户体验和满意度。例如，利用大数据分析来了解消费者需求，运用人工智能技术来个性化推荐产品，或者通过虚拟现实技术来提供沉浸式的购物体验。

　　技术创业营销观念是要把创新理论运用到市场营销中去，是以企业的技术为先导，从企业的技术优势上拓展和赢得市场。要做到这一点，市场营销人员就必须随时保持思维模式的弹性，让自己成为新思维的开创者。创新的意义就在于先进，而不仅在于别人没有，而且一旦发现是一种新技术，就要及时捕捉，以免错过时机。

　　技术创新营销观念要求企业以专业技术人员为核心，组建技术创新营销队伍，实施企业的创新技术转移，形成技术和营销一体化。其功能是站在市场的角度，以客户为导向，为客户设计、开发和提供各种解决

## 第六章　技术创新营销观念

问题的创新技术方案,成为客户的技术咨询顾问,而不是简单地劝诱顾客或向顾客推销产品。在进行技术创新营销过程中,技术营销团队要深入了解客户需求,发掘创造客户需求,分析市场,为企业的产品研发提供依据或直接参与产品研发。

此外,技术创新营销观念还要求企业在营销渠道和方式上进行创新。随着互联网和移动设备的普及,社交媒体、电子商务平台和移动应用成为企业营销的重要渠道。企业需要在这些平台上建立有效的互动机制,通过内容营销、社交媒体营销和精准广告投放等方式,吸引并留住目标客户。同时,企业还需要关注新兴技术的发展趋势,如物联网、区块链等,探索这些技术在营销领域的应用潜力。

### 一、问题意识——技术创新的起点

技术创新的根源在于问题意识,即识别并提出问题的能力。创新的前提是能否对现状、事件或理论质疑,认为还有改进的空间。没有问题意识,就无法进行进一步的完善。因此,问题意识是推动创新的基本前提。

基于问题意识,企业必须构建一套高效的问题解决机制,将识别出的问题转化为具体的创新项目。这包括明确问题定义、制订解决方案、资源分配、时间表设定以及进度监控等关键环节。通过该机制,企业能够确保每个问题获得充分关注并有效解决。

在问题解决过程中,跨部门协作至关重要。企业需打破部门壁垒,促进不同部门间的信息共享与协同工作。通过组建跨部门创新团队,企业能够汇聚各方智慧与资源,共同解决技术难题,推动创新项目的顺利实施。

同时,企业还需建立一种鼓励试错和快速迭代的文化。在技术创新过程中,失败是不可避免的。关键在于如何从失败中吸取教训,不断调整和优化解决方案。企业需鼓励员工勇于尝试新想法和方法,即使面临失败也能够迅速调整方向,继续前进。

除了内部努力,企业还需积极寻求外部合作机会。通过与高校、研究机构、行业组织等建立合作关系,企业能够获得更多技术支持和创新资源,加速技术创新步伐。此外,企业还可以通过参加行业展会、技术论坛等活动,拓宽视野,了解最新技术趋势和市场动态。

在技术创新过程中,企业还需注重知识产权的保护和管理。通过申请专利、商标等知识产权,企业能够确保创新成果得到法律保护,防止被竞争对手模仿或抄袭。同时,企业还需建立完善的知识产权管理制度,加强内部员工知识产权意识培训,确保创新成果的有效转化和应用。

## 二、价值创造——技术创新的核心焦点

在技术创新的全过程中,价值创造始终占据核心地位。企业通过持续的技术创新活动,不仅能够显著提升产品的性能与品质,而且能够为消费者带来更多的利益与满足感。技术创新在价值创造方面的表现是多维度的,包括产品创新、服务创新、商业模式创新等多个层面。

产品创新是技术创新中最直观、最明显的体现。企业通过采纳新技术、新材料或新工艺,能够开发出性能更优、用户体验更佳的产品。以智能手机的快速迭代为例,硬件性能的显著提升与软件的不断更新,极大地丰富了用户体验。

服务创新更多地关注于提升服务的品质与效率。通过技术创新,企业能够为客户提供更加个性化、便捷的服务体验。例如,银行通过引入移动支付技术,为客户提供随时随地的金融服务,显著提升了服务的便捷性和效率,从而大幅提高了客户满意度。

商业模式创新是技术创新在企业运营层面的体现。通过创新的商业模式,企业能够开拓新的收入渠道,增强企业的市场竞争力。例如,共享经济模式的兴起,使得企业能够通过共享资源,实现资源的最优化利用,创造新的商业价值。这种模式不仅为企业带来了新的盈利点,还为社会资源的合理配置提供了新的思路,具有深远的社会意义。

## 三、积极态度——技术创新的保障

积极态度是技术创新成功的关键因素。面对技术难题和市场挑战时,企业必须保持积极主动的态度,以不断探索和尝试,实现技术突破和创新。积极态度反映在企业对技术创新的重视程度、对创新人才的培养和激励机制,以及对创新成果的保护和推广上。

企业需构建鼓励创新的企业文化,为技术人员提供自由探索和实验的环境。同时,企业应通过激励机制,如股权激励、奖金制度等,激发员

工的创新热情和积极性。此外,企业还需对创新成果进行有效保护,通过申请专利、版权等方式,确保创新成果能为企业带来长期的竞争优势。

在技术创新过程中,企业必须具备前瞻性思维和敏锐的市场洞察力,及时捕捉市场变化和技术趋势。企业应积极投入研发资源,优化研发流程,提高研发效率,缩短产品从研发到市场的时间。同时,企业还应注重跨部门、跨领域的合作,通过整合内外部资源,形成协同创新的格局,进一步提升创新效率和质量。

企业对创新人才的培养和激励机制亦至关重要。企业应建立完善的培训体系,为员工提供持续的学习和成长机会,帮助他们掌握最新技术知识和技能。同时,企业还应通过合理的激励政策,如绩效奖励、职业晋升通道等,激发员工的创新潜能,鼓励他们积极参与创新活动。通过这些措施,企业能够吸引和留住优秀的创新人才,为企业的持续创新提供坚实的人力资源保障。

**四、持续学习——技术创新的动力源泉**

在技术创新的进程中,持续学习是企业持续进步和保持竞争力的核心动力。企业必须紧跟技术发展的步伐,不断吸收和掌握新的知识与技能。这不仅包括对现有技术的深化理解,还包括对新兴技术的探索和应用。通过持续学习,企业能够及时发现并抓住市场和技术的发展趋势,从而在竞争中保持领先地位。

企业可以通过多种方式实现持续学习,如定期组织内部培训、鼓励员工参加外部研讨会和专业课程、与高校和研究机构建立合作关系等。此外,企业还可以通过建立知识管理系统,收集和整理行业内外的最新信息和研究成果,为员工提供丰富的学习资源。这些方法不仅有助于员工提升个人能力,还能够促进企业内部知识的共享和创新文化的形成。

持续学习不仅有助于提升员工的个人能力,还能够促进企业内部知识的共享和创新文化的形成。当员工在学习中不断获得新知识和新技能时,他们将更有信心面对技术挑战,提出创新的解决方案。同时,持续学习也有助于企业建立一个开放和包容的环境,鼓励员工之间的交流与合作,从而激发更多的创新灵感。

## 第二节　社会责任与环境保护观念

### 一、社会责任观

在现代社会,技术创新已成为推动社会前进的关键动力。然而,技术创新并非孤立发生,在此过程中,社会责任理念扮演着至关重要的角色。社会责任理念要求企业在追求经济利益的同时,必须兼顾其对社会及环境的潜在影响。技术创新在带来经济效益的同时,亦可能引发就业结构变动、隐私保护、数据安全等一系列社会问题。因此,企业在推进技术革新时,必须全面考量其社会责任,确保技术进步能够惠及社会,而非成为社会问题的诱因。

#### (一)企业社会责任

社会责任是企业在追求经济效益的同时,承担对环境、社会和公众的责任。它涵盖了环境保护、安全生产、社会道德和公共利益等多个方面。这些责任不仅来源于法律和经济规定,还来源于企业对社会的道德义务。社会责任是企业对社会整体的责任,包括角色义务和法律责任。

在社会责任中,责任可以分为预期责任和过去责任。预期责任是指企业在未来发展过程中应当履行的责任,如企业对环境保护、员工权益的保护等。过去责任是指企业在过去的行为中应承担的责任,如对企业历史遗留问题的解决等。同时,社会责任还分为积极责任和消极责任。积极责任是指企业主动承担对社会有益的责任,如开展公益活动、提高产品质量等。消极责任是指企业在面临社会问题时,应避免对社会造成负面影响,如防止环境污染、遵守法律法规等。

我国社科院在2011年发布的《中国企业社会责任报告》对企业的社会责任发展水平进行了评价,主要包括责任管理、市场、社会和环境责任等四个方面。然而,这种评价体系尚不够完善。2010年11月1日,国际标准化组织(ISO)发布的《社会责任指南标准》(ISO26000)为解决社会责任方面的困惑提供了新的思路。

ISO26000标准明确了社会责任的内涵和外延,指出企业除了要承担经济、法律、道德等责任外,还应关注利益相关方的权益、公平竞争、知识产权、员工福利等方面。这一标准为各国企业提供了一套统一的社会责任评价体系,有助于企业全面、客观地评估自身在社会责任方面的表现。

(二)社会责任与技术创新

在当今商业社会中,盈利依旧是企业的核心目标。企业在推进技术革新时,必须将成本效益作为首要考虑的因素。然而,企业承担社会责任的重要性也在逐渐增加,这一点不容忽视。众多学者从不同的角度出发,证实了企业通过承担社会责任并采用科技创新手段,能够对企业的业绩产生积极的影响。科斯塔(Costa)等人(2015)的研究表明,在技术出口型的企业中,企业社会责任与探索性创新之间存在正向的关系。研究结果指出,企业社会责任有助于发展创新能力,并在国际市场上提升效率、降低成本、更好地满足客户的需求。

从企业内部的视角来看,企业的持续发展与壮大是股东、债权人及员工共同期望的结果。从生产过程的角度来看,资源与环境的限制要求企业必须提高生产效率。消费者对价格低廉且质量上乘的产品的需求日益增长,成本的降低也相应地扩大了企业的利润空间。如果企业能够从战略的高度将企业社会责任纳入考虑,对包括环境、社区、客户在内的利益相关者负责,企业应不断优化生产过程,以生产优质、低价、安全、环保的产品为目标,将生产过程的创新视为必要,从而提高企业在生产阶段的创新水平。

鉴于企业社会责任的创新行为具有非强制性,加之企业生产要素的稀缺性,企业会根据自身实力选择是否承担社会责任。企业在生产经营过程中始终追求利润最大化,只有将企业社会责任有效地转化为企业绩效和竞争优势,才能有效促进企业社会责任的履行。因此,寻找企业社会责任推动企业创新能力提升的关键点在于探明企业社会责任如何利用创新能力转化为企业的竞争力。

依据利益相关者理论,企业通过承担社会责任,与利益相关者建立更紧密的联系,有利于企业与利益相关者之间共享和交流外部信息,整合优势资源,提高企业预见技术变化的能力和有效利用创新资源的能力,激励企业的创新投入行为。同时,企业通过加强对研发新产品、改进生产技术等创新行为的宣传,树立良好的社会形象,提升利益相关者对企业的预期,对企业价值和竞争力产生正面效应,从而激励创新投入的增加,进一步提升企业创新能力,提高创新产出的效率。企业最终通过创新产出结果,如新产品、新材料、新工艺等,提高产品质量、减少污染排放或优化企业内外部条件,履行对利益相关者的责任,从而提升企业绩效,增强企业竞争力。由此可见,良好的社会责任表现也需要技术创新的支撑。

## 二、环境保护观

在当今社会,环境保护观念已经深入人心,成为全球共识。人们逐渐意识到,保护环境不仅是政府和企业的责任,更是每个公民应尽的义务。从节约用水、用电,到减少塑料使用,再到积极参与植树造林活动,越来越多的人开始以实际行动支持环保事业。环境保护观念的普及和实践,不仅有助于改善当前的环境状况,更为子孙后代创造了一个更加美好的生存环境。

### (一)环境保护

环境保护是指由个人、团体或政府为维持自然环境及人类福利而采取的一系列保护性措施。其目标是解决现有或可能出现的生态问题,调节人地关系,促进经济、社会可持续发展。其对策包括技术工程、行政法制、经济手段和宣传教育等。环境保护的实质是对自然资源的自觉保护,保证对资源的合理使用,防止对环境的污染与破坏;在此基础上,通过综合整治,营造出一种适合人类居住、生产、生活的生态环境,达到人与自然的和谐相处。

环境保护的内涵丰富,涵盖了至少三个层面的内容。

(1)自然环境保护作为环境保护的核心组成部分,其目的在于预防生态系统退化。该领域涵盖了对绿水青山和蓝天的保护,以及对非法开采、森林砍伐、水资源过度利用、过度放牧和自然资源过度开发的禁止。这一宏观层面的环境保护主要依赖于各级政府的执行职能和调控措施来实现。政府需要制定和实施相关的环保政策,加强环境监管,确保各项环保法规得到有效执行。同时,政府还应鼓励和支持环保技术的研发和应用,推动绿色产业的发展,以减少对环境的负面影响。

（2）对人类生存环境的保护,也是环保工作的一个重要内容。这涉及衣食住行等各个领域,都要符合科学、卫生、健康、环保的要求。在这一微观层次上,不仅要有公民的意识,更要有政府的政策、法律和制度来保证,还要靠社会团体的教育来指导。要做到这一点,必须各行业通力合作。公民应该主动参加环境保护行动,降低生活中的污染物排放量,做到节能减排,提倡绿色生活。政府要出台相关的环境保护政策与标准,加大对环境的监督力度,使企业及个人都能自觉遵守。同时,社会团体也要积极进行环保宣传,加深公民对环境的认识,使人人都能参与到环保事业中来。

（3）地球生物的保护也是环境保护不可或缺的一部分。例如,保育物种,保育植物,回归动物,维持生物多样性,审慎使用转基因技术,保护濒危物种,复苏灭绝物种,拓展野生动物生存环境,促进人与生物和谐共存等。这一层次的环保工作,要求全世界各国通力合作,共同维护地球上的生物多样性。各国政府、国际组织、科学研究机构、民间组织和社会各界都应该参与进来,共同努力。通过建立自然保护区,实施物种保育计划,开展生物多样性研究,实现对生物多样性的保护。

（二）企业环境保护技术创新方向

首先,企业应积极致力于高科技产业的发展,通过调整产业结构,推动经济发展方式的转变。当前,中国面临的最严峻的环境污染问题,其根本原因在于粗放型的经济发展模式。在产业结构调整的过程中,企业必须严格执行产业政策,坚决淘汰那些能源消耗高、资源浪费大、污染严重的工艺、装备和产品。同时,企业应努力提高生产工艺的科技含量,促进工艺设备和产品的更新换代。在项目建设中,企业必须严格按照法律规定,先进行环境影响评价,然后再进行建设。此外,企业应大力发展高科技产业,并对其给予一定的政策倾斜,以提高高科技产业在产业结构中的比重,增加其在经济发展中的贡献率。同时,企业还应改善现存的能源结构,加大对新型能源开发与利用的科技支持,研究新技术和新材料以减少能耗。企业应加快建设资源节约型、环境友好型社会,坚持走可持续发展的道路。

其次,企业应大力推进科技进步,加大对环保科技的投入,加强环境科学研究。通过增加对环保科技的投入,企业可以增强环保科研院所的基础能力。同时,企业应鼓励和引导企业加大环保技术和产品的研发投入,增强保护知识产权意识,维护市场公平竞争,保护企业自主研发的积极性。为了解决复杂的环境问题,企业必须依靠科技创新和进步,建立起先进的监测预警体系和完备的执法监督体系,不断提高科学技术对环境保护的支撑能力。为了让技术创新真正发挥作用,企业必须围绕国家确定的科技研究重点领域和重点专项,加强研究开发和技术成果转化与推广,尽快解决制约环保工作发展的"瓶颈"技术难题。

最后,企业应促进技术研发与创新,大力发展环境科技,并将其全方位应用于环境污染的防治与治理过程中。目前,环境科技已成为世界各国促进可持续发展最为重要的手段之一,众多环境问题的解决更加依赖于科学技术的发展。与此同时,环境科技的研究对象、内容不断增多,手段和方法不断创新,环境污染防治技术的内涵不断丰富。追求永续发展的环境科技主要包括废物回收、水净化、污水处理、环境矫正、烟气处理、污染物排放控制技术和可再生能源开发等。其目的是通过运用这些技术来达到节能减排的作用,从而实现环境保护和经济发展的双赢。企业应积极开发和应用这些技术,以确保在环境保护方面取得实质性进展。此外,企业还应加强与国内外科研机构的合作,共同推动环境科技的创新性发展,为实现绿色可持续发展贡献力量。

## 第三节 项目全过程营销和整体营销观念

### 一、项目全过程营销观念

在当今竞争激烈的市场环境下,新产品和新技术的开发成为企业获得竞争优势的重要手段之一,但是新产品和新技术的开发过程中常常面临着诸多问题和挑战,如项目进度延误、成本超支、技术风险等。为了有效解决这些问题,就必须提高新产品和新技术开发项目的管理水平,实现新技术项目开发的全过程管理。创新技术的全过程管理将技术开发

## 第六章　技术创新营销观念

项目的各个阶段和相关的团队紧密结合起来,充分利用资源,确保项目的顺利推进。在新产品和新技术开发项目中,可以帮助企业实现从项目启动、需求分析、设计开发、测试验证到上市投产的全过程管理,能够提前识别和解决可能出现的问题,减少开发过程中的风险和延误,提高项目成功率。

这种观念重视技术研发与市场营销的融合和整合,同时要求技术研发人员参与市场营销和技术经理人全程参与技术研发过程。甚至有学者提出,要用户(市场第一消费者)全程参与技术创新项目全过程,实行定制营销。技术经理人关注技术创新项目过程的"每一公里",而技术经纪人只关注技术创新的结果和成果走向市场的"最后一公里"。

（一）创新技术全过程管理

创新技术全过程管理涉及企业在技术构思、研发、测试、应用以及市场推广等每个环节中实施的严格管理和控制。这一流程从最初的创意萌生到最终产品或服务成功进入市场的整个链条都至关重要。为确保技术开发与市场需求紧密对接,企业必须建立一个跨部门的项目管理团队。该团队由来自研发、市场、财务等部门的专家组成,以确保各部门间有效沟通和协调。

在创新技术全过程管理中,企业还应重视知识产权的保护。这意味着在技术开发的每个阶段,企业都需采取措施确保其创新成果得到合法保护,防止被竞争对手模仿或侵权。通过申请专利、商标和版权等手段,企业可以确保其技术创新成果转化为竞争优势,从而在市场上占据有利地位。

企业应建立有效的风险评估和应对机制。技术开发过程中可能遭遇各种风险和挑战,如技术难题、市场变化、竞争对手的行动等。通过预先进行风险评估,企业可以识别潜在风险点,并制定相应的应对策略。这包括制订应急预案、建立风险预警系统以及定期进行风险复审等措施,以确保在面对不确定性和变化时,企业能够迅速做出反应,减少损失,甚至化危为机。

创新技术全过程管理还需要与企业的战略规划紧密结合。企业应根据自身的战略目标和市场环境,明确技术创新的方向和重点。在制订技术创新计划时,要充分考虑企业的资源条件、技术实力和市场需求等因素,确保技术创新计划的可行性和有效性。

在市场推广阶段,企业也需要运用创新技术来优化营销策略和渠道。通过大数据分析、人工智能等技术手段,企业可以更精准地了解市场需求和消费者行为,从而制定更加有效的营销策略。同时,企业还可以利用社交媒体、短视频等新兴渠道来扩大品牌影响力和市场份额。

(二)创新技术全过程营销管理的步骤

创新技术全过程营销管理,要求技术和产品研发部门与市场营销部门要围绕技术创新项目进行互动学习、及时交流,共同完成创新项目。在技术创新项目运行中,技术和产品研发人员要参与市场营销,学会运用市场营销观念、理论知识和方法来确定设计思路、开发新技术和新产品的方案。市场营销人员要全过程参与到技术创新开发中去,确保技术创新的问题导向、市场方向和技术市场优势。

(1)市场调研与需求分析。在技术开发的初期阶段,企业必须深入市场进行广泛的调研工作,通过各种手段和渠道了解消费者的真实需求、市场现状以及行业的发展趋势。这一过程有助于企业捕捉市场机遇,明确技术创新的方向,从而为后续的技术开发提供有力的市场依据和数据支持。

(2)项目规划与资源配置。在充分了解市场需求的基础上,企业需要制订详细的技术开发计划,明确项目目标、时间表和里程碑。同时,合理配置人力、物力和财力资源,确保项目能够按照既定计划顺利推进。资源配置的合理性直接关系到项目的成败,因此企业应根据项目特点和市场变化灵活调整资源分配。

(3)技术研发与测试。在技术开发阶段,企业应重视研发团队的建设,吸引和培养高水平的技术人才,采用先进的研发方法和工具,以确保技术的创新性和实用性。同时,企业必须进行严格的测试,包括但不限于功能测试、性能测试和稳定性测试,以确保技术的稳定性和可靠性。只有经过充分测试验证的技术,才能在市场中获得用户的信任和认可。

(4)市场推广与应用。技术开发完成后,企业应制定相应的市场推广策略,通过各种营销手段和渠道将技术创新成果转化为市场竞争力。企业应注重与客户的沟通和合作,了解客户对新技术的反馈和需求,不断优化产品和服务,以提高用户满意度和市场占有率。

(5)持续改进与创新。在技术应用过程中,企业应持续关注市场变化和技术发展的最新趋势,不断对产品和服务进行改进和创新,以满足不断变化的市场需求。企业应建立持续改进机制,鼓励员工提出创新想法,通过内部创新激励机制激发员工的创新潜能,从而推动企业持续发展。

**二、整合营销观念**

在当今这个竞争白热化的市场舞台上,整合营销观念已经成为企业迈向成功的至关重要的驱动力。这一观念倡导企业通过多种渠道和手段,将品牌信息、产品信息以及营销活动巧妙地融合在一起,从而实现与消费者的无缝沟通和互动。其核心在于以消费者为中心,通过各种营销手段的协同作用,提升品牌认知度和市场份额。

为了贯彻整合营销观念,企业必须构建一个跨部门的协作机制,确保营销、销售、产品开发和客户服务等部门之间的信息共享和协同作战。此外,企业还需充分利用数字营销工具,如社交媒体、搜索引擎优化(SEO)、内容营销和电子邮件营销等,以实现与消费者的无缝连接。通过这些渠道,企业可以更深入地了解消费者的需求和偏好,从而制定出更加精准和有效的营销策略。

(一)整合营销

整合营销是一种将多种营销工具和手段系统化结合的方法,它根据环境的变化进行动态调整,旨在通过双方的互动实现价值的提升。整合营销的目的是将分散的营销活动融合为一个整体,以产生协同作用,并制定出适应企业实际的策略。这种营销方式要求企业全面规划市场活动,满足消费者多方面的需求,综合运用各种营销手段,如合理设计产品、定价、选择分销和促销策略、进行市场调研和提供优质的售后服务,使企业的市场活动形成一个有机整体。

在当前竞争激烈的市场中,整合营销传播策略是企业获取竞争优势的关键。整合营销传播的核心在于对企业所有营销活动和传播渠道进行统一规划和协调,确保信息的一致性和最大化传播效果。通过整合营销传播,企业能更有效地与目标受众建立联系,提升品牌知名度和客户忠诚度。

首先,企业必须明确其核心品牌信息和目标受众,这是整合营销传播的基础。只有了解品牌的核心价值和目标受众的需求,才能制定出有效的传播策略。其次,企业需要分析和选择各种传播渠道,包括传统媒体、数字媒体、社交媒体和线下活动等。选择最合适的渠道能更精准地触及目标受众。

## (二)技术与营销的创新整合途径

企业必须在技术层面进行革新,通过产品的独特性来迎合客户需求。在产品设计、定价策略、市场拓展、销售渠道选择、品牌沟通等领域,通过与产品兼容的标准化方法,推动创新与变革。鉴于企业处于不同的发展阶段,需求的技术和产品也各不相同,因此技术和市场的整合方式也各有特色。在产品研究与开发阶段或初创时期,企业应专注于技术,将技术作为核心;而当产品进入成熟期后,企业则应将重点转向营销,以市场策略为主导进行整合。

(1)技术+营销,互为载体条件,进行创新整合。在企业的研发和创业阶段,或者在产品导入期,消费者对产品尚处于一个不太熟悉的阶段。在这种情况下,大多数客户更倾向于保持他们现有的消费习惯,不愿意轻易尝试新产品。因此,企业在广告和营销上的投入往往需要较高,以期能够吸引消费者的注意力并促使他们改变现有的消费习惯。同时,由于产品技术和性能尚未进入成熟阶段,这使得企业在市场推广过程中面临巨大的市场风险。

(2)技术+营销创新,技术作为营销手段,辅助营销,进行创新整合。在企业发展阶段,或者产品的成长期,消费者通常已经对产品有所了解。随着市场竞争的加剧,产品逐渐定型,技术日益成熟,同时公司的促销预算也趋于稳定。企业应持续聚焦市场,利用科技手段革新销售渠道,并促进科技与市场的创新融合。在销售渠道方面,企业的核心任务是调整渠道的长度、宽度和容量,以便将产品从生产环节顺利转移到消费环节,实现商品的价值和使用价值。通过网络购物、B2B、B2C、C2C等多种电子商务模式,企业可以对传统营销渠道进行改革,进而对整个营销系统进行优化。

## 第六章 技术创新营销观念

（3）技术创新＋营销，技术作为创新手段，主导营销，进行创新整合。在企业发展的稳定阶段，企业的产品通常已经进入成熟期，此时会面临市场饱和和激烈竞争的双重挑战。在这个阶段，企业的销售额可能会保持在一个相对稳定的水平，或者出现逐渐下降的趋势。新客户的增长速度可能会变得缓慢，甚至出现减少的情况。产品供应可能会出现过剩的现象，市场竞争变得越来越激烈。技术方面，产品已经趋于成熟，市场份额的变动相对较小，企业难以在这个阶段实现重大的突破。

（4）技术创新＋营销创新，技术和营销交互创新，营销创新整合。在公司发展的晚期阶段，产品逐渐步入衰退期，销量开始急剧下降，许多企业被迫无奈地退出市场。而那些幸存下来的公司则不得不削减预算，仅仅维持最低限度的运营。在此背景下，企业技术创新与市场创新的深度融合被提出，成为企业生存和发展的关键。一方面，企业需要以市场需求为导向，积极探索新市场，挖掘潜在的新需求，并对新产品进行深入研究，以满足顾客的新期望，实现技术创新的目标；另一方面，在现有产品基础上，企业需要进一步强化营销创新，如通过事件营销、体验营销、个性化营销等策略，以吸引更多的消费者，提升品牌影响力，从而在竞争激烈的市场中脱颖而出。

### 三、团队合作创新观念

在企业内部，团队合作与创新理念是推动技术革新和营销成就的关键因素。通过团队成员间的紧密协作，可以汇聚来自多样化背景和专业领域的智慧与经验，为激发创新思维提供肥沃的土壤。这种跨学科、跨部门的合作不仅能够消除信息孤岛，还能促进知识与资源的共享，进一步强化团队的整体实力。

此外，团队合作为成员之间提供了一个相互学习和借鉴的平台，使每个人都能从他人的经验和专长中吸收养分，从而不断提升个人的专业技能和综合素质。这种持续的学习和进步不仅有助于团队成员的个人成长，还能为企业的长期发展奠定坚实的基础。

在技术创新领域，团队合作确保了不同领域的专家能够协同作战，共同解决技术难题，推动技术的突破与进步。通过集体智慧，团队能够迅速找到问题的解决方案，缩短研发周期，提升研发效率，从而在激烈的市场竞争中占据有利位置。

(一)团队与团队合作

一个团队是由两名或更多成员组成的集体,这些成员各自拥有独特的技能、知识和经验。他们之间的关系和谐,共同致力于一个明确的工作目标。团队成员展现出合作精神,愿意相互支持,技能互补,并共同分享成果,分担责任。通过成员间的协调、相互支持、合作以及共同努力,团队能够实现其共同目标。

随着企业技术创新任务的复杂性不断增加,个人独立应对的难度越来越大,团队的力量通常超越了单个个体。这个团队不仅重视每个成员的工作成果,更加注重整体团队的表现。团队合作并不仅仅是集体讨论和决策的过程,它更强调成员间的相互协作。团队精神的核心在于协作,这是每个团队不可或缺的要素,它建立在成员间的相互信任之上,通过无私地为他人贡献,实现团队成员间的互补与共同进步。

团队合作的精髓在于分享与协作。有效的合作需要建立在一个实际且充满挑战的平台上,这样才能赢得成员们的信任。当团队中的每个人都保持诚实并展现出积极的参与态度时,他们便能在工作中相互学习,不断提升自己的技能。只有这样,才能激发全体员工的积极性和奉献精神,促进团队成员间的无私合作。在团队中,如果每个人都能展示自己的长处,并且不断吸收其他成员的优点,同时在遇到问题时能够迅速进行沟通,那么整个团队的潜力就能得到最大化的发挥。

此外,团队合作还需要明确的沟通和协调机制,以确保信息的畅通和任务的顺利进行。团队成员需要定期召开会议,讨论项目进展、分享各自的工作心得,并共同解决遇到的难题。通过这种方式,团队能够及时调整策略,优化工作流程,提高工作效率。同时,团队领导者在其中扮演着至关重要的角色,他们需要具备领导力和协调能力,能够激励团队成员,引导他们朝着共同的目标前进。

(二)团队合作与创新

科技创新工程本质上是一个集科技研发与市场于一体的创新团队。它不仅拥有项目主体的责任感、强烈的团队合作精神和竞争意识,还具备一个高效的创新竞争机制。为了满足研发与市场接口管理的需求,技术研发与市场营销部门必须紧密协作,明确分工,确保创新的一体化,共同推进技术创新项目的实施。在此基础上,科技、产品和销售等部门应相互学习,及时交流意见,共同攻克技术难题。在技术创新项目的推进过程中,技术和产品研发人员应参与市场营销活动,学习并运用营销理念、理论知识和方法来指导设计思路,开发新技术和新产品。企业应全面参与技术创新,以解决问题为宗旨,以市场需求为导向,确保技术与市场的紧密结合。

科技创新工程的实施需要一个高度协同的团队,这个团队不仅要有强烈的责任感和使命感,还要具备卓越的团队合作精神和竞争意识。为了实现这一目标,团队内部必须建立一个高效的创新竞争机制,以激发成员的创新潜力和积极性。同时,技术研发部门和市场营销部门之间的紧密协作是至关重要的。只有通过明确的分工和无缝的沟通,才能确保创新项目的顺利推进。技术研发人员不仅要专注于技术的研发,还要积极参与市场营销活动,了解市场需求,从而更好地指导技术开发的方向。

此外,科技、产品和销售等部门之间的相互学习和交流也是不可或缺的。通过定期的会议和讨论,各部门可以分享各自的经验和见解,共同解决技术难题,推动项目的进展。在这一过程中,技术和产品研发人员应主动学习市场营销的理念、理论知识和方法,将其融入自己的工作中,以确保新技术和新产品的开发能够满足市场需求。

## 第四节　市场与价值工程观

### 一、市场与价值工程观

#### (一)市场观念

市场观念也就是市场竞争观念,强调的是企业在进行技术创新时必须以市场需求为指导原则。这一点主要体现在以下几个方面。

首先,技术创新的本质决定了其必须由市场需求来驱动,从而将科技潜力转化为市场竞争力。这一过程通常包括研发、设计、试制、生产、销售等多个阶段。由于创新成本高昂,因此它要求相应的市场回报。

其次,市场是检验技术创新成果的试金石,企业推出的新技术、新材料、新产品和新工艺都必须得到消费者的认可。

最后,以市场为主导的技术创新意味着整个创新过程都与市场紧密相连,并且能够根据市场需求和变化不断进行调整和优化,市场是整个创新过程的出发点和落脚点。技术创新是否具有市场效应是其成功与否的关键衡量标准,技术创新产生的新技术和新成果最终都必须以商品化形式回归市场。

以客户为中心的市场导向观念意味着公司需全面理解目标客户的需求,并持续提供有价值的服务。这涉及客户信息的生成、传播、使用和管理等多个方面。客户是企业所有业务活动的起点和终点,任何不符合客户需求的产品或服务都无法获得客户的资金支持。科技创新实现商业价值的最终环节同样取决于消费者的行为。技术创新项目必须满足客户对技术功能、价格和服务的要求,并且要对技术开发项目进行全面的效益管理,包括全程的项目费用分析与控制、项目绩效审计与评估,以及新产品在市场上的应用。

此外,企业还需要密切关注市场动态,及时调整产品策略,以确保技术创新能够满足不断变化的市场需求。通过这种方式,企业能够更好地把握市场脉搏,提升竞争力,实现可持续发展。因此,企业必须深入研究市场趋势,了解消费者行为,以便在激烈的市场竞争中脱颖而出。同时,企业还需要建立完善的客户关系管理系统,以确保能够及时收集和分析客户数据,从而更好地满足客户需求,提升客户满意度和忠诚度。

(二)价值工程观念

价值工程也被称作"价值分析",其核心目标在于以尽可能低的成本和最短的时间内实现所需的功能。这种分析方法巧妙地融合了技术和经济的思维与方法,以达到最佳的效益。从价值工程的定义中,我们可以提炼出两个关键要素:(1)价值工程是基于功能分析的,这意味着顾客所追求的并非技术本身或产品本身,而是技术或产品所能提供的功能。换句话说,功能是价值工程的核心。(2)价值工程着重于降低整个生命周期的成本,这不仅包括产品的制造成本,还包括使用成本。

价值工程学的根基建立在三个基本要素之上:价值、功能和成本。

## 第六章　技术创新营销观念

价值可以被理解为功能与成本之间的关系。这里的成本特指产品在整个使用寿命期间所涉及的费用。在产品从生产到完成的整个过程中,价值工程要求对所有相关成本进行详尽的分析,这不仅包括生产成本,还包括使用成本。价值工程的基本原则是:产品的价值取决于其功能、性能,以及所消耗的成本。根据价值工程的理念,我们应当努力提升科技创新带来的高功能价值,同时努力降低成本消耗,以增强技术创新的市场竞争力,并更好地满足科技消费的需求。通过这种方式,价值工程不仅能够帮助企业在激烈的市场竞争中脱颖而出,还能够为消费者提供更具性价比的产品和服务。

### (三)市场观念与价值工程观念的关系

市场观念是指导技术创新的根本思想和观念,而价值工程观念是技术创新过程中应用的具体市场观念和方法,两者具有一致性。价值工程观念和方法贯穿技术创新全过程才能真正体现出市场观念。

市场观念强调企业应以市场为导向,关注消费者需求和市场趋势,以确保产品和服务能够满足市场的实际需求。而价值工程观念则侧重于通过系统化的方法,对产品或服务进行价值分析,以降低成本、提高效率和质量。两者之间存在着密切的联系,市场观念为价值工程提供了方向和目标,而价值工程则为实现市场观念提供了具体的操作手段和方法。

在技术创新营销中,企业需要将市场观念与价值工程观念相结合,通过深入分析市场需求,识别潜在的市场机会,并运用价值工程的方法,对产品或服务进行优化和创新。这样不仅能够提高产品的市场竞争力,还能在满足消费者需求的同时,实现成本控制和效率提升。

市场观念与价值工程观念的结合,要求企业在产品设计和开发阶段就充分考虑市场因素,通过市场调研和分析,了解消费者的真实需求和偏好。在此基础上,运用价值工程的方法,对产品或服务进行功能分析、成本分析和价值评估,从而找到提高产品价值的最佳途径。

**二、问题导向的技术创新**

问题导向也可以说是需求导向。问题导向就是以发现和提出市场需求问题为出发点,以解决与回答尚未得到满足需求的实际问题为落脚点,它既是一种哲学思想,可用于指导整个国民经济建设和社会发展方向,又是一种学术研究方法论。遵循问题导向,从项目的市场需求出发来确保立项的科学性。将营销理念、原理、知识与方法贯穿于项目的全过程运行,确保项目立项、技术成果产出、技术成果转化等成功。做问题导向的技术创新,其根本仍在于解决问题,在于突破核心技术,以问题导向驱动科技创新、提升自主创新实力。

(一)技术问题的创新导向价值

针对经济建设和社会发展中暴露出的矛盾,中央领导提出坚持问题导向原则,以问题倒逼改革,使改革在解决问题中深化,依此完善我国社会治理体系。波普尔提出科学和知识的增长永远始于问题,终于问题;愈来愈深化的问题,愈来愈能启发新问题。其中的问题是与哲学、数学,与逻辑相对应的科学问题,其谈及的是由科学问题引导的知识创新体系,而技术问题导向的应用创新体系是科学问题导向的知识创新体系的必要组成部分,对其管理及运行机制进行顶层设计就是科技创新管理领域的社会治理。

(二)技术问题导向的创新业务链设计

为了确保我国企业在技术创新方面能够取得显著进展,我们必须深入、全面地了解企业在技术方面所面临的具体问题,并采取切实有效的措施来解决这些问题。这不仅是我国创新体系的一项重要历史使命,更是推动国家科技进步和产业升级的关键所在。在技术问题导向的创新体系中,我们的主要发展目标是围绕产业的实际需求,集聚各类创新资源,形成一个协同创新的良好局面,从而有效解决企业在生产过程中遇到的实际技术问题。

为了实现这一目标,我们需要构建一个完善的业务链,涵盖生产技术问题的管理、应用及创新资助等关键环节。这一业务链的核心在于确保三大创新主体——政府、企业、高校(科研院所)之间的有机联系和高效运转机制。政府在这一过程中扮演着引导和支持的角色,通过制定相关政策和提供资金支持,激发企业的创新活力,促进高校和科研院所的研究成果转化为实际生产力。企业作为创新的主体,需要积极参与技术创新活动,通过与高校和科研院所的合作,不断提升自身的研发能力和技术水平。高校和科研院所则承担着基础研究和人才培养的重要任务,通过与企业的紧密合作,将理论研究与实际应用相结合,推动技术创新的不断发展。

### 三、技术机会与市场机会吻合

技术创新不仅仅是单纯的技术进步,它更是技术与市场需求的完美结合。这种结合体现在技术机会与市场机会的高度吻合上,从而创造出具有实际应用价值和商业潜力的新产品或新服务。技术创新的过程涉及对现有技术的改进、新技术的开发以及市场需求的精准把握,最终实现技术与市场的无缝对接。通过这种有机结合,技术创新能够推动社会进步和经济发展,为企业带来竞争优势,同时也为消费者带来更多的选择和便利。

(一)市场机会与技术机会:识别与利用

在当今这个快速变化且充满竞争的市场环境中,企业要想取得成功,就必须具备敏锐的洞察力,能够及时识别并充分利用市场机会和技术机会。市场机会是指那些尚未被充分开发的潜在机遇,它们可以通过创新的产品、服务或商业模式来满足市场需求,从而为企业带来竞争优势和利润增长点。

而技术机会则是指由于技术进步而产生的新的商业机会。随着科技的迅猛发展,新技术的涌现为企业提供了无限的可能性。这些技术机会可能来自新兴技术的应用,如人工智能、大数据、物联网等,也可能来自现有技术的改进和创新。企业如果能够抓住这些技术机会,不仅可以提高生产效率、降低成本,还能开发出新的产品和服务,从而在市场中占据有利地位。

1. 市场机会的识别

(1)市场研究是识别市场机会的第一步。进行深入的市场研究至关重要的,这不仅包括了解目标市场的需求趋势,还要深入分析竞争对手的策略和潜在客户的特征。通过全面的市场调研,营销者可以发现现有产品或服务的不足之处,从而有针对性地开发出更具吸引力和竞争力的解决方案。这不仅有助于满足市场需求,还能在激烈的市场竞争中脱颖而出。

（2）客户需求分析是创业机会的核心所在。通过结合定性和定量的研究方法,营销者可以更全面地理解客户面临的问题和期望,从而设计出能够满足这些需求的产品或服务。例如,随着人们对健康和环保意识的不断增强,与有机食品、可持续发展、减少能耗等相关的机会不断涌现。这些机会不仅反映了社会发展的趋势,也为创业者提供了广阔的市场空间。

（3）创新思维是识别市场机会的关键要素。营销者需要不断思考如何通过新的商业模式、技术应用或服务体验来创造价值。例如,共享经济的兴起,如 Airbnb 和 Uber,就是通过创新思维重新定义了传统的住宿和交通行业。这些创新不仅改变了消费者的消费习惯,还为相关行业带来了新的增长点。因此,具备创新思维的营销者能够在市场中发现并抓住更多的机会。

2. 技术机会的利用

（1）深入探讨技术趋势分析。技术进步在推动市场机会方面发挥着至关重要的作用。作为营销者,我们需要密切关注新兴技术趋势,如人工智能、区块链、物联网等,并深入思考这些技术如何与现有业务或新业务相结合。通过这种方式,我们可以更好地把握市场脉搏,抓住潜在的市场机会,从而在竞争中占据有利地位。

（2）详细阐述合作伙伴关系。与技术专家或研究机构建立合作伙伴关系可以帮助企业更好地利用技术机会。这种合作不仅可以带来专业知识和资源,还可以提供技术支持,加快产品开发和市场进入的速度。通过与合作伙伴共同努力,企业可以更好地应对市场变化,提高竞争力,实现可持续发展。

（3）扩展内部研发的讨论。对于有资源和能力的企业,内部研发是利用技术机会的一种重要方式。通过投资研发,企业可以开发出具有竞争力的技术,从而在市场中占据领先地位。内部研发不仅可以提高企业

## 第六章　技术创新营销观念

的技术创新能力,还可以增强企业的核心竞争力,为企业的长期发展奠定坚实基础。

### (二)市场机会与技术机会的结合

(1)跨领域整合。跨领域整合的重要性在于将不同领域的市场机会与技术机会相结合,从而产生巨大的协同效应。例如,将人工智能技术应用于金融服务领域,可以显著提高风险评估的准确性,进而为客户提供更加精准和高效的金融服务。这种跨领域的整合不仅能够提升现有服务的质量,还能开拓新的市场机会,为企业带来更多的竞争优势。

(2)商业模式创新。商业模式创新的核心在于将技术进步与市场需求相结合,创造出新的商业模式。通过创新商业模式,企业可以更好地利用技术优势,同时满足客户不断变化的需求。这种创新不仅能够提升企业的市场竞争力,还能为客户带来更加丰富和便捷的体验,从而实现企业与客户的双赢。

(3)敏捷开发与迭代开发。敏捷开发以用户的需求进化为核心,采用迭代、循序渐进的方法进行产品开发。迭代开发是每次只设计和实现这个产品的一部分,逐步完成的方法。在识别和利用市场机会和技术机会的过程中,敏捷开发和迭代开发是非常重要的。这种方法允许企业快速开发和测试新产品或服务,并根据市场反馈进行调整和优化。

### 四、技术创新与商业模式创新

企业创新系统是一个多层次、多维度的复杂体系,涵盖了技术创新、商业模式创新、组织创新、制度创新以及文化创新等多个方面。在这些方面中,技术创新与商业模式创新构成了企业创新系统的核心部分。自20世纪90年代以来,"科技是第一生产力"的理念已经广泛传播并深入人心。从传统的高铁、航空航天技术,到现代的互联网技术,科技的进步不仅显著增强了国家的综合国力,同时也推动了整个社会的快速发展。在当今的商业社会中,特别是随着网络技术和大数据的兴起,传统的经营模式已经无法满足企业持续发展的需求。因此,研究与科技发展趋势相适应的新型商业模式变得尤为必要。

技术创新与商业模式创新之间的互动关系可以从动力和反作用两

个维度来理解。它们相互促进,形成了一种动态的相互作用。具体分析如下。

(1)以科技创新为驱动力,可以开拓新的市场空间。技术创新为企业创造了新的市场机会,同时企业也需考虑如何将这些机会转化为实际的经济效益。在这种情况下,商业模式创新对于技术的商业化至关重要。另一方面,企业规模和属性的差异意味着商业模式创新相较于技术创新更难以被竞争对手复制和迅速扩散。因此,如果企业能够采用恰当的新业务模式,不仅可以长期保持技术创新带来的盈利优势,还能实现协同效应,即在现有业务中增加新的盈利点,从而进一步巩固其在行业中的地位。

(2)业务模式创新为企业带来新的技术开发机遇。首先,业务模式的创新有助于企业创造或引进新技术。例如,在资源匮乏、技术落后、市场发展不成熟的国家,企业面临着诸多挑战。然而,随着我国经济的迅猛发展,民营企业也能通过自身的经营模式,吸收国外先进的生产技术和管理经验,进而实现产品和服务的跨越式发展。其次,业务模式的创新推动企业对市场进行细分,从而激发新一轮的技术创新;在进行业务模式创新的过程中,企业常常需要针对客户的个性化需求,设计并提供更加定制化的新产品或服务,以促进技术创新。

(3)技术创新与商业模式创新的组织结构管理。技术创新与商业模式创新的互动关系还体现在企业内部的组织结构和管理方式上。技术创新的推进离不开灵活多变的组织结构和高效精准的管理方式作为支撑。与此同时,商业模式的创新则要求企业能够迅速应对市场的波动和变化,灵活地调整其组织架构和管理策略。因此,企业在追求技术创新的同时,也必须兼顾商业模式的创新,以确保能够适应不断变化的市场环境。为了实现这一目标,企业需要在技术创新和商业模式创新之间找到一个恰当的平衡点,从而确保企业的长期可持续发展。

(4)技术创新与商业模式创新的协同效应。技术创新与商业模式创新的协同效应是企业持续发展的关键。技术创新为企业提供了新的产品和服务,而商业模式创新则为这些创新提供了市场化的路径。例如,通过互联网技术的创新,企业可以开发出在线教育平台,而通过商业模式创新,可以采用订阅制或按需付费的方式,为用户提供更加灵活和个性化的学习体验。这种协同效应不仅能够提升企业的市场竞争力,还能为用户带来更加丰富和便捷的体验。

（5）技术创新与商业模式创新的融合策略。为了实现技术创新与商业模式创新的融合，企业需要采取一系列策略。首先，企业需要建立一个开放和灵活的创新文化，鼓励员工提出创新想法，并为这些想法的实施提供支持。其次，企业需要建立跨部门的协作机制，确保技术创新与商业模式创新能够相互促进。此外，企业还需要关注外部环境的变化，及时调整创新策略，以适应市场的变化。

**五、技术创新风险管理**

（一）技术创新风险

技术创新风险是指在进行技术创新活动时，由于外部环境的不确定性、技术创新项目的难度与复杂性，以及创新者自身能力与实力的局限性，可能导致技术创新活动无法达到预期目标的风险。具体来说，从企业作为创新主体的角度来看，技术创新风险涵盖了技术风险、市场风险、财务风险、政策风险、生产风险以及管理风险等多个方面。每种风险又可以进一步细分为众多风险因素，如技术风险可能包括技术成熟度不足、技术更新换代速度过快等，市场风险可能包括市场需求预测不准确、竞争对手的威胁等。

传统上，风险被理解为一种"冒险"的行为，而冒险则被定义为在概率不确定性的条件下作出选择，涉及不同结果之间的权衡。这一定义源自决策理论，其中风险主要与结果的变异性相关，既包括积极的也包括消极的结果。然而，随着时间的推移，风险的概念几乎完全与负面结果联系在一起，通常被视作"价值可能遭受的损失"。这种对风险的理解强调了潜在的负面后果，而不仅仅是结果的变异性。因此，在技术创新过程中，企业需要全面评估各种潜在风险，制定相应的应对策略，以确保技术创新活动能够顺利进行并达到预期目标。

（二）技术创新风险的特征

（1）偶然性。在研究技术创新的过程中，我们常常会遇到不确定性和创新结果的随机性等风险因素。这些风险因素的存在，使得创新过程中可能出现的风险变得更加偶然和不可预测。换句话说,即使我们已经做了充分的准备和规划,仍然可能会遇到一些意想不到的挑战和困难,这些挑战和困难可能会对创新结果产生重大影响。

(2)相对性。由于项目实施主体的不同,各个主体在面对创新风险时会有明显的差异。这种差异可能来自他们的经验、资源、技术能力等方面的不同。例如,一些大型企业可能拥有更多的资源和经验来应对创新风险,而一些小型企业则可能在这方面相对薄弱。因此,每个主体在面对创新风险时,都需要根据自身的实际情况,制定出适合自己的应对策略。

(3)演化性。技术创新的风险并不是一成不变的,而是会随着外界条件和自身条件的变化逐步演变。每个发展阶段的风险都存在着明显的差异,这就要求我们在创新过程中,要时刻关注内外部环境的变化,及时调整我们的策略和计划,以应对不断变化的风险。只有这样,我们才能在创新过程中立于不败之地。

(4)修正性。在风险出现时,技术创新人员需要对整个项目的研发进行重新审视,找出问题的根源,并进一步修改项目计划,以降低其潜在的风险。这种修正性不仅体现在项目计划的调整上,还体现在技术创新人员对问题的思考和解决方式上。通过不断地修正和改进,技术创新人员可以降低创新过程中的风险,从而逐步提高项目的成功率。

(三)技术创新风险管理

在当今社会,个人和企业都面临着各种各样的风险,这些风险可能来自市场、技术、财务、法律等多个方面。为了应对这些风险,确保关键资产和资源的安全,一个系统性的风险管理过程显得尤为重要。风险管理是指通过一系列的措施和方法,识别、评估和分级风险,从而规避、减少或控制风险的过程。它不仅有助于使风险变得清晰,还能够帮助企业提前做好准备,以应对风险的发生。在最不利的情况下,风险管理还能够最大限度地减少潜在的损害。

在技术创新领域,风险管理尤为重要。技术创新是企业持续发展的关键驱动力,但同时也伴随着各种风险。因此,构建一个有效的风险管理体系对于技术创新的成功至关重要。这一体系应包含以下关键要素。

(1)风险识别是风险管理的起始步骤。企业需要借助多种方法和工具,如 SWOT 分析、PEST 分析等,来识别可能面临的技术创新风险。这涵盖了市场风险、技术风险、财务风险、法律风险等多个方面。只有明确了风险的根源,企业才能采取针对性的预防措施。

(2)风险评估构成了风险管理的核心。通过对已识别风险进行定性和定量分析,评估其发生的概率和可能造成的损失程度。这有助于企业确定风险的优先级,并据此有针对性地分配资源进行应对。风险评估不仅需要考虑单个风险的影响,还要考虑多个风险的叠加效应,以确保全面的风险评估。

(3)制定风险应对策略是风险管理的关键环节。企业应根据风险评估的结果,制定相应的风险应对策略,包括风险规避、风险转移、风险降低和风险接受等。企业需根据自身状况和风险特性,选择最适宜的应对策略。例如,对于高概率且高损失的风险,企业可能选择风险规避;而对于低概率且低损失的风险,企业可能选择风险接受。

(4)风险监控和复审是风险管理的持续性活动。企业必须建立有效的风险监控机制,定期复审和评估风险,确保风险管理措施的有效性。同时,随着内外部环境的变化,企业应及时调整风险管理策略,以应对新的风险挑战。风险监控不仅要关注已识别的风险,还要关注新出现的风险,确保风险管理的全面性。

(四)技术企业风险管理的流程

风险管理流程是一个全面的框架,旨在帮助组织识别潜在的风险,并制定相应的策略来应对这些风险。这个过程不仅仅局限于发现风险,更重要的是对识别出的风险进行评估和决策,以确定哪些风险需要优先关注和处理。通过这种方式,风险管理确保了组织能够有效地应对各种不确定性因素,从而保障其业务目标的顺利实现。

(1)识别风险。在技术创新的过程中,深入理解并提前识别风险至关重要。通过早期发现风险,组织可以在风险实际发生之前或之时迅速启动应对措施。为了实现这一目标,研究人员和专家们提出了多种系统模型,用于风险评估阶段。这些模型包括经典模型,如概率分析,以及概念模型,如模糊集分析。然而,概率分析模型通常需要大量的定量信息,而这些信息在项目规划阶段往往难以获得,因此在实际项目风险分析中的应用受到限制。鉴于此,需要进行主观评估,以处理经典模型无法应对的情况。

（2）分析风险。在创新项目的早期阶段,进行简单的定性分析是至关重要的。因为在这一阶段,决策的主要目的是了解风险的相对严重性,而不是对绝对风险进行精确的估计。定量风险分析通常需要对大量历史数据进行统计分析,以获得准确的风险评估。然而,获取这些数据可能具有挑战性,而且由于许多创新项目固有的环境或技术变化,一些较旧的数据可能不再适用,从而降低了其在风险评估中的价值。因此,在早期阶段,定性分析成为一种更为实际和有效的方法,帮助项目团队更好地理解潜在风险。

（3）管理行动。应为每个风险制定适当的应对措施,并将其记录在风险登记簿中。已经确定了许多一般性的项目风险管理行动,并且这些行动可以按反映创新项目的特殊特征的类别进行总结。在创新项目的每个阶段都可能部署全面的风险管理。然而,更有选择性地使用可能更合适,因为在整个创新过程中采用不同程度的风险管理。最合适的风险管理的性质和时机问题是所有项目实践中的一个主要问题。有效的风险管理应该从项目的一开始就着手准备,而且还应该远远超出技术阶段,以便为未来的项目获取经验教训。人们普遍认为,在设计阶段进行更改和迭代的成本比在实施阶段解决问题的成本低得多；及早识别风险并采取行动避免实际发生的风险事件通常比处理结果更可行。然而,在所有项目中应用全面、严格的风险管理系统可能并不实际或可取,风险管理系统的不同方面在创新项目的不同阶段可能更有用。

# 第七章 技术创新(项目)营销的 STP 技术

## 第一节 技术创新(项目)市场细分

### 一、技术市场细分标准

技术创新(项目)的需求是复杂的、多样的和变化的,为了更准确地进行技术创新项目的运行,必须对其进行市场细分,在细分市场中选择进行开发的目标市场,然后才能准确定位。

市场细分就是对技术创新项目提供的不同技术需求进行市场细分,就是按照技术消费者明显不同的需求特征为标准对技术创新项目成果(新技术、新产品、新材料和新工艺)的消费群体进行细分。技术市场细分可供选择的细分标准一般有:行业(产业)技术,技术的先进性,如先进技术、实用技术、新技术、改进新技术,技术难度和复杂性,供需双方技术合作的类型等。另外,技术成果的评价指标也可以作为市场细分标准。技术成果的属性是技术成果评价的指标,也是技术消费者所关注的需求。如技术成熟度、技术开发的难度和复杂程度,成熟度高、开发难度低的技术,则转化的成功率高,风险降低,性价比会高。技术合作开发中,技术消费者的不同需求主要有以下几个方面。

(1)技术开发方与技术需求方仅仅是技术买卖关系的合作。双方签订技术开发协议,技术开发方按照需求方的要求开发技术,技术开发后的成果归技术消费者,技术消费者支付开发费用,技术成果由开发方转移至消费方。或技术消费方在现有技术市场上直接购置并应用新技术成果。对消费者来说,这种合作存在后期技术持续发展与升级难的风险,技术人员仅仅是得到技术培训,缺乏开发创新能力。

(2)技术消费方参与技术成果转化过程与结果的合作。技术消费方仅仅是在技术成果开发出来后,在进行技术成果转化过程中参与双方项目的合作,以共同完成技术成果转化,技术消费方具有一定的技术控制权和能力,具有一定的技术升级和持续开发能力。

(3)技术消费方参与技术创新全过程的合作。技术消费方参与技术创新全过程,如项目立项、研发、转化等,可以培养技术创新的人才队伍,对技术创新具有长期控制力,确保技术创新与开发的可持续性。

根据这三种类型,可以按照这一标准对技术消费者进行市场细分,为目标市场选择提供需求明确的细分市场。

## 二、技术市场细分

### (一)行业技术

行业技术的分类可以作为基本的技术消费市场分类标准。行业分类很多,行业技术分类也很复杂。行业技术是指在特定行业中应用的技术,这些技术专门针对该行业的特定需求和操作,通常只能在同样的某个行业领域使用。与通用技术或专业技术相比,行业技术更加专注于满足特定行业的生产、管理或服务需求。例如,医药行业的销售专用GSP软件、搜索引擎分析技术、汽车自动化装配等,这些都是针对特定行业的专业技术,不能在其他非相关行业中直接应用。行业技术的开发和实施,旨在提高特定行业的生产效率、产品质量和服务水平,满足行业内部的特定需求。

行业技术的发展和应用,对于提升国际竞争力和行业发展具有重要意义。通过技术创新和升级,不仅可以提高产品质量和生产效率,还能促进产业结构的优化和升级。例如,水泥行业的技术改造,通过节能降耗、提高质量、增加效益为目的的技术改造,取得了显著效果,这表明行业技术的进步对行业发展有着直接的推动作用。

不同行业具有明显的技术差异化,可以按照行业将技术创新项目分门别类,划分为不同行业大类或小类的技术创新项目,其技术成果相应就分属于不同的细分市场,满足不同客户的技术需求,提高技术创新的行业吻合率和成果转化的成功率。

综上所述,行业技术是针对特定行业需求的技术解决方案,它的发展和应用对于提升行业竞争力、促进产业结构优化具有重要意义。

（二）高新技术

技术有很多分类方法和分类结果,如先进技术、实用技术、全新新技术、改进新技术等,其中高新技术是常见的一类。

1. 高新技术的概念

"高新技术"这一表述,相较于那些技术已经成熟且历史积淀深厚的传统技术而言,是一个持续演进中的概念。它通常指代那些具备高度竞争性、广泛渗透力、显著经济效益、大量资源投入、高度智力密集型以及伴随高风险性的新型技术类别。

在高新技术领域中,生物工程技术尤为引人注目,被视为21世纪技术的核心所在。这一技术涵盖了细胞工程和基因工程两大关键分支。细胞工程的主要应用领域之一是克隆技术,以及体细胞杂交技术。克隆技术,从广义上理解,即一种无性繁殖技术,其在哺乳动物研究中取得了显著的成就。杂交技术在水稻等农作物的育种中得到了广泛应用,并取得了令人瞩目的成功。

2. 高新技术的特征

高新技术的主要特点：高智力、高收益、高战略、高群落、高渗透、高投资、高竞争、高风险。

（1）高智力。高新技术需要高度专业化的知识和技能,通常由高素质的人才团队研发。

（2）高收益。高新技术产品往往具有较高的附加值,能够带来显著的经济效益。

（3）高战略。新技术对国家或地区的战略发展具有重要意义,能够推动政治、经济和军事等方面的进步。

（4）高群落。高新技术往往形成技术群落,相关技术相互促进,形成产业链。

（5）高渗透。高新技术不仅紧密关联着国家战略事业的推进，同时也在环保、能源技术等多个领域展现出强大的渗透性与影响力。

（6）高投资。高新技术研发需要大量的资金投入，且风险较高。

（7）高竞争。高新技术领域竞争激烈，需要不断创新以保持领先地位。

（8）高风险。高新技术研发过程中存在许多不确定因素，失败的风险较高。

3. 高新技术的作用

（1）政策支持。高新技术企业认定的企业能够享受到一系列的政策优惠和扶持措施。比如，可以享受国家税收优惠政策，包括减免企业所得税、个人所得税等税种，从而节约企业成本。同时，高新技术企业认定的企业还可以申请各类科研项目和科技创新资金，获得更多的技术支持和财务支持，帮助企业实现技术突破和创新升级。

（2）提高企业形象和竞争力。高新技术企业认定是对企业技术实力和创新能力的认可，能够提升企业在行业内的声誉和知名度。一些大型采购商和合作伙伴也更倾向于与高新技术企业合作，认为这些企业更具有可靠性和创新性。此外，高新技术企业认定的企业能够获得知识产权保护、专利优先审查等优惠政策，增强了企业的核心竞争力，有利于企业的持续发展。

（3）获得更多资源和支持。高新技术企业认定的企业可以获得更多的技术创新和研发资源。例如，可以参与国家重大科技项目、大型科学研究项目，与高校、科研机构等进行合作，共同开展技术研究和人才培养。

（4）社会影响。高新技术是推动经济高质量发展的核心动力。它通过创新引领，加速新旧动能转换，推动产业结构优化升级，从而促进经济增长方式的转变。例如，新能源汽车、人工智能、绿色环保技术等领域的快速发展，已经改变了传统产业的产业链格局，催生了新的经济增长点。

第七章 技术创新（项目）营销的 STP 技术

（三）关键核心技术

《中华人民共和国国民经济和社会发展第十四个五年规划和 2035 年远景目标纲要》深入规划了我国实现科技自立自强的核心战略路径，将突破关键核心技术作为战略核心，这是我国迈向创新型国家前列、构建世界科技强国宏伟蓝图的重要里程碑。这一战略不仅肩负着提升产业链核心竞争力的使命，更是推动中国经济实现高质量发展的强大动力。同时，这也是党和国家面对时代挑战、满足国家长远发展需求的深远考量，具有重大的现实意义和深远的历史影响。

为了显著增强国家在全球科技竞争中的核心竞争力，中国政府首次明确提出"关键核心技术"的战略概念。关键核心技术作为技术体系的基石，不仅引导辅助技术的演进方向，更在技术与产业链的深度融合中占据核心位置，其重要性不言而喻，是打破外部技术壁垒、实现自主创新的决定性因素。历史经验表明，西方国家的崛起往往依赖于新兴关键核心技术的突破，构建起强大的技术屏障，对后来者构成技术封锁与挑战。面对当前国际科技竞争加剧、逆全球化趋势抬头的复杂局面，我国在某些关键领域遭遇"卡脖子"难题，传统的技术引进与联合研发模式面临严峻挑战，难以支撑产业的持续健康发展，甚至对国家战略安全构成潜在风险。因此，加速攻克关键核心技术，不仅是突破外部技术封锁、确保产业链供应链安全稳定的当务之急，更是推动中国经济结构转型升级、实现民族复兴的必由之路。

1. 关键核心技术的概念

关键核心技术是技术实现中的核心要素，能开拓多样产品市场。其特征为产品中的关键部件或技术环节，促进多种创新。科技自立指国家自主掌握这些技术。据词典，"关键"即事物最重要之处，"核心"为主要部分，"技术"为人类积累的经验和知识。我们可以从两种角度理解关键核心技术：（1）关键技术与核心技术构成的或关系概念；（2）"关键"表征重要程度，"核心技术"是主体。归纳现有文献如表 7-1 所示。

表 7-1 关键核心技术概念解析

| 初始概念 | 概念内容 | 观点视角 |
| --- | --- | --- |
| 核心技术 | 是指基础技术、通用技术、非对称技术、"撒手锏"技术、前沿技术、颠覆性技术等 | 技术维度 |
| | 由关键制造技术、核心元件技术和产品架构技术组成的技术体系,是产品开发活动的基石,也是企业在市场竞争中占据优势地位的一种或多种关键技术 | 核心技术链 |
| 关键共性技术 | 这是以协同国家共性技术和关键技术为基础的创新思维所呈现的平台技术,它能为产业链共性技术的开发提供强大推动力,是市场竞争和产品商业化成功的基石,同时也是关乎国家产业安全的重要战略性技术 | 共性技术关键技术 |
| "卡脖子"关键核心技术 | 一类为亟待在短期内攻克以打破限制的关键核心技术;另一类则为关乎国家未来长远发展,需要提前布局的关键核心技术 | 时间维度 |
| 国家关键核心技术 | 这是指在国际竞争环境下,对特定国家的经济科技国际竞争优势和国家安全产生重大影响的战略高技术。这些技术构成了特定国家与竞争对手之间激烈攻防的领域,旨在争夺主导权和长期竞争优势 | 国际科技竞争 |

资料来源:胡旭博,原长弘.关键核心技术:概念、特征与突破因素[J].科学学研究,2022,40(01):4-11.

从第二种角度出发,结合技术差距的现实考量、可持续发展的长远视角以及总体国家安全观的全局意识,关键核心技术可被界定为:在短期内,那些与先进国家存在明显技术差距且正面临封锁与打压的核心技术;而在中长期,它们则是构建科技强国地位、打造国之重器的战略基石。这些技术对于维护国家在多维度上的安全——包括军事、经济、科技、信息、生物及社会安全具有至关重要的作用,并在技术链与产业链中占据决定性地位。它们涵盖了关键共性技术、前沿引领技术、现代工程技术以及颠覆性技术等多个方面,是先进方法与深厚知识的综合体现,对于国家的安全稳定与持续发展具有难以估量的战略价值。

2. 关键核心技术的性质

(1)关键核心技术属于核心技术的充分必要条件。核心技术是在生产或技术体系中占据关键或核心地位的技术要素,而关键核心技术则

## 第七章 技术创新（项目）营销的 STP 技术

是这一体系中的重中之重,扮演着决定性角色。它不仅拥有核心技术普遍具备的特性,还承载着更高的战略价值。相较于其他核心技术,关键核心技术的突破面临更大的挑战,需要倾注更多的人力、物力及资金资源,且其研发周期往往更为漫长。在所属产业的产业链和技术链架构中,关键核心技术发挥着无可替代的决定性作用,是推动整个产业链和技术链升级发展的关键驱动力,一旦受限,整个产业链可能陷入停滞,产品和服务可能无法产出或面临瘫痪。

（2）国外技术封锁打压凸显出关键核心技术的战略地位。我国深度融入全球价值链分工贸易体系,导致了对全球供应链的深度依赖,特别是在制造业的"四基"（即核心基础零部件、关键基础材料、先进基础工艺和产业技术基础）以及工业软件等关键环节,高度依赖于国外公司的供应和技术授权。美国不断扩大"实体清单"的做法,不仅揭示了我国科技安全领域的薄弱环节,还清晰指出了亟待攻克的关键核心技术领域,进一步凸显了这些技术在国际竞争中的战略重要性。为此,必须汇聚全国乃至全社会的力量,充分发挥新型举国体制的优势,将"实体清单"的挑战转化为具体的科研任务清单,集中资源和智慧,对短期内迫切需求以及长远发展中的重大技术难题进行集中攻关,以实现关键核心技术的自主可控,确保国家科技安全和战略利益。

（3）突破关键核心技术既强调厚积薄发,又需要颠覆性创新。科技创新是一个从萌芽到成熟的发展过程,技术落后的国家在面临外部打压或主动进行国家安全战略布局时,都需要有耐心和毅力,不能急于求成。与此同时,颠覆性创新对于推动关键核心技术突破具有重要意义,它是一种能够打破常规、另辟蹊径的创新方式,通常能够催生更为经济、便捷且用户友好的产品或服务,对现有的技术路径及市场结构产生根本性的变革效应。借助探索颠覆性技术的创新路径,技术追赶国家能够在较短时间内摆脱对外依赖,并在此过程中塑造出全新的科技进步态势。

（4）关键核心技术存在于国家安全体系各个方面。从时间紧迫性角度来看,关键核心技术可以分为重要且紧急、重要但不紧急两大类。而在掌握程度上,则可分为"跟跑""并跑"和"领跑"三种状态。那些既重要又紧急的关键核心技术,就像是在时间维度上的"卡脖子"难题,一旦受到限制或供应中断,将直接威胁到我国高端科技发展的命脉,对社会多个领域造成冲击,进而影响行业的竞争优势乃至国家安全。相比之下,那些重要但不紧急的关键核心技术则需要我们进行长远布局。尽管这些技术的方向选择带有一定的风险性,但它们对于建立国产化产业链、制定技术标准,乃至掌握技术话语权具有重要意义。

3. 关键核心技术的特征

(1)技术地位的高壁垒性和垄断性。关键核心技术在整个创新链上,从基础研究至应用开发、中间试验、工程化及产业化研究,均极度依赖基础研究,需巨额资金、漫长周期及承担高风险。一旦突破,通过持续投入,技术链将横向拓展、纵向延伸,构建技术系统并筑起技术壁垒。鉴于关键核心技术知识的复杂性、嵌入性和缄默性,在受到封锁的领域内,知识的显现和因果关系的梳理往往难以在短期内实现。在技术受到法律界定与保护的情况下,技术持有者能够排挤竞争对手,从而形成技术、产品或服务的垄断。以荷兰 ASML 公司为例,该公司在全球高端光刻机市场中占据了约 80% 的份额。中芯国际在 2018 年采购的 EUV 光刻机至今仍未交付,而在 2021 年,中芯国际又签订了价值 12 亿美元的 DUV 光刻机采购协议。这些案例凸显了关键核心技术对于市场竞争格局的深远影响。

(2)攻关过程的高投入性和长期性。要实现关键核心技术的成功突破,大量的研发投入是不可或缺的,这包括资金、人才、土地、物质资源等有形资源的投入,以及政策、信息、组织管理等无形资源的支持。鉴于关键核心技术在其技术链条中的核心地位,通常具有较低的可替代性和高度的针对性,这意味着无论是在同一技术领域的不同方向,还是在不同技术领域之间,关键核心技术的研发都需要大量的投入。此外,这些技术的突破往往伴随着高度复杂的基础知识要求和跨学科的知识交叉,这使得研发周期通常非常漫长,常常以年为单位来计算。以华为为例,自 2009 年起,该公司已经累计投资了 40 亿美元用于 5G 技术的研究与开发。同样,中国高铁国产化的突破也经历了长达 20 多年的努力与投入。

(3)突破机制的独特性与系统性。关键核心技术的突破在很大程度上依赖于具体的应用场景,因此,企业需要灵活地联合政府、高校、其他企业、科研机构、金融机构、中介机构以及用户市场等多方力量,从宏观层面看,"政产学研金介用"各主体相互合作至关重要,政府需系统性统筹不同主体特征与利益诉求,促进协同。例如,"863"计划支持下,东方电气集团东方汽轮机有限公司与西安交通大学、上海电气电站设备有限公司上海汽轮机厂等联合攻关的《汽轮机系列化减振阻尼叶片设计关键技术及应用》项目,便是成功实践。

（4）创新成果的(准)公共物品性和持续性。相较于一般技术,关键核心技术展现出更为显著的外部性特征及(准)公共物品属性。其突破需调动庞大社会资源,创新成本与收益难以完全内部化,因而展现出强烈的外部效应、非竞争性或非排他性特点。其中,正面的外部性能有效促进上下游产业链及配套产业网的良性可持续发展。此外,关键核心技术的突破并非一蹴而就的技术革新,而是依赖于市场与用户反馈,在持续迭代中不断优化,向着技术高峰稳步迈进的长期过程。诸如无人智能化武器系统、5G基础设施及鸿蒙操作系统等实例,均体现了这一渐进式的技术突破路径。

（四）数字化经济的核心技术

数字技术的影响力遍及经济、政治、文化及生活等多个领域,它不仅重塑了我们的生活方式,更在深层次上改变着世界的运作规律。数字经济已成为不同领域、专业及知识水平群体共同关注的焦点,各方从自身视角和认知出发,探讨对数字化经济的理解。然而,这些讨论往往只能触及数字化经济的某些方面,难以全面、准确且系统地把握其全貌,甚至对基本概念的使用也存在一定的模糊性。

1. 数字化经济的概念

中国在数字化经济及其理论探索方面始终保持着领先地位。官方文件对于这一领域的表述涵盖了"数据""数据要素"及"数字经济"等核心概念。例如,在2019年11月上旬公布的《中共中央关于坚持和完善中国特色社会主义制度、推进国家治理体系和治理能力现代化若干重大问题的决定》这一重要文件中,"数据"首次被正式纳入生产要素的范畴,并被明确赋予参与分配的角色。随后,在2020年4月上旬,中共中央、国务院发布的《关于构建更加完善的要素市场化配置体制机制的意见》中,进一步提出了"加快培育数据要素市场"的举措,采用了"数据要素"这一表述。此外,国家统计局于2021年公布的《数字经济及其核心产业统计分类(2021)》中,对数字经济进行了明确定义,即以数据资源为关键生产要素,依托现代信息网络,通过信息通信技术的有效应用,推动效率提升和经济结构优化的经济活动。在提及"数字经济"时,该定义与二十国集团(G20)在2016年杭州峰会上通过的《二十国集团数字经济发展与合作倡议》中的阐述大致相似,主要差异在于G20倡议中将关键生产要素描述为"数字化的知识和信息(digitized information and knowledge)",而中国在应用中可能更侧重于数据资源的实际应用和价值挖掘。到了2022年4月,中共中央、国务院在《关于加快建设全国统一大市场的意见》中,强调了深入开展数据资源调查工作,并积极推进其开发利用。值得注意的是,尽管中国官方文件主要采用的是"数字经济"这一概念,但在涉及数字化经济的生产要素时,其表述涵盖了"数据""数据要素"以及"数据资源",这些术语均被用来具体指代推动数字经济发展的核心要素。

2. 数字化经济的定义

数字化经济的定义存在狭义与广义之分。狭义上,数字化经济专指那些专注于数字化技术和数据要素的研发、生产及应用的机构、产业、企业以及个人所开展的活动及其所取得的经济绩效。而从广义的角度来看,数字化经济则涵盖了更为广泛的范畴,它不仅包括上述内容,还涉及其他所有产业以及生产生活的各个方面,在这些领域中,采用数字化技术和数据要素所带来的经济活动及其产生的经济绩效均被视为数字化经济的一部分。

数字经济相较于传统经济形态,展现出几个显著的不同点:首先,数字经济深深植根于计算机互联网技术这一核心驱动力之上,该技术不仅为数字经济提供了坚实的支撑框架,更是其创新与变革的重要引擎,将多元的经济实体与对象紧密地连接在一起,形成了一个庞大的互联网络。其次,无论是传统的行业巨头还是新兴的市场力量,所有的经济主体都深深地融入了互联网的体系之中,它们的运作方式和人们的生活方式都以互联网为基础。最后,数字经济中,各种生产要素和产品都可以经过数字化技术的处理,以数据的形式进行展现。这一转变使得资源的优化配置逻辑也随之发生了改变,数据的高效配置成为新的核心。因此,在当今这个数据主导的时代,掌握了关键数据,就意味着拥有了优质的或稀缺的资源,这为经济的发展和竞争提供了新的格局。

3. 数字化经济的核心技术及分类

数字化经济作为信息经济的一种高级形态,其精髓深深植根于信息经济的土壤之中,其技术进步是信息技术不断演进的结果。这一系列技术围绕着信息的全生命周期展开,涵盖了信息采集、存储、分析、处理、传输及应用等多个环节,它们共同构成了技术的宏观框架,同时又细化为硬件与软件两大并行轨道。在实践中,这些技术往往相互交织、融合,界限变得模糊,共同构建了一个复杂而精细的数字化经济网络。在数字化技术体系中,核心技术或关键技术发挥着举足轻重的作用,而辅助技术则起到支撑和补充的作用。值得注意的是,非核心和辅助性技术中也可能包含传统技术的元素,但这些传统技术已经与数字化技术实现了深度融合,焕发出了新的生命力。这种融合不仅推动了数字化经济的快速发展,也为传统技术的转型升级提供了新的机遇。

在数字化转型的浩荡洪流中,核心技术犹如构筑数字经济大厦的坚固基石。这一过程中,科技的力量必须转化为实实在在的硬件装备与软件应用,二者相互依存、相互促进。而"新基建"作为这一转化的生动体现,涵盖了大规模、关键性、通用性强且具有显著公共属性的硬件建设与软件开发,是技术力量物质化的重要实践。从计算机互联网到物联网的广泛覆盖,再到5G、6G、IPv6、光纤与卫星网络等通信技术的交织成网,以及智能基础设施如云网、算网的蓬勃兴起,还有人工智能、工业互联网等领域的融合创新不断涌现,这些共同构成了数字经济时代不可或缺的硬件与软件基础设施。在这些坚实基石之上,七大核心技术犹如推动数字经济深化发展的核心引擎,它们不仅引领着当前的发展潮流,更是照亮未来方向的智慧灯塔。这些核心技术不仅提升了数字经济的运行效率,更推动了产业结构的优化升级,为经济社会发展注入了新的活力。同时,它们也为未来的科技创新和产业升级提供了无限可能,引领着数字经济向更高层次、更广领域迈进。

(1)信息采集的核心技术。在互联网技术的推动下,传统的信息采集手段如抽样调查、全面普查、文献检索、问卷调查等,虽然仍然保持着其独特的价值,但已经逐渐融入了数字化转型的浪潮,并实现了转型升级。在互联网环境下,信息采集不仅保留了这些经典方法的精髓,更在效率和广度上实现了前所未有的提升,形成了两个既相互区别又紧密相连的技术领域:对外信息采集与对内信息采集。对外信息采集技术就像是数字世界的触角,能够广泛地触及并捕捉互联网之外的各种信息,包括字符、影像、条码、人物及其交互网络,甚至自然界的物理化学微妙变化等。这些信息通过先进的自动化采集技术被精准捕捉,并转化为互联网中的数据洪流。遥感卫星、智能传感、标准化接入与转换技术等,将现实世界的信息准确地映射到虚拟空间,确保了信息的准确性、时效性与安全性。对内信息采集是利用先进的搜寻与挖掘引擎,像装备了GPS的探索者一样,能够精准定位并打捞出目标信息。

(2)信息存储的核心技术。随着社会发展步入信息爆炸时代,传统存储方式已难以满足需求,数字技术革新了信息存储。磁存储、缩微存储、光盘存储三大技术,提升了存储容量与质量,节省了空间,确保了信息长久保存与精准读取,且成本效益显著。它们还赋予了强大的备份能力,为信息安全提供了坚实保障。

(3)信息处理和分析的核心技术。信息处理及其技术分为广义与狭义两种理解。广义上,信息处理包含数字化与非数字化两种形式,拥有悠久的历史和深厚的技术积累。进入数字化经济时代,狭义的信息处理成为焦点,所有信息无论原本是否为数据形态,都可以经过数字化处理获得新生。即便在狭义范畴内,数字化处理技术也层次分明,广义上涉及数据的全面整合与利用,狭义上则专注于数据的精细加工与深度挖掘。

(4)信息传输的核心技术。信息传输技术的核心在于材料技术。确保信息准确无误、迅速送达每个角落、每块屏幕及每位用户,关键在于高效的信息压缩与转换技术,但这些都离不开顶尖材料技术的支撑。光导纤维作为当前信息传输领域的佼佼者,充分展示了材料创新对技术飞跃的决定性影响。展望未来,信息传输技术的领先,将依赖于材料科学的持续突破,探索并制造出性能更优、潜力更大的新材料。特别是量子物理与量子技术的突破性进展,有望引发材料技术的深刻变革,进而对数字化经济乃至整个计算机互联网产生深远影响。届时,量子技术将不仅限于信息传输领域,更将成为推动数字经济全面升级的综合性关键技术。

(5)信息应用的核心技术。信息应用的核心技术涵盖计算机技和通信技术两大方面。计算机技术由硬件与软件两大支柱构成,硬件作为物理基石(如处理器、存储设备),软件则提供运行平台(涵盖操作系统、各类应用)。通信技术则涉及传输媒介、调制解调器、路由器等关键组件,负责信息的流通与交换。在当今社会,通信技术成为信息共享与远程操控的基石,广泛应用于互联网、移动通信等多个领域。

(6)信息安全保障的核心技术。当前数字化技术中,区块链技术已成为信息安全领域的核心技术,也是探讨数字化经济时不可或缺的话题。普遍观点认为,区块链技术巧妙地将海量数据拆解为有序区块,并依据特定规则进行链接,构建了一个既独立又互联、相互验证且制衡的信息网络。其分布式、去中心化的架构,彻底改变了传统信息存储与管理的模式,实现了信息的分散存储、透明记录与不可篡改,确保了信息的纯粹与完整。具体而言,区块链技术就像一本无法修改的公共账本,任何信息的流转与变动都会在其节点上留下永久痕迹。这构建了一道坚固的信息安全屏障,让任何篡改或伪造行为无处遁形。同时,其强大的追溯与恢复能力确保了信息的完整性与连续性,即使部分信息丢失或损坏,也能从其他区块中恢复。这一技术不仅为信息安全带来了革命性变革,还激发了体制机制的创新。通过调整相关法律法规,如合同制度的革新,区块链技术与制度创新形成了良性互动,共同推动数字化经济向更安全、高效、可信的方向发展。技术创新与制度保障的深度融合,为数字化经济的繁荣稳定提供了坚实保障。

(7)大数据技术、人工智能技术是"数字化经济"的综合性核心技术。大数据技术是数字化经济中的一项综合性核心技术,贯穿信息从采集挖掘、处理分析到应用的全过程。与此同时,以"机器学习"为代表的人工智能技术,结合了数学的精确性、统计学的洞察力、逻辑学的推理能力以及行为科学的深刻理解,旨在赋予计算机类似人类的学习与进化能力,不断拓展知识与技能的边界。人工智能作为人类智慧的延伸,通过软硬件深度融合的智能化平台,实现了知识的深度学习与行为的高效优化。鉴于人工智能技术在信息采集、处理、识别、分析及应用等各个环节的广泛应用与深远影响,它已成为数字化经济中不可或缺的综合性核心技术支柱。人工智能技术正引领着数字经济向更加智能化、高效化的方向发展,开启数字经济的新篇章。

## 第二节　技术创新（项目）目标市场

目标市场是指技术开发者在对多个细分市场进行深入分析后，基于自身的项目资源和能力考量，最终确定要进入并服务于的特定技术消费者市场。

在对技术创新（项目）整个需求市场进行市场细分后所形成的细分市场是多种多样的，规模有大有小，行业有所不同。根据市场需求不同，结合不同技术创新团队的行业优势、技术优势等，选择适宜的目标市场需求的项目进行开发，这样才能获得成功。

### 一、轻工业技术市场

轻工业在国民经济中扮演着重要角色，它与人们的日常生活息息相关，涵盖了众多领域，比如食品、纺织、服装、家电、日化等。

2023年10月，国务院办公厅关于印发《专利转化运用专项行动方案（2023—2025年）》的通知，到2025年，发明专利产业化率达到30%，切实推动专利"落地产业"。

2023年11月，中国轻工业联合会在轻工业科技创新工作会议正式发布了《轻工业共性关键技术目录》（在下文简称为目录）。该目录的发布旨在落实国家创新驱动战略，为了深入了解行业发展中的共性关键技术需求，加速科技成果向现实生产力的转化，实现高水平的科技自主与自强。相关部门制定了包含"工业化菜肴食品品质提升关键技术及装备"等在内的55项亟须攻克的核心技术目录，"无铬鞣剂及无铬鞣制技术的应用推广"等18项急需推广应用的共性关键技术，共计73项技术。其内容涉及塑料、家电、电池、生物发酵、造纸、陶瓷、皮革、轻工机械、缝制机械、照明电器、洗涤、制笔、钟表、眼镜、酿酒等15个重点行业。该目录广泛覆盖了超过轻工行业60%营收的产业范畴，并深入触及了新材料、智能制造、绿色制造、新能源以及生物技术这五大新兴且充满活

# 第七章 技术创新（项目）营销的 STP 技术

力的产业领域。

该目录广泛覆盖了超过轻工行业 60% 营收的产业范畴，并深入触及了新材料、智能制造、绿色制造、新能源以及生物技术这五大新兴且充满活力的产业领域。

目录中"耐高温结构泡沫芯材及高强度生物降解聚合物发泡材料的连续化制备技术""新能源用纸基隔膜关键技术开发及产业化""锂离子电池负极用硅碳复合材料"等一批新材料技术的突破，将明显提升相关产业的技术水平，满足国家在航空航天、国防军工、5G 通信、新能源等领域的应用需求。

"高等级特种浆绿色制备关键技术研发及产业化""高催化活性的工业酶核心菌种开发""高性能环状聚烯烃共聚物（COC）薄膜和泡沫的成型加工"等一批关键技术的突破，将打破国外垄断，填补国内空白。

"低/无泡类表面活性剂开发和产业化""光作用于人的视觉健康评价体系""房间空调器新型环保高效制冷剂关键共性技术"等一批行业前沿技术的突破，将实现相关行业的跨越发展，推动关键核心技术自主可控，服务人民美好生活。

"一站式服装智造系统解决方案""智能高速宽幅靴式压榨装备关键技术研发及产业化""高速无序抓取关键技术及装备"等一批信息化智能化技术的突破，将加速国产轻工装备的自主化进程，提升行业整体智能制造水平。

"溶剂萃取法提取柠檬酸清洁生产技术""油脂基表面活性剂的短流程化制备技术""空调健康新风技术研究及应用"等一批行业共性技术的推广应用，将有效助推行业提质升级，促进行业绿色低碳可持续发展。

**二、高端制造技术市场**

高端制造涵盖范围较广，基本覆盖所有生产高品质、高性能、高附加值产品的制造业活动（图 7-1）。高技术制造代表了基于最新科技发展的领域，专注于创新和高科技含量的产品；高端装备制造则专注于生产技术密集和资本密集型的复杂装备；装备制造可能包含从高端到普通技术的设备生产；而先进制造则强调采用最新技术和工艺，以提升生产效率和产品质量。

## 图7-1 高端制造业分类

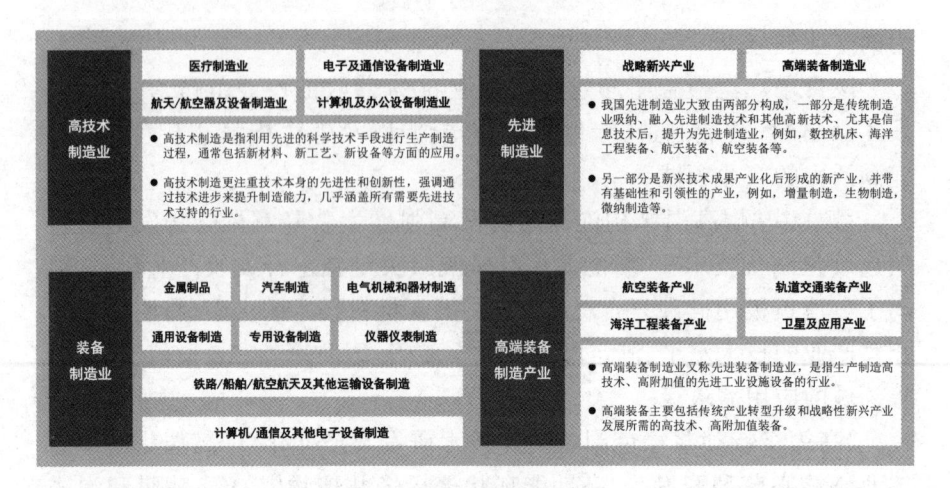

| 高技术制造业 | 医疗制造业 | 电子及通信设备制造业 | | 先进制造业 | 战略新兴产业 | 高端装备制造业 |
|---|---|---|---|---|---|---|
| | 航天/航空器及设备制造业 | 计算机及办公设备制造业 | | | 我国先进制造业大致由两部分构成,一部分是传统制造业吸纳、融入先进制造技术和其他高新技术、尤其是信息技术后,提升为先进制造业,例如,数控机床、海洋工程装备、航天装备、航空装备等。 | |
| | ● 高技术制造是指利用先进的科学技术手段进行生产制造过程,通常包括新材料、新工艺、新设备等方面的应用。 | | | | | |
| | ● 高技术制造更注重技术本身的先进性和创新性,强调通过技术进步来提升制造能力,几乎涵盖所有需要先进技术支持的行业。 | | | | 另一部分是新兴技术成果产业化后形成的新产业,并带有基础性和引领性的产业,例如,增量制造,生物制造,微纳制造等。 | |
| 装备制造业 | 金属制品 | 汽车制造 | 电气机械和器材制造 | 高端装备制造产业 | 航空装备产业 | 轨道交通装备产业 |
| | 通用设备制造 | 专用设备制造 | 仪器仪表制造 | | 海洋工程装备产业 | 卫星及应用产业 |
| | 铁路/船舶/航空航天及其他运输设备制造 | | | | 高端装备制造业又称先进装备制造业,是指生产制造高技术、高附加值的先进工业设施设备的行业。 | |
| | 计算机/通信及其他电子设备制造 | | | | 高端装备主要包括传统产业转型升级和战略性新兴产业发展所需的高技术、高附加值装备。 | |

图7-1 高端制造业分类

高端制造业是指在技术和研发上保持高端水平,将最新技术应用于研发、生产、制造、销售全过程,为社会提供高质量、高性能的工业产品的制造业领域。它展现出技术先进、知识密集、高附加值、良好成长性以及强大带动性等显著特征。高端制造业的范畴广泛,既涵盖了由新技术所催生的新兴产业、新型业态及模式,也包括了通过运用高端适用技术、工艺、流程、材料以及管理方法等进行改造升级后的传统产业。高端制造业涉及的十大领域(图7-2)。

| 十大领域 | 核心概念 |
|---|---|
| 新一代信息技术产业 | 4G/5G通信、IPV6、物联网、云计算、大数据、三网融合、平板显示、集成电路、传感器 |
| 高档数控机床与机器人 | 五轴联动机床、数控机床、机器人、智能制造 |
| 航天航空装备 | 大飞机、发动机、无人机、北斗导航、长征运载火箭、航空复合材料、空间探测器 |
| 海洋工程装备与高技术船舶 | 海洋作业工程船、水下机器人、钻井平台 |
| 先进轨道交通设备 | 高铁、铁道及点车道机车 |
| 节能与新能源汽车 | 新能源汽车、锂电池、充电桩 |
| 电力设备 | 光伏、风能、核电、智能电网 |
| 新材料 | 新型功能材料、先进结构材料、高性能复合材料 |
| 生物医药及高性能医疗器械 | 基因工程药物、新型疫苗、抗体药物、化学新药、现代中药;CT、超导磁共振成像、X射线机、加速器、细胞分析仪、基因测序 |
| 农业机械装备 | 拖拉机、联合收割机、收获机、采棉机、喷灌设备、农业航空作业 |

图7-2 高端制造业十大领域

### 三、生物医药技术市场

生物医药产业由"生物技术产业"和"医药产业"两大板块共同构成。生物技术涵盖了诸如基因工程、细胞工程、发酵工程、酶工程、生物芯片技术、药物材料技术、基因测序技术、组织工程技术以及生物信息技术等多个细分领域；而医药产业则主要包括了制药产业与生物医学工程产业两大方向。

生物医药产业作为关乎国家经济命脉与民众福祉的战略性新兴产业，扮演着维护国家安全的关键角色，同时也是落实"健康中国"国家战略不可或缺的基石。近年来，国家持续加大生物医药领域政策支持力度，鼓励生物医药行业发展与创新，并对我国医药生物行业的未来发展规划提供了指导方向。

第一阶段：1950年代。生物医药的初步探索在1950年代，生物医药行业处于初步探索阶段。这一时期的标志是抗生素的广泛应用和生物技术的萌芽。随着青霉素等抗生素的发现和应用，人们开始认识到微生物在医药领域的重要价值。此外，基因工程的概念逐渐形成，为后续的生物技术革命奠定了基础。

第二阶段：1980年代。生物技术的飞速发展进入1980年代，生物技术迎来了飞速发展的时期。基因重组技术的突破使得人们可以在实验室中精确操控生物体的基因。这一时期，许多重要的生物技术公司和研究所成立，推动了生物医药的产业化进程。同时，生物制药产品如胰岛素、生长激素等也开始逐渐进入市场，为患者带来了新的治疗选择。

第三阶段：2000年。生物医药行业的里程碑2000年对于生物医药行业来说是一个重要的里程碑。这一年，人类基因组计划的完成揭示了人类基因组的全部序列，为生物医药的研究和应用提供了新的方向。同时，随着生物信息学和生物统计学的发展，人们能够更深入地理解生物体的复杂性和疾病发生的机制。这一时期，生物医药行业在药物研发、个性化医疗等领域取得了重要进展。

第四阶段：2000年代。生物医药行业的繁荣与创新自2000年代，生物医药行业进入了繁荣与创新的阶段。一方面，随着干细胞研究、基因编辑等前沿技术的突破，生物医药行业在遗传性疾病、肿瘤等领域取得了重要突破。另一方面，个性化医疗、精准医疗等概念逐渐深入人心，为患者提供了更加精准、有效的治疗方案。同时,生物医药行业的投资也呈现出快速增长的趋势,吸引了越来越多的资本进入这个领域。

第五阶段:2010年至今。生物医药行业的深化与拓展进入2010年以来,生物医药行业进一步深化与拓展。一方面,随着人工智能、大数据等技术的应用,生物医药行业在药物研发、疾病诊断等方面取得了更加显著的进展。这些技术的应用不仅提高了研发效率和质量,还使得治疗方案更加精准、个性化。另一方面,随着全球范围内对生物医药行业的重视和投入不断增加,越来越多的创新药物和治疗方法进入市场,为患者带来了更多希望和选择。

**四、新一代信息技术市场**

新一代信息技术产业是国民经济的战略性、基础性和引领性产业,具备高度的资本、技术和知识密集型,产业附加值高且辐射带动力强大。它依托信息手段和技术,专注于信息的收集、整理、存储与传递,提供全方位的信息服务,并涵盖信息手段、信息技术等相关服务的供应。这一产业广泛包括从事信息生产、流通、销售以及利用信息提供服务的各个环节。

新一代信息技术主要涵盖六大领域:下一代通信网络、物联网技术、三网融合技术、新型平板显示技术、高性能集成电路制造,以及以云计算为核心的高端软件开发。

下一代通信网络(Next Generation Network,简称NGN)是以软交换技术为核心构建的,它提供了基于分组技术的综合开放网络架构,能够支持包括语音、数据、视频及多媒体业务在内的广泛服务。这一网络架构代表了通信网络演进的未来方向,标志着从传统的以电路交换为主导的公共交换电话网络(PSTN)向以分组交换为基础的现代化网络转型的重要步伐。

物联网(IoT)作为信息科技领域的第三次重大变革,其起源可追溯至传媒领域。物联网技术通过信息传感设备,依据既定的协议,将各类物体与网络紧密相连,使得这些物体能够借助信息传播媒介实现信息的交换与通信。这一过程使得物体能够具备智能化识别、精准定位、实时跟踪以及高效监管等多种功能。

三网融合是指电信网、广播电视网和互联网的融合,提供了一网多用的服务模式,目的是构建一个健全、高效的通信网络,从而满足社会发展的需求。三网融合在技术实践层面提出了高要求,其实现依赖于各网络层的有效互连。这一技术的应用范围十分广泛,已经深入智能交通、环境保护、政府管理、公共安全以及智能家居等多个关键领域。展望未来,手机将集观看电视、上网浏览于一身,电视将增添通话与上网的新功能,而电脑也将能打电话、看电视。三者之间的界限日益模糊,形成了相互融合、互为补充的紧密格局。

新型平板显示这一领域致力于开发更高效、更环保的显示技术,如有机发光二极管(OLED)和量子点显示技术,以提升视觉体验。

高性能集成电路的发展推动了计算能力的提升,使得电子设备更加小型化、高效能。

以云计算为代表的高端软件通过互联网提供动态易扩展的虚拟化资源,支持大规模数据处理和分析,改变了传统的软件部署和使用方式。

**五、高新技术**

根据2023年版的《国家重点扶持的高新技术范畴》清单,高新技术涵盖了电子信息、生物医药、航空航天、新型材料、高端技术服务、新能源与节能技术、环境保护与资源利用,以及先进制造与自动化技术这八大技术领域,进一步细分则包含51个具体的高新技术产业方向。

(1)电子信息领域。其包含了软件开发技术、微电子工程技术、计算机设备及网络应用创新、通信工程技术、广播与影视制作科技、新型电子元件研发、信息安全防护手段,以及智能与轨道交通技术的革新应用。

(2)生物与新医药领域。其囊括了医药生物科技创新、中药与天然药物研发技术、化学药物创新研发、药物新剂型和制剂的开发技术、医疗设备及医学专用软件的先进技术、轻工业与化工领域的生物技术应用,以及农业生物科技的进步。

(3)航空航天领域。其涵盖了航空技术和航天技术。

(4)新材料领域。其涵盖了金属材质科技、无机非金属材质的研发、高分子材料的创新技术、生物医用材料的开发、精细化学品与专用化学品的先进制造技术,以及与文化艺术产业紧密相连的新型材料科技。

(5)高技术服务领域。其包含了研发策划服务、信息技术解决方案、高技术领域的专业服务、知识产权管理与科技成果应用服务、电子商务与现代物流的革新技术、城市管理与社会服务的智能化,以及文化创意产业的支持性技术。

(6)新能源与节能领域。其涵盖了可再生清洁能源的开发利用、核能与氢能技术、新型高效能量转换与储存的创新技术,以及高效节能的先进技术。

(7)资源与环境领域。其涉及了水污染控制及水资源高效利用技术、大气污染的有效控制技术、固体废弃物的妥善处置与综合利用方法、物理性污染的防治策略、环境监测及环境事故应急技术、清洁生产流程的优化、资源勘探技术,以及资源的高效开采与综合利用手段。

(8)先进制造与自动化领域。其涵盖了工业生产流程的智能控制技术、安全生产保障技术、高性能智能化仪器仪表的研发、先进制造工艺及其所需装备的创新、新型机械设备的设计与生产、电力系统与设备的优化、汽车及轨道车辆技术的革新、高技术船舶与海洋工程装备的设计与制造能力,以及传统文化产业的现代化改造技术。

## 第三节　技术创新(项目)市场定位

**一、技术创新定位**

(一)技术创新定位的必要性

在进行市场细分和目标市场选择的基础上,精确定位技术创新项目是确保成功的核心要素。若定位偏离,方向错误,诸多努力或将付诸东流。因此,技术创新项目的立项策划中,精准的市场定位至关重要。技术创新的最终目的是占领市场,获取更多的竞争优势。单纯的技术驱动难以推动科技成果的有效商业化,只有以市场为导向的技术创新,才能加快技术创新的市场化进程。技术至市场的转化链条包含五个紧密相连的环节:研发、研发至生产的转化、生产、生产至市场销售,以及营销策划。这五个环节环环相扣,循环不息,共同构成一个完整的体系。换

## 第七章　技术创新（项目）营销的 STP 技术

言之，一个产品，唯有历经从项目立项至最终在市场上实现盈利的全过程，才算得上是一个完整的创新循环。

（二）技术创新定位的概念

技术创新是技术与经济的结合，技术创新定位应该是技术的定位和市场定位的结合，而形成全面的整体的定位。研发部门位于整个创新链条的最前端，扮演着引领者的角色。所有立项均源自市场需求，通过立项这一桥梁，技术与市场实现了紧密对接与融合。

技术创新（项目）定位就是技术研发方向的把握和一系列开发目标的表述，包括技术开发（技术指标和规格）和市场（营销与经济指标）两个方面的要求。从技术创新项目的全局视角来看，关键在于技术开发的先进程度，以及明确技术创新旨在满足顾客哪些特定需求与偏好，从而为顾客带来何种独特利益与价值。技术创新定位需兼顾客户的当前需求与潜在需求，并深入分析竞争对手的状况。这是一种特色鲜明的定位，意味着技术创新的成果应具备与众不同的特点。同时，技术创新定位也是一种竞争优势的明确，即基于现有技术条件，确定在哪些领域进行技术创新能够形成技术优势，并确保创新成果在特定方面超越竞争对手。

技术创新（项目）市场定位是由技术创新项目组成员共同完成的。在具体操作上，技术部门要解决技术定位问题（原理、路径、材料、技术先进性、可行性与竞争性等特色），就是基于当前所掌握的技术发展态势，对其未来的发展方向进行预判。这就需要清晰认知自身技术的现有水平，包括技术已成熟至何种程度、存在哪些优势与不足等，而技术创新项目实施后又能实现到什么程度。营销部门要解决技术的市场问题，即依据技术需求和技术竞争情报来分析技术创新（项目）的市场目标（技术需求、规模、层次、功能、成本、价值、市场竞争力、风险防范等特色），为后续技术商业化、产品商品化的路径、商业模式、营销策略等选择奠定基础。实际上，技术创新项目团队的研发部门和营销部门是一起进行技术创新项目定位的。

## 二、技术创新定位的有效性

通常,新的市场增长机遇可以通过两条路径来发掘:一是通过深入的技术研发与创新,二是挖掘市场中尚未被满足的需求或空白点。市场的实际需求与技术的持续进步应当在各自可行性的基础上实现有机结合。换言之,在策划新产品时,我们必须综合考虑技术可行性和市场可接受性。这两方面的可行性取决于我们对技术的掌握程度与实力,以及通过市场调研对目标客户群等市场因素的准确把握。而精准把握技术创新方向,实质上需要深刻洞察"竞争性技术"。所谓"竞争性技术",是指采用不同技术手段实现相同或相似功能的能力。由于技术层次的多样性,对于消费者而言,功能的实现方式也各具意义。因此,"竞争性技术"因其涵盖范围的广泛性,往往能带来出乎意料的成果。

表7-2 技术创新项目定位及其有效性考虑因素

|  | 定位考虑的因素(特色) | 定位有效性影响因素 |
| --- | --- | --- |
| 内容 | 1. 行业(领域、市场细分、目标市场)<br>2. 需求性(范围、规模、强度、层次)<br>3. 可行性(难度与风险、稳定、实用与持续)<br>4. 经济性(社会、经济效益) | 1. 市场需求信息的准确性<br>2. 竞争情报的可靠性<br>3. 前期市场细分和目标市场选择的可靠性 |
| 要求 | 1. 与竞争对手进行比较<br>2. 符合自身实际(技术创新团队和用户) | 1. 技术创新项目团队的能力<br>2. 技术创新的保密性 |

## 三、技术创新定位考虑的因素

### (一)技术创新与市场需求融合

**1. 技术创新与市场需求关系**

随着科技的不断发展,技术创新已经成为影响市场需求的重要环节之一。技术创新不仅会带来新产品的研发和开发,还会为市场提供更多的可能性和可能的创意组合,从而拓宽市场需求的视野和广度,推动市

## 第七章　技术创新（项目）营销的 STP 技术

场需求的持续发展。

技术创新与市场需求之间存在着一种复杂而微妙的联系。众多学者对这一问题进行了深入探究，并提出了几个具有代表性的理论。熊彼特的"创新诱导需求"理论认为，在创新与需求的关系中，创新占据主导地位，市场需求带动创新的可能性较低，创新型企业通过市场策略能够改变消费者的需求偏好。相反，施穆克勒的"需求引致创新"理论则主张，专利和发明活动主要受市场需求引导和制约，是追求利润的行为，因此市场需求是技术创新的主要驱动力。沃尔什、汤森和弗里曼等人认为，科学、技术和市场之间的联系复杂、互动且多向。莫威里和罗森堡则进一步强调，创新与市场需求在技术发展进程中相互作用，共同发挥着关键作用。

2. 技术创新对市场需求理论模型

（1）技术创新引发市场需求——以熊彼特为代表。熊彼特在 1964 年提出了创新理论，该理论着重凸显了创新的核心地位。在创新与市场需求的关系中，创新起着明显的主导作用。企业通过技术创新来开拓市场，引领并塑造市场需求，甚至有能力改变消费者的需求偏好。考虑到消费者有限理性的特点，以及消费行为中普遍存在的常规化和模式化趋势，单纯依赖消费者需求来驱动市场技术创新和技术进步是较为困难的。然而，消费者的行为也展现出一定的模仿性，这意味着通过恰当的营销策略配合新技术，企业可以引导消费者的选择和偏好。创新产品通常是依据最挑剔和复杂消费者的偏好来设计的。当这些产品投放市场时，它们首先会被这批消费先驱者所接受。随后，经过社会的选择和适应过程，这些创新产品会逐渐影响并改变普通消费者的偏好。

（2）市场需求推动技术创新——以施穆克勒为代表。施穆克勒在 1966 年首次提出了市场需求驱动技术创新的理论。该理论主张，技术创新的动力源自市场需求，具体体现为市场对产品和技术所提出的明确要求。这些市场需求推动了科学技术的发展，并催生了符合市场需求的产品。一方面，企业仅对那些具有市场前景的科学发现感兴趣，致力于将其转化为实际应用并实现产业化；另一方面，企业只会对那些既拥有市场又具备利润潜力的技术进步进行模仿、改进，并促进这些技术的扩散。

（3）技术创新与市场需求互动——以 Schumpeter 为代表。技术进步与市场需求构成了一对既相互独立又相互依存、共同发展的"双螺旋结构"。技术的进步不仅激发了消费者的需求偏好，还引领并催生了新的市场需求。同时，消费者的需求往往很快就会达到现有技术的极限，这种挑战进而推动了技术的持续发展和演进。这种相互作用不仅促进了技术的持续进步，还加速了市场的拓展与发展。

3. 技术创新与市场需求的判断依据

从以下五个方面来判断某个行业是"技术创新推动市场需求"，还是"市场需求催生行业发展"或者是"技术创新与市场需求互动"。

（1）市场主体是否有创新能力。也就是企业内部是否有独立的研发部门，单独研发能力如何。当企业具备创新能力时，它们能依据市场需求来导向技术创新的方向，这一过程被称作"市场需求催生技术创新"。而在某些行业中，若企业规模普遍较小，难以承担技术创新所需的研发成本，无法独立进行技术创新，此时，该行业的技术进步和创新则主要依赖于专门的科技部门或研发机构的科研成果。企业会将这些科技成果转化为实际应用，或直接模仿这些创新后的技术，以此来推动市场需求，这一过程被称为"技术创新推动市场需求"。

（2）市场结构。市场结构可以分为完全竞争市场、完全垄断市场和垄断竞争市场和寡头垄断市场四个类型，每一类型下的技术与市场关系是有所不同的。在完全竞争市场中，由于企业众多且规模较小，多数企业缺乏技术创新的能力。然而，若某企业能通过技术创新降低成本，获得超额利润，将增强其竞争优势，因此企业有动力采用新技术。当新技术广泛采用后，市场需求将发生变化，达到新的平衡。相比之下，在完全垄断市场中，垄断厂商规模较大，通常拥有自主研发机构和自主创新能力。但由于缺乏竞争对手，企业本身缺乏技术创新动力。只有当市场需求变化，要求垄断厂商进行技术创新时，企业才会被动创新。在垄断竞争市场中，单个企业影响力有限，降价促销可扩大市场份额，因此企业有动力通过技术创新降低成本。当技术创新普及后，市场价格和需求将发生变化，达到新的供求平衡。而在寡头垄断市场中，每个企业影响力大，价格战会导致损失惨重，因此企业倾向于协调价格而非技术创新，企业仅在市场需求的要求下被动创新。

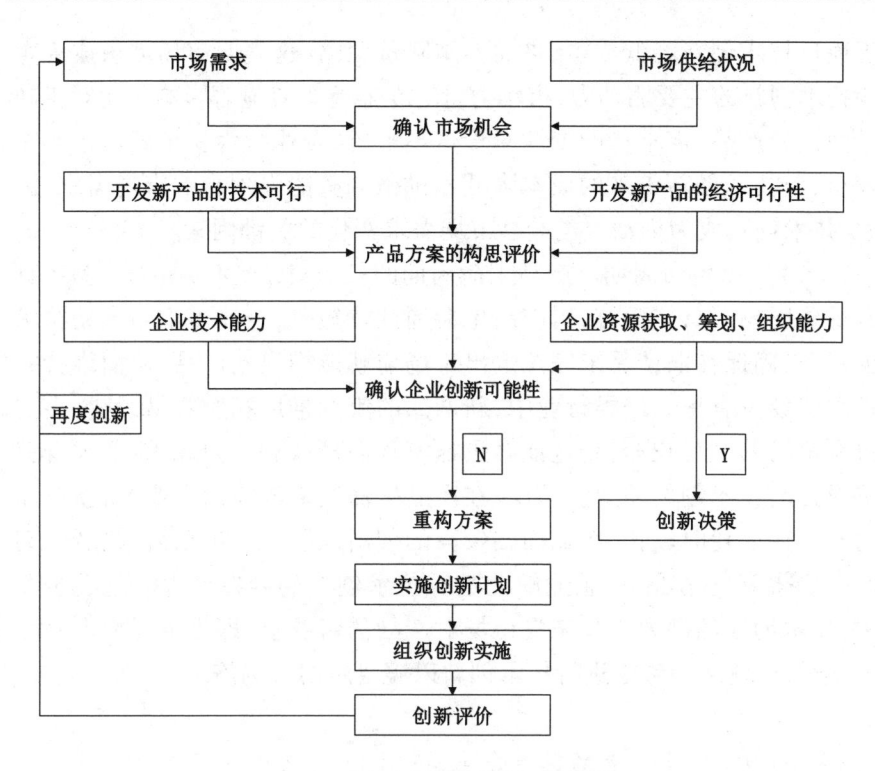

## 第七章 技术创新（项目）营销的 STP 技术

**图 7-3 市场需求推动技术创新模型**

（3）规模经济。技术与市场之间的关系还受到各行业规模经济特性的差异化影响。一方面，在具备显著规模经济的行业中，技术创新往往成为驱动市场需求的关键因素。这类行业中的显著规模经济效应容易导致市场垄断的形成，进而形成一个由技术创新引领市场需求增长的市场格局，即垄断竞争市场中，技术创新是推动市场需求的主要动力。另一方面，对于规模经济效应不明显的行业，市场需求则成为催生技术创新的主要源泉。当这些行业未能形成垄断，意味着企业尚未充分实现规模经济时，企业更倾向于通过扩大生产规模或进行横向并购来降低平均成本，而非立即诉诸技术创新来削减成本。在此情境下，企业创新的主要驱动力源自外部市场需求。

（4）产品需求价格弹性。产品需求价格弹性是"技术—市场"关系中的一个核心影响因素，其受多种因素制约，包括商品是否为生活必需品或奢侈品（必需品弹性小，奢侈品弹性大）、可替代品的数量、购买商品在消费者收入中的占比、商品用途的多样性以及时间变化。在富有弹性的产品市场中，由于降价能有效提升销量，企业为扩大市场份额，倾向于通过技术创新降低成本,进而实施降价策略,这表明市场需求成为企业技术创新的主要驱动力,市场力量对企业行为有显著影响。而对于缺乏弹性的产品,需求量的变动对价格不敏感,企业行为受市场需求影响较小,但技术创新带来的成本降低和价格调整能强烈影响市场需求,因此,技术创新成为推动这类产品市场需求变化的关键因素。

(5)产品生命周期。产品生命周期的长短对"技术—市场"关系具有重要影响。具体而言,当产品生命周期较短时,企业需不断推动技术创新,以确保在旧产品未完全退出市场前就能推出新产品,从而维持并扩大市场占有率。这类行业中,新产品的市场推广相对容易,从推出到占领市场的过程较短,企业能够迅速实现高额盈利。因此,企业本身就有很强的技术创新动力。相反,在产品生命周期较长的行业中,新产品的推广往往耗时较长,企业面临较高的创新风险。在市场需求稳定、旧产品仍盈利的情况下,企业缺乏进行技术创新的内在动力。这类企业中,技术创新的动力更多来自市场对产品的新要求,即当市场需求发生变化时,企业才会考虑进行技术创新以满足新的市场需求。

(二)技术机会与市场机会吻合

1. 技术机会的概念

技术机会象征着技术进步与创新所蕴含的潜力。在既定的技术范式下,技术创新是通过利用这些技术机会来解决问题的过程,涉及对技术机会的识别与实现。因此,精准把握技术机会构成了技术创新的关键步骤。同时,技术创新活动本身也会催生新的技术机会,这些机会为创新主体主动构建未来的技术创新路径提供了可能性。

斯坦福大学社会政策研究中心的 Schwartz 教授于 1974 年率先提出了"技术创新机会"的概念,这被视为技术机会理论发展的初步形态。他定义的技术创新机会是指那些能够引领产业创新活动或改变产业研发方向的核心技术,强调了技术在推动研发与生产活动中的关键作用。同时,国内外学术界普遍认为,技术机会代表了特定领域内技术进步的可能性,这一特性既客观又动态。随着理论与实践的不断演进,技术机会的内涵与外延持续扩展,它不再局限于单一的技术要素,而是涵盖

## 第七章 技术创新（项目）营销的 STP 技术

了技术创新各个环节中多种要素的组合，包括市场环境（如技术实施主体、技术承载体、技术受用体、技术牵动体等）和资源环境（如资源、人才等），这些要素共同构成了技术创新中的技术机会。

2. 技术机会的分类

（1）按照产生方式分类。技术机会确实可以分为空白技术机会、新兴技术机会、融合技术机会和基于需求的技术机会这四种类型。

空白技术机会。一方面，这指的是那些在学术论文中有所探讨但在专利文献中尚未体现的技术；另一方面，它也指的是在专利地图中，被大量现有专利所包围，但专利密度相对较低的区域，这些区域可能隐藏着新的技术发展空间或未被充分挖掘的技术领域。

新兴技术机会。这主要聚焦于那些新近出现甚至仍在持续发展中的技术，这些技术对经济结构具有显著影响，或是那些独特且不寻常的技术，在技术领域中独树一帜。

融合技术机会。主要聚焦于通过两种或多种技术的有机结合而形成的新技术，这种结合既包括在同一技术领域内的融合（即同域融合），也涵盖跨越不同技术领域的融合（即跨域融合）。

基于需求的技术机会。这些技术机会潜藏于那些尚未被充分利用的技术资源之中。通过构建市场需求与技术资源之间的桥梁，我们可以挖掘出与市场或用户具体需求相契合的新技术，这些技术往往能够满足市场的潜在需求，推动技术创新与发展。

（2）依据形态方式分类。技术机会分为新兴式、渐进式和颠覆式三种类型：

新兴式技术机会。着重强调技术的新颖性及其兴起的特点，主要聚焦于新兴行业中的相关技术，或是那些具备技术进步潜力的技术。这些技术代表着行业发展的前沿趋势，是推动产业升级和创新的重要力量。

渐进式技术机会。源自持续的技术增进与优化过程，这类技术机会紧密聚焦于技术的动态演变、现存矛盾及其潜在的突破性进展。

颠覆式技术机会。这类技术对应着彻底创新的潜力，并具备最终取代现有技术的可能性。通过对颠覆性技术的概念、特征及运行机制的深入总结与描述，旨在寻找那些具有颠覆性质的技术。

### (三)技术创新与商业模式耦合

技术创新与商业模式构成企业系统中的两个独立但又相互关联的部分。尽管两者之间存在互动,但它们并非紧密相连。企业在不同的发展阶段可能会采用不同的技术创新策略,而这些策略却能与同一类型的商业模式有效结合,共同推动企业的绩效提升。这表明,商业模式的调整并不总是紧随技术创新的变化,反之亦然。商业模式与技术创新在逻辑上保持相对独立,不存在固定的搭配模式。

#### 1. 技术创新与商业模式之间的耦合机制

在耦合系统中,各模块间的联结关系既体现在宏观层面的相互匹配,也深入到微观层面要素间的互动。这些模块通过信息流、技术流和资金流的交换相互影响和作用。技术创新与商业模式之间的松散耦合关系,既涉及不同技术创新方式与不同商业模式类型在宏观层面的相互匹配,也包括在微观层面上,两者在信息、技术和资金方面的交流与互动。这种多层次的耦合关系使得两者能够在保持一定独立性的同时,又能根据需要进行调整和改变,以实现最佳的匹配和相互促进。

#### 2. 技术创新与商业模式的微观互动机制

技术创新模块与商业模式模块,在企业所面临的内外环境的影响下,各自都能开展多样的创新活动。对于技术创新模块,其内部要素如技术、信息和资金等通过流动,共同促进了知识、工艺、设备和产品的创新。同样,商业模式模块也在这些环境因素的影响下,通过内部要素的流动,实现了价值主张、价值创造、价值传递和价值获取等环节的单一或多个环节的创新。值得注意的是,技术创新与商业模式之间并非孤立,而是通过多种形式的信息流、技术流和资金流在微观层面实现深入互动。这种互动关系如图7-4所示,其中实线箭头表示模块内部的信息、技术和资金的流动,虚线箭头则展示了两个模块之间的这些流动。由于技术创新与商业模式都属于同一个企业系统,它们共享企业的组织结构。这意味着两者在创新过程中不仅受到各自内部要素的影响,还受到

第七章　技术创新（项目）营销的 STP 技术

企业整体组织结构、文化和战略等宏观因素的影响。这种共享性进一步促进了技术创新与商业模式之间的协同与互动，共同推动企业的持续发展和创新。

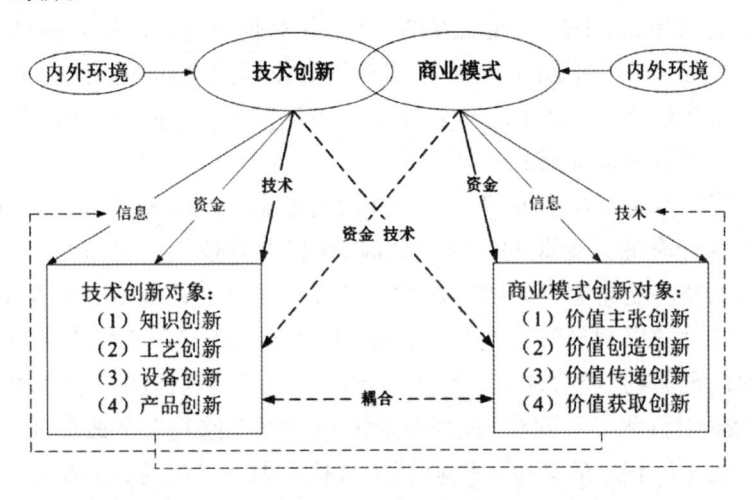

**图 7-4　技术创新与商业模式的微观互动机制**

在技术创新模块中，新技术是各类创新成果产生的关键。因此，技术在该模块中占据核心地位，且由技术创新模块产生的新技术会对商业模式模块产生影响，改变其效率和效果。技术创新模块所带来的新知识、新工艺、新设备及新产品等创新成果，会推动商业模式在价值主张、价值创造、价值传递或价值获取等一个或多个方面发生变革，进而激发商业模式的创新。

商业模式是企业创造并获取价值，为自身、合作伙伴及客户带来利益的策略。在此框架下，资金是商业模式中的核心要素，对商业模式设计的成功与否起着决定性作用，同时也是技术创新的重要支撑。一个优秀的商业模式设计有助于企业获取更多价值，从而为技术创新提供更多的研发资金，吸引顶尖的研发人才，创造更好的技术创新环境。通过这种微观层面的要素互动，技术创新与商业模式之间能够形成积极的相互促进效应。反之，若企业的商业模式设计欠佳或技术创新战略失误，两者间的耦合关系也可能导致相互制约的困境。

3. 技术创新与商业模式的匹配机制

技术创新与商业模式在微观层面的互动有助于它们之间的匹配。

研究现代服务企业的技术创新与商业模式的匹配关系发现，自主研发的技术创新与新颖型商业模式能够相互契合、相互促进，进而提升企业绩效。同样地，通过购买引进方式获得的技术创新，无论是与新颖型还是效率型商业模式，都能形成良好的匹配，并对企业绩效产生积极的推动作用。然而，需要明确的是，技术创新与商业模式之间的匹配并非固定不变。这意味着，企业在选择某种技术创新方式时，并不必然需要采用与之对应的特定商业模式。

尽管技术创新与商业模式之间并没有既定的匹配模式，但当它们之间的不匹配影响到企业的经营绩效时，在提升企业绩效的压力下，两者会逐渐调整并建立起良好的匹配关系。无论是企业内部变革的驱动，还是外部环境的影响导致商业模式变化，若技术创新与商业模式在微观互动层面出现制约，经营绩效的压力将推动企业寻找与新的商业模式相适应的技术创新路径。同样地，当企业的技术创新路径发生改变时，商业模式也会经历相应的调整。商业模式与技术创新之间的灵活配合，关键在于企业的经营绩效。在内外环境的共同影响下，企业为了追求更高的经营绩效，会动态地通过两者之间的微观互动，寻找并建立最佳的匹配模式。这一过程并非一成不变的选择关系，而是一个持续优化的动态过程（图7-5）。

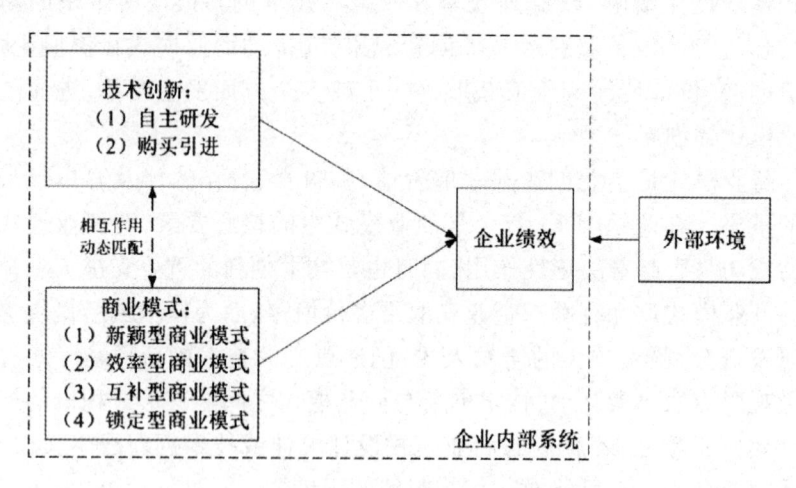

图7-5　技术创新与商业模式的匹配协同

# 第八章　技术创新(项目)营销策略

## 第一节　技术创新(项目)与产品策略

### 一、技术创新(项目)的产品特点

新技术或新技术开发的新产品不同于传统的产品,因为新技术(产品)的特点包括无形性、复杂性、独创性等。作为一种特殊产品,技术具有无形性的特点,人们不容易直观感受它的结构、性能等。新技术往往包含更多的知识和技能,融合的学科数目较多,相应地具有复杂性等特点。高新技术产品具有独创性的特点,高新技术企业的营销组合也比较特殊,即使获得国家的政策支持,高新技术企业的技术创新也不是太理想。高新技术存在的技术壁垒普遍较高,技术研发的周期较长,导致模仿者或造假者很难跟进及复制。因为高新技术企业开发新技术的复杂性和独创性,所以只有少数领先企业掌握高新技术产业的核心竞争力。高新技术成果转化的过程很复杂,产品生命周期长短不一,而且风险高和竞争激烈,企业不可预期高新技术的投入和产出、消费市场反应速度和规模,使产品的导入期和成长期延迟,为竞争对手提供抢占先机的机会,导致自己错过最佳盈利时机。技术研发固然重要,但企业应关心的核心问题是,如何在可预见时间内使研发成果实现转化,满足市场需求并且获得盈利。

## 二、技术创新(项目)的产品策略

根据技术创新(项目)的特点,企业在开展市场营销时,可以围绕以下两个难题的解决来制定产品策略。

### (一)解决两大难题

(1)消费需求的引导。高新技术产品的问世,往往不是来自市场需求的直接推动,也不完全受市场需求的约束,大多产品则是产生于科学技术的发明。消费者可能受到了"FUD"干扰,即他们对高新技术产品的看法可能是害怕(Fear)、不可靠(Uncertainty)、怀疑(Doubt)。可见,无论高新技术有多么先进,其产品却不一定能够畅销。因此,高新技术企业要想方设法消除消费者对产品的"FUD"干扰问题。

(2)消费需求的联动。与一般技术性产品相比,高新技术产品对相关技术支持和配套产品的依赖性更强,这就是高新技术产品在市场推进过程中消费需求的联动性表现。一般而言,一种产品的技术含量越高,它对应用条件的要求就越高,主要涉及相关技术支持和产品配套等。然而,实际情况往往不是如此,在高新技术产品诞生之初,相关的技术支持和配套产品并不能及时提供。相应地,高新技术产品消费市场的基础环境和配套环境就会不太完善和成熟。因此,高新技术产品营销的另一个难题就是创造成熟的消费市场环境。

### (二)采取打"保龄球"策略

为了解决上述两大难题,高新技术企业可以研究一下打保龄球这种活动,从中感悟的"保龄球"模式,可以应用于高新技术产品的市场营销。这种模式的主要原理是:创业者在新技术研发出来以后,不要追求其能够马上得到广大市场的接受,而是要在市场调查的基础上,对自己产品面对的整体市场进行细分,认真寻找一个细分市场作为目标市场,并为这个目标市场提供使双方都受益的产品或服务,从而打到第一个保龄球瓶,即找到自己的第一个市场从而立足。然后,借助这个细分市场的口碑宣传和示范效应,与这个立足市场相关的其他市场的潜在消费者就会被吸引过来,成为这家高新技术企业的现实消费者。这样,随着消费者市场的不断扩大,高新技术企业就能利用连锁反应,逐步建立与之相关的其他立足市场,最终达到让市场不断发展壮大的目标。只要打好第一个保龄球,就可能撞倒一大片,这就是为高新技术企业带来的营销启示。

(三)解决基础保障策略

支持和保障新技术、新产品的使用、维护、维修等服务的基础条件和环境至关重要,如新能源汽车充电桩设备的便利、功能的优良、充电快捷等,智能手机的信号服务及配套设施等条件和环境,对新技术、新产品的推广至关重要。

(四)新技术定制开发和消费领导者培养策略

许多新技术往往是专门技术研发机构与技术需求方企业共同合作开发的,技术定位、需求、路径和成果应用、消费等形成了一个封闭的内循环,新技术、新产品是定制的,参与合作的企业是新技术、新产品的应用者、所有者和消费者(消费领导者)。这种情况下,新技术会得到知识产权保护;若新技术、新产品向社会流通、扩散和交易,需要新技术、新产品消费领导者的培养,发挥技术创新营销的作用,消除"FUD"干扰。

## 第二节 技术创新(项目)与价格策略

**一、技术创新(项目)的价格特点**

与其他传统产品相比,技术创新(项目)产品的价格普遍较高。在全球经济发展不太景气的大背景下,如果高新技术企业的定价偏高,广大消费者就会对其高新技术产品表现出望而却步的状态。实际上,大多数企业和个人都会基于价格原因,对高新技术产品采取持币观望的态度,这导致高新技术企业的市场营销工作困难重重。诚然,高新技术产品的定价偏高,但这是迫不得已做出的选择。高新技术产品从核心技术开发到成品的市场投放,往往都会耗费大量的成本费用,企业若想早日收回资金以发展后期市场,同时高新技术产品的独创性,普通消费者无法了解其真实价值,又因为在产品导入期可能存在一定的市场垄断,所以高新技术企业往往可以采取撇脂定价策略。

**二、技术创新(项目)的价格策略**

根据技术创新(项目)的价格特点,高新技术企业在进行技术创新(项目)定价时,企业通常应该综合考虑定价目标、成本费用、市场需求、竞争状况等因素,最终确定较为合理的价格。

(一)明确定价目标

不同的企业有不同的定价目标,同一个企业在不同的时期定价目标也可能不同。高新技术企业在进行定价之前,必须确定自己目前通过特定的产品定价,要实现什么样的阶段性目标。当然,定价目标通常是要兼顾实现企业盈利和满足市场需要,这既影响着高新技术企业经营总目标的实现,又是选择定价方法、定价策略的依据。

(二)基于成本费用

一般来说,企业定价的下限应该由成本和费用来决定。为了实现期望利润及对未来发展进行投资,一家企业的定价必须能够弥补它的各项成本费用。无论是生产产品必需的固定成本,还是与产量相关的可变成本,企业都要确定和控制这些成本费用,这是用于技术创新(项目)定价的重要依据。

(三)考虑市场需求

技术创新(项目)在进行定价时,需要考虑需求的价格弹性。价格弹性是指一种产品的市场需求量变动对其价格变动的反应程度,通常用需求量变动的百分比与价格变动的百分比的比值来计算。如果需求的价格弹性大,那么一个产品的需求更容易受到价格变动的影响。在多数情况下,创新型的高新技术产品的弹性很小,也就是说价格的显著变化,无论是升高还是降低,都不会明显地影响市场需求。对于市场驱动的产品,需求的价格弹性就会大一些。随着产品相似但价格更低的竞争者的加入,最终会使产品变得更加标准化,而且产品的高价格会失去部分市场基础。在这种情况下,产品价格就会显著下降,需求就会大大地增加,就像我们在家用电器等市场看到的那样。

(四)重视竞争状况

对于高新技术领域的产品价格,一般是由进入市场的第一家厂商确定,这种情况比其他领域显得更为突出。如果企业不能占据主导地位,而是让竞争对手制定了产品标准,那么这家企业将被迫对自身进行调整以适应它们。同时,竞争对手可能针对企业的价格,相应地对其自身价格做出调整,也可能不调整价格而改变其他营销组合变量来与本企业进行市场阵地的争夺。

# 第三节 技术创新(项目)与渠道策略

## 一、技术创新(项目)的渠道特点

不同于其他类型的传统产品,技术创新(项目)产品的渠道环节相对薄弱。鉴于整个行业多年的探索,高新技术企业的分销渠道类型基本确定,但是渠道结构有点过于简单,这样的渠道结构分销能力偏弱。直销方式被高新技术企业普遍采用,特别是大型的系统性产品,客户对产品的要求往往比较个性化,企业不得不依靠自己的销售人员,去寻找客户并推销自己的产品,这是中间商和零售商办不到的。但是,直销方式需要耗费大量的人力、物力和财力,而企业自身的营销能力又有限,这就导致高新技术产品的销售的比较困难。此外,中国国际高新技术成果交易会、高新技术代理商等,也可以帮助高新技术企业实现与市场的衔接。但是,无论是高新技术交流会,还是技术代理商,都不能保证高新技术企业的持续快速发展。因此,高新技术企业要想实现供需双方的对接,还需要开发影响力更大、覆盖面更广的其他营销渠道。

**二、技术创新(项目)的渠道策略**

技术创新(项目)不同于普通产品,它在实施非直销的分销渠道时,应注意做好以下几个方面的工作。

(一)选择高素质的分销商

与传统消费品企业相比,科技型企业对渠道成员的选择更为慎重。例如,同样的笔记本电脑摆放在普通商场里售卖,与摆放在高新技术产品专卖店中售卖相比,会给顾客留下截然不同的印象。这是因为:在普通商场里售卖的笔记本电脑,让人感觉产品的档次较低,有点像年轻人使用的学习机;而摆放在高新技术产品专卖店里的笔记本电脑,更容易被人理解为一种提高生产力的工具。可见,高新技术产品一定要选择与自身形象相一致的分销渠道。由于高新技术产品的"软件化率"都是比较高的,这导致与高新技术产品相关联的服务至关重要,这直接影响着高新技术产品的销售效果。因此,高新技术企业在选择分销渠道成员时,对他的素质要求也会更高一些。从目前的实际情况来看,高技术企业一般倾向于采取独占性分销渠道和选择性分销渠道。高技术企业之所以这样选择分销商,一方面是因为可以提高经销商的经营效益和工作积极性,并保证高技术企业对分销商实施较高强度的控制;另一方面是因为可以监督分销渠道成员的开拓进取意识,让经销商承担起产品高新技术产品的宣传和培训任务等。

(二)加强对分销商的培训

若想搞好高新技术产品的经营,需要高素质分销商队伍的配合。然而,从实际情况来看,我国高素质分销商的数量还不能满足高技术产品经营的需要。为解决这个现实问题,高技术企业可以通过加强对现有分销商的培训来实现。高新技术企业首先要从思想角度入手,尽可能地把自己的经营理念渗透到分销商的意识之中。具体来说,高新技术企业可以特派专业人员辅助分销商进行培训，让分销商成员都能掌握相应的产品知识和促销技能，使分销商能够进行更有效的经营，从而给双方都能带来相应的好处。高新技术企业也可以提供管理咨询，为分销商在经营管理中遇到的各种问题提出意见和建议，这些问题可能涉及会计、融资、人力资源等方面。在对分销商的培训方面，我国的联想集团做出了积极而有益的探索。联想集团把分销商看成合作伙伴，而不是以前的把分销商视为消费者，它采取了四个"纳入"的做法，即把分销代理商纳入联想的销售、服务、培训和分配体系，对分销工作进行统一规划，并对其提供信誉承诺和利益保障。

（三）采用新型网络分销渠道

随着互联网、大数据、新媒体、人工智能等新技术的发展，我国的高新技术企业应该紧跟社会经济形势，更加重视对无店铺销售形式的网络分销渠道的运用。这种零售形式不仅适用于有形产品的销售，并且广泛适用于服务产品的销售，特别是分销软件等类型的产品。高新技术企业采用网络分销渠道，可以发挥这种分销渠道的以下一些优势。第一，相对而言，上网者群体更有可能成为高新技术产品的目标市场。第二，据有关统计表明，网上直销有利于高新技术产品的销售。作为WTO组织的重要成员，我国若想让高新技术企业参与到国际市场的竞争中来，而西方各发达国家的国家采购大部分都是在网上公开进行投标交易，如果其他国家政府不能在网上找到我国欲参与投标企业的网址，就有很大的可能性失去竞争中标的机会。第三，网络分销渠道的主要优势是分销成本低和交互式即时沟通。高新技术企业可以更容易、更方便地建立顾客信息系统，这是其他传统分销渠道无法做到的。高新技术企业能以最快的速度，把高新技术产品信息传递给顾客，与顾客保持天然的信息联系。高新技术企业通过互联网分销渠道，可以获得顾客的个性化需求订单，然后根据顾客的要求进行技术创新设计，这种定制营销既可以提高工作效率，又能够获得更高的利润。

## 第四节 技术创新(项目)与促销策略

### 一、技术创新(项目)的促销特点

一般而言,高新技术产品的结构都很复杂,技术层次也很高,甚至有些技术是首次出现的。如果高新技术产品投放市场的时间不长,就会出现用户对产品性能、用途等感到陌生的情况,甚至因为产品技术性能的不够稳定而导致用户不满意态度及行为的出现。企业仅仅通过印发产品说明书、使用手册等方式来应对,这显然是不能满足高新技术产品的促销需要的,而应建立一整套的优质服务体系和促销策略来实现。在高新技术产品销售之前,企业应组织开展专业的技术咨询和技术培训,促使用户能够比较充分地了解这些产品的相关信息。在高新技术产品销售之后,企业应全力以赴地为用户提供安装调试、维修保养等售后服务。众所周知,高新技术产品的层次水平是不断提高的。因此,高新技术企业应及时与用户沟通交流当前的高新技术信息,使用户在使用高新技术产品的过程中能了解到高新技术的最新发展动态。如果条件允许的话,高新技术企业应帮助广大用户,在原有的产品上添加一些部件或软件,从而扩大原有产品的功能,提高原有产品的技术层次。这些服务项目和促销策略的实施,既可以使用户感受企业强烈的社会责任感,又可以增强用户对企业产品的依赖并创造未来需求。

### 二、技术创新(项目)的促销策略

与其他各种类型的产品一样,高新技术产品往往也需要做促销宣传,也需要制定适合自己的促销组合。但是,高新技术产品又具有不同于其他类型产品的特点。相应地,高新技术企业产品的促销策略应与普通产品的促销策略加以区别,这里有必要单列出来加以说明。

## 第八章 技术创新（项目）营销策略

### （一）明确广告重点

高新技术企业在制定广告策略时,要根据高新技术产品的不同属性而采取相应的方案。一般来说,如果高新技术产品是全新的,并且目前没有替代产品,企业广告宣传的重点应是传递产品信息,以及教育和引导消费者,这时广告宣传的策略称为产品广告策略;而对于其他一些高新技术产品,如数字式彩色电视机,因为消费者已经接受平面彩色电视机、数码电视机等,所以企业这时的广告宣传应突出品牌形象塑造,突出数字式彩色电视机的差异化定位,这时广告宣传的策略称为"品牌广告策略"。

### （二）设计促销组合

这里要设计的促销组合,是指除了广告之外的其他促销手段的组合,主要有包装、展销会、终端陈列、产品发布会、产品展示会、销售辅助物（如说明书、产品目录、POP广告等）、劝诱工具（如赠品、抽奖、竞赛、优惠券等）以及其他各种形式的宣传。高新技术企业要成功地开展市场营销活动,需要充分利用各种促销手段的现场性和劝诱性。例如,在编制高新技术产品的招贴画和说明书时,要重点介绍产品的特色、性能和使用方法,促进消费者对产品的深入了解。再如,针对自己的主要目标市场,高新技术企业要结合自己产品的特点,多举办一些产品发布会、产品展示会等类型的活动,让消费者更直观地认知自己的产品,这种形式影响范围相对有限,然而在市场导入期却能取得意想不到的效果。

### （三）履行社会责任

作为各个产业的领头羊,高新技术企业通常居于社会经济发展的最前沿。高新技术企业的技术创新很快,技术水平也高,它们对社会、经济、文化、伦理道德的影响也大。相应地,在履行社会责任方面,高新技术企业应成为主要承担者。为了更好地履行社会责任,高新技术企业把符合社会整体利益作为自己发展的首要目标,把解决社会公共问题作为自己的重要任务。高新技术企业要强化社会责任意识,从人民群众最关心的问题入手,使自己的产品和服务与解决这些问题相结合,引发社会公众对本企业产品和服务的关注,这将有利于高新技术企业的市场开拓和产品销售。例如,新时代健康产业集团采用军工技术和循环经济模式,抓住节能环保这个社会热点,为国内外市场提供高品质的健康产品及服务,取得了良好的经济效益和社会效益。

**三、案例分析:中国高铁出口东南亚市场的营销策略**[①]

**(一)产品策略**

(1)产品组合策略。优化中国铁路产品出口的产品组合,丰富高铁、普通铁路、市内轨道等不同细分市场上的产品线,在时速、功能、规格、外观设计等方面延长产品线的长度,以满足东南亚国家细分市场的特殊需求。

(2)产品标准化与差异化策略的结合。标准化的高铁产品能够通过扩大规模效应而提高利润,而差异化的产品策略能够更好地满足当地市场的需求;中国高铁出口东南亚市场,需要标准化和差异化的产品策略进行综合运用。在高铁的核心产品层面,使用标准化策略,而在高铁的形式产品、期望产品以及延伸产品层面,使用差异化策略。

(3)新产品开发策略。在高铁技术发展日新月异和东南亚高铁市场竞争激烈的形势下,不断开发中国高铁的创新产品。研发具有更高安全性、绿色生态性、综合节能性以及智能化的高铁技术,重视中国高铁技术核心知识产权的保护,并主动参与国际高铁技术标准体系的制定。

(4)品牌化策略。在东南亚高铁市场上塑造中国品牌形象,成为"中国制造"的新名片,代表着"中国制造"从低端产品走向高端技术装备。品牌化策略,为中国高铁争取柬埔寨、新加坡、马来西亚等更多东南亚市场国家的更多细分市场奠定基础和创造条件。

---

[①] 汪世珍,徐亮,宋璐.中国高铁进入东南亚市场的营销策略研究[J].中国市场,2018(35):3-4.

## 第八章　技术创新（项目）营销策略

### （二）价格策略

中国高铁具有明显的成本优势以及突出的性价比，在进入东南亚市场时要凸显中国高铁的高性价比优势。在与价格策略相关的融资渠道上，开拓多元化的"一揽子"融资方案，如亚投行、国际金融组织和多边机构渠道，建立合资企业，资源与高铁的互换协议等。

### （三）渠道策略

中国高铁进入东南亚市场的渠道策略上，组建中国高铁产业链上的上、下游企业以及金融机构等构成的战略联盟，构成中国企业联合体紧密协作，发挥协同效应，增强中国高铁项目在竞争激烈的东南亚市场上的综合竞争力以及整体竞争优势。

实现中国高铁在东南亚市场上的出口渠道结构的优化和升级。由目前的铁路机车和设备等低附加值的产品出口，向包括产品在内的技术、标准和服务等高技术含量、资本密集的技术贸易与服务贸易转型。

### （四）促销策略

以政府主导，加强"走出去"战略的顶层设计，推动国家间的战略合作框架，营造有利的国际政治经济环境。例如，国家领导人外交访问时，推介高铁这一中国制造的新名片，积极邀请东南亚市场的客户来中国对高铁的生产和运营状况进行实地考察，以高质量的产品打动客户，使其切身感受到中国高铁的质量和优势。

### （五）政府权力

菲利普·科特勒认为，企业国际市场营销策略应在传统 4Ps 的基础上，增加政府权力 (Power) 和公共关系 (Public Relations)，从而影响其国际营销环境。为了赢得竞争激烈的东南亚高铁市场，我国政府应运用政治力量，为我国高铁企业在东南亚市场上的国际营销开辟道路。积极探讨"一带一路"倡议以及"21世纪海上丝绸之路"倡议与东南亚国家发展战略的契合点,签署国家层面的高铁合作谅解备忘录和战略框架。

(六)公共关系

组建专业的公关团队,积极开展政府、社会和媒体的公关,与东道国当地政府和民间社会团体建立和发展信任、互惠的公共关系,以减小"中国威胁论"的影响,形成对中国高铁在信誉和口碑等方面的积极评价。

# 第九章　产品开发(项目)营销策略

## 第一节　产品开发策略概述

**一、产品开发流程与阶段划分**

产品开发是一个复杂的系统性工程,它涉及从创意构思到产品上市的全过程。为了确保产品开发的高效性和成功率,企业需要对产品开发流程进行科学的规划与阶段划分,明确各个阶段的主要任务和特点。

(一)产品开发流程概述

产品开发流程指从产品概念形成到产品上市销售所经历的一系列有序活动。这些活动相互关联、相互依赖,共同构成了产品开发的完整体系。一般来说,产品开发流程可以划分为以下几个主要阶段:产品规划、概念设计、详细设计、原型制作、测试验证、生产准备、市场推广和后期维护。每个阶段都有其特定的目标和任务,需要不同的专业团队和资源支持。

(二)产品开发阶段划分及任务详解

1. 产品规划阶段

(1)市场调研与需求分析。产品规划阶段的首要任务是进行市场调研和需求分析。企业需要通过问卷调查、访谈、数据分析等手段,深入了解目标市场的需求、竞争态势、消费者偏好等信息。这些信息将作为产品开发的重要依据,指导后续的设计和开发工作。

(2)产品定位与目标设定。在充分了解市场需求的基础上,企业需要对产品进行明确定位,明确产品的核心价值和竞争优势。同时,设定具体的产品开发目标,包括功能目标、性能目标、成本目标、时间目标等。这些目标将作为产品开发过程中的重要指引,确保产品开发工作始终围绕既定方向进行。

(3)初步方案制订。基于市场调研和需求分析的结果,企业需要制订初步的产品开发方案。该方案应明确产品的基本功能、性能参数、外观设计等要素,并初步确定产品开发的技术路线和实施方案。初步方案的制订需要充分考虑市场需求、技术可行性、成本效益等因素,确保方案的合理性和可行性。

2. 概念设计阶段

(1)创意构思与筛选。概念设计阶段的主要任务是进行创意构思和筛选。企业可以组织跨部门、跨领域的团队进行头脑风暴,激发创新思维,产生大量创意。然后,通过专家评审、用户测试等方式,对创意进行筛选和评估,选出最具潜力和可行性的创意进行深入开发。

(2)初步设计与评估。在选定创意后,企业需要进行初步设计。初步设计包括产品的外观设计、结构设计、功能设计等方面。设计过程中需要充分考虑用户需求、技术可行性、成本效益等因素。初步设计完成后,需要进行评估验证,确保设计方案的合理性和可行性。

(3)原型制作与测试。为了更直观地展示产品设计效果并验证其可行性,企业需要制作产品原型。原型可以是实物模型、数字模型或虚拟模型等形式。通过原型制作和测试,企业可以及时发现设计中的问题并进行调整优化。同时,原型还可以用于用户测试和反馈收集,为后续的设计改进提供依据。

3. 详细设计阶段

(1)详细设计与规范制定。在概念设计得到验证后,企业需要进入详细设计阶段。详细设计包括产品的详细结构设计、电路设计、软件设计等方面。设计过程中需要制订详细的设计规范和标准,确保设计的一致性和可维护性。同时,还需要进行多轮评审和验证工作,确保设计方案的合理性和可行性。

(2)零部件选型与采购。详细设计阶段还需要进行零部件的选型与采购工作。企业需要根据设计要求选择合适的零部件供应商,并进行样品测试和验证。零部件的选型与采购需要充分考虑成本、质量、交货期等因素,确保零部件的供应稳定可靠。

(3)生产工艺规划与设备选型。为了顺利实现产品的批量生产,企业还需要进行生产工艺规划和设备选型工作。生产工艺规划包括工艺流程设计、设备布局规划等方面;设备选型则需要根据生产工艺要求选择合适的生产设备。这些工作将为后续的生产准备阶段提供有力支持。

4. 原型制作与测试验证阶段

(1)原型制作与优化。在详细设计完成后,企业需要制作更加精细的原型进行验证。这些原型可能包括功能原型、性能原型或综合原型等形式。通过原型制作和测试验证工作,企业可以进一步发现设计中存在的问题并进行优化改进。同时,原型还可以用于用户测试和反馈收集工作,为产品的最终定型提供依据。

(2)性能测试与可靠性评估。性能测试是验证产品性能是否符合设计要求的重要环节。企业需要制订详细的测试计划和测试方案,对产品进行全面的性能测试和评估。测试内容包括功能测试、性能测试、稳定性测试等方面。通过性能测试工作,企业可以确保产品的性能指标达到设计要求并满足用户需求。

(3)安全性与合规性验证。除了性能测试外,企业还需要关注产品的安全性和合规性验证工作。这包括产品的电磁兼容性测试、安全性能测试、环保性能测试等方面。企业需要确保产品符合相关的安全标准和法规要求,以避免潜在的安全风险和法律风险。

5. 生产准备阶段

生产准备阶段是产品开发流程中至关重要的一环,它直接关乎产品能否顺利进入市场并满足消费者的需求。在这一阶段,企业需要完成一系列准备工作,以确保生产过程的顺利进行和产品质量的稳定可靠。

(1)生产计划与排程。首先,企业需要制订详细的生产计划和排程。生产计划应明确产品的生产数量、生产周期、生产批次等关键信息,以确保生产活动能够按照既定的时间表和进度进行。其次,企业还需要根据生产计划和市场需求,合理安排生产资源和人力资源,确保生产过程的顺畅进行。

(2)生产设备调试与验证。在生产准备阶段,企业需要对生产设备进行调试和验证。这包括设备的安装、调试、校准和试运行等工作。通过设备调试和验证,企业可以确保生产设备处于良好的工作状态,能够满足产品的生产要求。此外,企业还需要制订设备维护计划,定期对设备进行保养和维修,以延长设备的使用寿命和提高生产效率。

(3)原材料与零部件准备。原材料和零部件是产品生产的基础。在生产准备阶段,企业需要确保原材料和零部件的供应充足且质量可靠。这包括与供应商签订采购合同、进行样品测试和验证、制订库存管理计划等工作。通过严格的原材料和零部件管理,企业可以确保生产过程的稳定性和产品质量的一致性。

(4)生产人员培训与动员。生产人员是产品生产的直接执行者。在生产准备阶段,企业需要对生产人员进行培训和动员。培训内容应包括产品知识、生产工艺、设备操作、安全规范等方面。通过培训,生产人员可以全面了解产品的生产要求和工艺流程,提高生产技能和操作水平。同时,企业还需要通过动员活动激发生产人员的积极性和创造力,为生产过程的顺利进行提供有力保障。

(5)质量控制体系建立。质量控制是确保产品质量稳定可靠的重要手段。在生产准备阶段,企业需要建立完善的质量控制体系。这包括制定质量控制标准、建立质量检测流程、配置质量检测设备等工作。通过质量控制体系的建立和实施,企业可以对生产过程进行全面监控和评估,及时发现和纠正生产中的问题,确保产品质量符合设计要求和市场需求。

**二、产品开发流程中的关键要素**

在产品开发流程中,有几个关键要素需要企业特别关注。

## 第九章 产品开发（项目）营销策略

（1）市场需求导向。产品开发应以市场需求为导向，确保产品能够满足消费者的需求和期望。企业需要通过市场调研和需求分析工作，深入了解目标市场的需求和竞争态势，为产品开发提供有力支持。

（2）技术创新。技术创新是产品开发的重要驱动力。企业需要关注行业内的最新技术动态和趋势，积极引入新技术、新工艺和新材料，提高产品的技术含量和附加值。同时，企业还需要加强自主研发能力，形成具有自主知识产权的核心技术。

（3）团队协作与沟通。产品开发是一个跨部门、跨领域的协作过程。企业需要建立高效的团队协作机制，加强部门之间的沟通与协作，确保产品开发工作的顺利进行。同时，企业还需要建立有效的沟通渠道和反馈机制，及时收集和处理各方面的意见和建议，为产品开发的持续改进提供依据。

（4）风险管理。产品开发过程中存在各种风险和挑战。企业需要建立完善的风险管理机制，对可能出现的风险进行预测和评估，并制定相应的应对措施和预案。通过风险管理机制的建立和实施，企业可以降低产品开发过程中的风险和不确定性，提高产品开发的成功率和效率。

### 三、产品开发中的技术创新点识别

对于产品开发而言，技术创新点的准确识别与应用，不仅关乎产品的市场竞争力，更直接影响到企业的长远发展战略。以下将深入剖析产品开发中技术创新点的识别过程，从重要性、识别原则、方法、步骤到实际应用策略，全面阐述如何在产品开发中有效捕捉并利用技术创新点。

（一）技术创新点识别的方法

（1）市场需求分析。市场需求分析是技术创新点识别的重要基础。企业应通过市场调研、用户访谈、问卷调查等方式收集市场需求信息，了解消费者对产品的期望和需求痛点。在此基础上，分析市场需求的变化趋势和潜在机会，为技术创新点的识别提供方向性指导。

（2）竞品分析与差异化识别。竞品分析是技术创新点识别的重要手段之一。企业应关注行业内主要竞争对手的产品特点和市场表现，分析其技术、功能、设计等方面的优劣势。通过差异化识别，找出自身产品在市场中的独特性和不足之处,为技术创新点的识别提供有针对性的参考。

（3）技术趋势预测与跟踪。技术趋势预测与跟踪是技术创新点识别的重要途径。企业应密切关注行业内外的技术发展趋势和前沿动态,包括新技术、新工艺、新材料和新方法的最新进展和应用情况。通过参加技术交流会、研讨会等活动,与行业内的专家学者和同行进行交流和学习,及时获取技术创新的灵感和启示。

（4）跨学科融合与交叉创新。跨学科融合与交叉创新是技术创新点识别的重要策略之一。企业应打破传统学科界限和思维定式,鼓励不同学科之间的交流和合作。通过跨学科融合和交叉创新,能够发现新的技术创新点和解决方案,推动产品的创新升级和差异化发展。

（二）技术创新点识别的步骤

（1）明确目标与需求。企业应明确产品开发的目标和市场需求。通过深入了解市场和消费者需求,确定技术创新的方向和重点。这有助于企业在后续的识别过程中保持清晰的思路和明确的目标。

（2）收集信息与数据。企业应通过多种渠道收集与技术创新点相关的信息和数据。这包括市场调研报告、竞品分析报告、技术文献、专利信息等。同时,建立有效的信息收集和分析机制,确保信息的准确性和时效性。

（3）筛选与评估。在收集到足够的信息和数据后,企业需要对这些信息进行筛选和评估。通过专家评审、小组讨论等方式对技术创新点进行初步筛选和评估。重点关注那些具有创新性、实用性和商业价值的技术创新点,为后续的开发和应用奠定基础。

（4）验证与测试。对于筛选出的技术创新点,企业需要进行进一步的验证和测试。通过原型机制作、小批量试生产等方式进行验证测试,收集用户反馈和数据分析结果。根据测试结果对技术创新点进行调整和优化,确保其在实际应用中的稳定性和可靠性。

（5）决策与实施。经过验证和测试后,企业需要对技术创新点进行决策。根据市场需求、技术可行性、成本效益等因素综合评估,决定是否将技术创新点应用于产品开发中。一旦决策通过,企业应制订详细的实施计划,明确时间表、责任人和资源分配,确保技术创新的顺利实施。

第九章　产品开发（项目）营销策略

## 第二节　产品设计与开发策略

**一、用户需求分析与产品设计**

在产品开发过程中，用户需求分析是产品设计的基石，它直接关系到产品的市场接受度和竞争力。深入理解和准确把握用户需求，不仅有助于设计出符合市场期望的产品，还能有效指导整个产品开发流程，确保资源的合理配置和产品的顺利推出。本节将详细探讨用户需求分析的重要性、方法以及其在产品设计中的应用。

（一）用户需求分析的方法

（1）问卷调查。问卷调查是收集用户需求信息的一种常用方法。通过设计科学合理的问卷，企业可以广泛收集消费者的意见和建议，了解他们对产品的期望和需求。问卷调查具有操作简便、成本低廉、数据量大等优点，是用户需求分析的重要手段之一。

（2）深度访谈。深度访谈是一种更加深入和细致的用户需求分析方法。通过与目标用户进行面对面的交流，企业可以深入了解他们的生活习惯、消费习惯、购买动机等方面的信息，从而更准确地把握用户需求。深度访谈的优点在于能够获取到更加丰富和真实的用户反馈，有助于企业设计出更加贴近用户需求的产品。

（3）用户画像。用户画像是通过收集和分析用户数据，将用户群体划分为具有相似特征和需求的子群体，并为每个子群体构建出一个典型用户的形象。用户画像有助于企业更加清晰地了解目标用户的特点和需求，为产品设计提供有力的支持。通过构建用户画像，企业可以更加精准地定位目标市场，制定出更具针对性的产品开发策略。

（4）竞品分析。竞品分析是通过分析竞争对手的产品和策略，了解市场上同类产品的特点和优劣势，从而发现市场空缺和用户需求的机会点。竞品分析有助于企业把握市场动态和趋势，为产品设计提供有益的参考和借鉴。同时，竞品分析也有助于企业避免与竞争对手正面冲突，通过差异化策略赢得市场份额。

（二）用户需求分析在产品设计中的应用

（1）明确产品定位。用户需求分析有助于企业明确产品定位。通过了解用户需求和期望，企业可以确定产品的目标市场、核心功能和差异化特点等关键要素，从而为产品设计提供明确的方向和指导。明确的产品定位有助于企业在市场中找到自己的位置，与竞争对手形成有效的区隔。

（2）指导功能设计。用户需求分析是功能设计的重要依据。在功能设计阶段，企业需要根据用户需求分析的结果，确定产品的核心功能和辅助功能等关键要素。通过优先满足用户的核心需求并合理布局辅助功能，企业可以设计出更加符合用户需求的产品。同时，在功能设计过程中还需要考虑用户的使用习惯和操作便捷性等因素，以提高产品的易用性和用户满意度。

（3）影响外观设计。用户需求分析不仅影响产品的功能设计还影响外观设计。用户的审美偏好和使用场景等因素都会对外观设计产生影响。因此，在外观设计阶段企业需要充分考虑用户需求和期望等因素，通过运用色彩、材质、形状等设计元素来打造出符合用户期望的外观形象。一个优秀的外观设计不仅可以提升产品的市场竞争力还可以增强用户的购买欲望和使用体验。

（4）促进用户参与。用户需求分析还促进了用户参与产品设计的过程。通过邀请用户参与产品测试和反馈收集等活动企业可以直接了解用户对产品的真实感受和意见建议。这种用户参与的方式不仅有助于企业及时发现和解决产品设计中的问题还可以增强用户对产品的认同感和归属感。同时用户参与也有助于企业建立起与用户之间的良好互动关系为后续的营销和服务等工作打下基础。

二、技术创新在产品设计中的应用

在快速发展的现代社会中，技术创新已成为推动各行各业进步的关

第九章　产品开发（项目）营销策略

键力量。特别是在产品设计领域，技术创新不仅极大地丰富了产品的功能和形态，还显著提升了用户体验，缩短了产品开发周期，降低了生产成本。以下将深入探讨技术创新在产品设计中的具体应用，分析其对产品设计流程、产品性能、用户交互以及市场竞争力的影响。

（1）技术创新优化产品设计流程。传统的产品设计流程往往依赖于人工绘图、模型制作和实体测试，这些环节耗时费力，且难以快速迭代。随着计算机辅助设计（CAD）、计算机辅助工程（CAE）以及产品生命周期管理（PLM）等技术的广泛应用，产品设计流程得到了根本性的优化。

CAD技术使得设计师能够高效地进行三维建模和渲染，快速生成多种设计方案，并通过模拟分析预测产品的性能和制造可行性。CAE技术则进一步支持对设计方案进行详细的仿真测试，如结构强度分析、热传导模拟等，从而在设计阶段就能发现并解决潜在问题，减少实物原型制作的需求。PLM系统则整合了产品设计、制造、维护等全生命周期的数据，实现了跨部门、跨地域的协同工作，提高了设计效率和质量控制水平。

（2）技术创新提升产品性能。技术创新在提升产品性能方面发挥着至关重要的作用。新材料、新工艺、新技术的应用不断突破传统设计的局限，使产品具备更优越的性能指标。例如，在消费电子领域，纳米技术和柔性显示技术的结合，催生了可折叠屏幕的智能手机和平板电脑，极大地提高了产品的便携性和使用灵活性。在汽车行业，电动汽车和自动驾驶技术的兴起，不仅减少了环境污染，还显著提升了驾驶的安全性和舒适性。

此外，物联网（IoT）和人工智能（AI）技术的融合，使得产品能够智能感知、学习和响应用户需求，实现个性化定制和智能化服务。智能家居系统能够根据用户的习惯自动调节室内温度、照明和安防设置，智能穿戴设备能实时监测用户的健康状况并提供健康建议，这些都是技术创新提升产品性能的典型例证。

（3）技术创新改善用户交互体验。用户交互体验是产品设计成功与否的关键因素之一。技术创新在此方面同样发挥了不可替代的作用。触摸屏、语音识别、手势控制等新型交互方式的出现，极大地简化了用户操作流程，提高了产品的易用性和趣味性。以智能手机为例，从早期的物理按键到全屏触控，再到如今的面部识别和语音助手，每一次交互方式的革新都极大地提升了用户体验。在虚拟现实（VR）和增强现实（AR）技术的推动下，用户甚至可以在虚拟环境中进行产品预览和交互，获得更加沉浸式的体验。

此外，大数据分析和机器学习技术的应用，使得产品能够根据用户的行为习惯和偏好进行智能推荐和个性化设置，进一步提升了用户满意度和忠诚度。

（4）技术创新增强市场竞争力。技术创新是企业脱颖而出的关键。通过不断引入新技术，企业能够开发出具有差异化竞争优势的产品，满足消费者日益多样化的需求，从而占据更大的市场份额。例如，在新能源汽车领域，特斯拉通过电池技术、自动驾驶技术和智能互联技术的创新，成功打造了高性能、长续航、智能化的电动汽车，引领了行业潮流，成为市场上的佼佼者。在智能手机市场，苹果和华为等企业通过不断推出搭载最新芯片、摄像头和操作系统的产品，保持了领先地位。

技术创新还能帮助企业降低生产成本，提高生产效率，从而在价格上获得竞争优势。自动化生产线、智能制造系统和精益管理技术的应用，使得企业能够实现大规模定制化生产，快速响应市场变化，降低库存和浪费。

（5）技术创新促进可持续发展。技术创新在推动产品设计向更加环保、可持续的方向发展方面也发挥着重要作用。绿色材料、节能技术和循环设计理念的应用，使得产品在整个生命周期内都能减少对环境的负面影响。例如，在包装材料方面，生物降解塑料和可回收纸材的广泛应用，减少了塑料废弃物对环境的污染。在能源利用方面，太阳能、风能等可再生能源技术的集成，使得产品能够实现自给自足的能源供应，降低了对化石燃料的依赖。在设计理念上，循环经济原则的引入，鼓励企业设计易于拆解、回收和再利用的产品，延长了产品的使用寿命，减少了资源浪费。

## 三、产品开发中的成本控制与质量管理

在产品开发过程中，成本控制与质量管理是两个至关重要的环节。成本控制直接关乎产品的市场竞争力与企业的盈利能力，而质量管理则是确保产品满足用户需求、赢得市场信任的关键。随着技术创新的不断深入，如何在保证产品质量的同时有效控制成本，成为企业面临的重要

# 第九章　产品开发（项目）营销策略

挑战。

（一）成本控制策略

（1）早期规划与预算控制。①明确成本目标。在产品开发初期，应明确产品的成本目标，包括直接成本（如原材料、人工等）和间接成本（如研发、管理、营销等）。通过设定合理的成本目标，为后续的成本控制工作提供明确的方向和依据。②制订详细预算。基于成本目标，制订详细的预算计划，包括各阶段、各环节的预算分配。预算计划应尽可能细化，以便在产品开发过程中进行实时监控和调整。

（2）设计阶段的成本控制。①优化产品设计。设计阶段是成本控制的关键环节。通过优化产品设计，减少不必要的材料使用、简化生产工艺、提高产品可制造性等措施，可以显著降低产品成本。例如，采用轻量化设计、模块化设计等策略，可以有效降低原材料消耗和生产成本。②引入价值工程分析。价值工程（Value Engineering，VE）是一种通过功能分析来降低产品成本的方法。在产品设计阶段，可以运用价值工程原理，对产品的功能进行逐一分析，找出不必要的或过剩的功能，并对其进行优化或删除，在保证产品功能的前提下降低成本。

（3）采购与供应链管理。①集中采购与长期合作。通过集中采购和与供应商建立长期合作关系，企业可以获得更优惠的价格和更稳定的供应保障。这有助于降低采购成本，并减少因供应不稳定带来的风险。②优化库存管理。合理的库存管理可以减少资金占用和库存成本。企业应采用先进的库存管理系统，如 JIT（Just-In-Time）生产模式，实现零库存或低库存管理，从而降低库存成本。

（4）生产过程控制。①提高生产效率。通过引入先进的生产设备、优化生产工艺、加强员工培训等措施，提高生产效率，降低单位产品的生产成本。②实施精益生产。精益生产是一种追求零浪费的生产方式。企业应通过消除浪费、持续改进、全员参与等原则，实现生产过程的优化和成本的降低。

（5）成本控制机制建设。①建立成本责任制。将成本控制目标分解到各个部门和岗位，明确成本责任，形成全员参与的成本控制氛围。通过定期考核和奖惩机制，激励员工积极参与成本控制工作。②强化成本监控与反馈。建立成本监控体系，对产品开发过程中的各项成本进行实时监控和记录。定期分析成本数据,找出成本超支的原因,并采取相应的措施进行调整。同时,建立成本反馈机制,确保成本控制信息的及时传递和有效沟通。

(二)质量管理策略

(1)质量管理体系建设。①引入 ISO 9001 等国际质量管理体系标准,建立完善的质量管理体系。通过体系认证和持续改进,确保产品质量的稳定性和可靠性。②编制质量手册和程序文件,明确质量管理的职责、流程、标准和要求。确保所有员工都了解并遵守质量管理规定,形成全员参与的质量管理文化。

(2)设计阶段的质量管理。①在产品设计阶段,深入了解客户需求和期望,确保产品设计符合市场需求和用户期望。通过市场调研、客户访谈等方式收集客户需求信息,为产品设计提供有力支持。②建立设计评审和验证机制,对产品设计方案进行严格的评审和验证。通过专家评审、模拟测试等方式,确保产品设计方案的合理性和可行性。同时,对设计过程中发现的问题进行及时整改和优化。

(3)生产过程的质量管理。一是原材料质量控制。对原材料进行严格的质量控制,确保原材料符合产品设计和生产要求。通过供应商评估、原材料检验等方式,确保原材料的质量稳定性和可靠性。二是生产过程监控。对生产过程进行实时监控和记录,确保生产过程符合工艺要求和质量控制标准。通过设立质量控制点、实施在线检测等方式,及时发现并纠正生产过程中的质量问题。三是成品检验与测试。对成品进行严格的检验和测试,确保产品符合质量标准和客户要求。通过设立成品检验站、实施全检或抽检等方式,确保产品质量的稳定性和可靠性。

(4)质量改进与持续优化。①质量数据分析与反馈。企业应建立质量数据分析系统,对生产过程中收集的质量数据进行统计分析,识别质量问题发生的规律和趋势。通过数据分析,找出质量问题的根源,并制定相应的改进措施。同时,建立质量反馈机制,确保质量改进信息的及时传递和有效落实。②持续改进与创新。鼓励员工提出质量改进建议,通过创新方法和技术手段,不断提升产品质量和生产效率。建立质量改进小组或质量创新团队,负责质量改进项目的策划、实施和评估,确保质量改进工作的持续性和有效性。③客户满意度调查与反馈。定期开展客户满意度调查,了解客户对产品和服务的评价和期望。通过客户反馈,发现产品和服务中的不足之处,并制定相应的改进措施。同时,将客户满意度调查结果作为质量改进的重要依据,不断提升客户满意度和忠诚度。

(三)成本控制与质量管理的协同作用

成本控制与质量管理在产品开发过程中相互依存、相互促进。一方面,有效的成本控制可以降低产品成本,提高产品的市场竞争力;另一方面,高质量的产品可以赢得客户的信任和好评,从而带动销量的增长和市场份额的提升。因此,企业在产品开发过程中应注重成本控制与质量管理的协同作用,通过优化产品设计、加强供应链管理、提高生产效率等措施,实现成本降低与质量提升的双重目标。

## 第三节 产品测试与反馈

### 一、产品测试的类型

在产品开发流程中,产品测试是确保产品性能、可靠性、安全性及用户满意度的关键环节。通过严格的测试,可以及时发现并修复产品中的缺陷,提升产品质量,降低市场风险,为产品的成功上市奠定坚实基础。

产品测试的类型繁多,根据测试目的、测试对象及测试方法的不同,可以划分为多种类型。以下是一些常见的产品测试类型。

(1)功能测试。功能测试是验证产品是否满足设计规格和客户需求的基本测试。它主要关注产品的各项功能是否正常运行,是否满足用户的使用需求。功能测试通常包括输入验证、输出验证、异常处理等方面。通过功能测试,可以确保产品的基本功能齐全、稳定可靠。

(2)性能测试。性能测试是评估产品在不同负载下的性能表现。它主要关注产品的响应时间、吞吐量、并发用户数等性能指标。性能测试通常包括压力测试、负载测试、稳定性测试等。通过性能测试,可以发现产品在高负载条件下的性能瓶颈和潜在问题,为产品的优化提供依据。

（3）兼容性测试。兼容性测试是验证产品在不同环境、不同平台下的兼容性和稳定性。它主要关注产品在不同操作系统、不同浏览器、不同硬件设备等条件下的运行情况。通过兼容性测试，可以确保产品在不同环境下的兼容性和稳定性，降低用户的使用门槛。

（4）安全性测试。安全性测试是评估产品在不同安全威胁下的防御能力。它主要关注产品的数据加密、身份认证、访问控制等安全功能是否有效。安全性测试通常包括渗透测试、漏洞扫描、安全审计等。通过安全性测试，可以发现产品的安全漏洞和潜在风险，提升产品的安全防护能力。

（5）用户体验测试。用户体验测试是评估产品在用户交互、操作便捷性、界面友好性等方面的表现。它主要关注用户在使用产品过程中的感受和需求。用户体验测试通常包括用户调研、原型测试、可用性测试等。通过用户体验测试，可以发现产品在使用过程中的不便之处和潜在改进点，提升用户满意度和忠诚度。

（6）可靠性测试。可靠性测试是评估产品在长时间运行下的稳定性和耐久性。它主要关注产品的故障率、平均无故障时间等可靠性指标。可靠性测试通常包括加速寿命测试、环境应力筛选等。通过可靠性测试，可以确保产品在使用过程中能够保持稳定的性能表现，降低故障率和维修成本。

（7）本地化测试。本地化测试是针对特定地区或语言市场进行的测试。它主要关注产品在本地化过程中的翻译准确性、文化适应性等方面的问题。本地化测试通常包括语言测试、文化适应性测试等。通过本地化测试，可以确保产品在不同地区或语言市场中的适应性和竞争力。

## 二、用户反馈收集与分析

在产品开发与市场推广的全过程中，用户反馈扮演着至关重要的角色。它不仅能够帮助企业了解产品的市场表现、用户需求和潜在问题，还能为产品的迭代优化和市场策略调整提供宝贵的依据。因此，建立高效的用户反馈收集与分析机制，对于提升企业竞争力、增强用户满意度具有重要意义。以下将深入探讨用户反馈的收集方法、分析技巧及其在产品开发中的应用。

# 第九章　产品开发（项目）营销策略

（一）用户反馈收集的重要性

（1）洞察用户需求。用户反馈是了解用户需求最直接、最有效的途径。通过收集用户在使用过程中遇到的问题、提出的建议以及表达的需求，企业可以准确把握市场脉搏，为产品的功能完善、性能优化提供方向。

（2）识别产品问题。任何产品都不可能完美无缺，而用户反馈则是发现产品问题的重要窗口。通过用户反馈，企业可以及时发现并修复产品中的漏洞和缺陷，提高产品的稳定性和可靠性，降低用户的不满和投诉。

（3）指导产品迭代。产品迭代是企业持续改进、提升竞争力的关键。而用户反馈则是指导产品迭代的重要依据。通过分析用户反馈，企业可以明确产品的改进方向，优化产品功能和用户体验，使产品更加符合市场需求和用户期望。

（4）提升用户满意度。用户满意度是企业成功的关键指标之一。通过积极收集并响应用户反馈，企业可以及时解决用户问题，提升用户体验，增强用户忠诚度，进而提升用户满意度和市场份额。

（二）用户反馈的收集方法

（1）在线问卷调查。在线问卷调查是一种快速、便捷的用户反馈收集方式。企业可以通过设计合理的问卷内容，向目标用户发送调查问卷，收集用户对产品的意见和建议。问卷内容应涵盖产品的功能、性能、界面、服务等方面，以全面了解用户需求和产品问题。

（2）用户访谈。用户访谈是一种深入了解用户需求和感受的方法。企业可以通过电话、视频或面对面等方式与用户进行交流，了解用户对产品的使用体验、期望和建议。访谈过程应注重引导用户表达真实想法和感受，以便获取有价值的信息。

（3）社交媒体监听。社交媒体是现代人交流的重要平台之一。企业可以通过关注相关社交媒体账号、参与话题讨论等方式，了解用户对产品的评价和反馈。同时，企业还可以利用社交媒体分析工具，对用户的反馈进行数据挖掘和情感分析，以了解用户对产品的态度和情感倾向。

（4）客户服务热线与在线支持。客户服务热线和在线支持是企业与用户沟通的重要渠道。通过接听用户咨询和投诉电话、处理用户在线问题等方式，企业可以及时了解用户的反馈和需求。同时，企业还可以对客服人员进行培训和管理，确保他们能够准确记录用户反馈并及时反馈给企业相关部门。

（5）用户社区与论坛。用户社区和论坛是用户交流和分享的重要平台。企业可以建立或参与用户社区和论坛的讨论活动，了解用户对产品的评价和反馈。同时，企业还可以邀请行业专家或意见领袖参与讨论活动，为产品改进和市场推广提供建议和意见。

（三）用户反馈的分析技巧

（1）定量分析与定性分析相结合。用户反馈的数据类型多样，既有定量的数据（如满意度评分、使用频率等），也有定性的数据（如用户描述的问题、建议等）。在分析用户反馈时，企业应采用定量分析与定性分析相结合的方法。通过定量分析了解用户对产品的整体满意度和关键指标表现情况；通过定性分析深入挖掘用户的具体需求和问题点。

（2）情感分析。情感分析是一种对用户反馈进行情感倾向判断的技术手段。通过对用户反馈进行情感分析，企业可以了解用户对产品的态度和情感倾向（如满意、不满意、中立等）。情感分析有助于企业更准确地把握用户需求和市场动态，为产品改进和市场策略调整提供依据。

（3）主题聚类与分类。主题聚类与分类是将用户反馈按照一定标准进行分类和整理的过程。通过主题聚类与分类可以将大量的用户反馈数据归纳为若干个主题或类别便于后续的分析和处理。主题聚类与分类有助于企业发现用户反馈中的共性问题和热点话题，为产品改进和市场策略调整提供方向。

（4）优先级排序。优先级排序是根据用户反馈的重要性和紧急程度对产品问题进行排序的过程。通过优先级排序可以确定产品改进的重点和顺序，确保有限的资源能够得到最有效的利用。优先级排序有助于企业快速响应用户需求提升产品竞争力。

（5）趋势预测与预警。趋势预测与预警是通过对用户反馈数据进行挖掘和分析预测未来市场趋势和潜在问题的过程。通过趋势预测与预警企业可以提前制定应对措施降低市场风险。趋势预测与预警有助于企业保持敏锐的市场洞察力和应变能力为企业的长远发展奠定基础。

(四)用户反馈在产品开发中的应用

(1)指导产品设计与优化。用户反馈是指导产品设计与优化的重要依据。通过深入分析用户反馈,企业可以发现产品设计中的不足和用户需求的变化,从而对产品进行针对性的优化和改进。例如,如果用户普遍反映产品的某个功能操作复杂、不易上手,企业就可以考虑简化操作流程、优化界面设计,以提升用户体验。

(2)推动产品迭代升级。用户反馈是推动产品迭代升级的重要动力。通过收集并分析用户反馈,企业可以了解产品的市场表现和用户需求变化,从而确定产品迭代的方向和重点。在迭代升级过程中,企业可以根据用户反馈对产品进行功能增强、性能提升或外观改进等方面的优化,以满足用户不断变化的需求。

(3)制订市场策略与营销计划。用户反馈还为企业制定市场策略与营销计划提供了重要参考。通过分析用户反馈中的关键信息和热点话题,企业可以把握市场动态和用户趋势,从而制定出更加精准、有效的市场策略与营销计划。例如,如果用户反馈显示某类产品在特定市场区域具有较高的需求度和满意度,企业就可以加大在该区域的推广力度和宣传力度,以扩大市场份额和提高品牌知名度。

(4)提升用户满意度与忠诚度。积极响应用户反馈并及时解决用户问题,是提升企业用户满意度和忠诚度的重要手段。通过及时收集并分析用户反馈,企业可以了解用户对产品的期望和不满之处,从而确定相应的改进措施和补偿方案。当用户感受到企业的关注和重视时,他们的满意度和忠诚度也会相应提升。这不仅有助于增强用户的口碑传播效应,还能为企业带来更多的忠实用户和潜在客户。

三、产品迭代与优化策略

在产品开发与市场推广的循环中,产品迭代与优化是不可或缺的一环。它不仅是产品生命周期管理的重要组成部分,也是企业保持竞争力、满足市场变化的重要手段。这里将详细探讨产品迭代与优化的策略,涵盖迭代的意义、原则、方法以及实施过程中需要注意的关键点。

(一)产品迭代的方法

(1)敏捷开发。敏捷开发是一种快速响应市场变化和用户需求的产品开发方法。它强调以用户需求为导向、快速迭代和持续改进。在敏捷开发过程中,产品开发团队被划分为多个小团队(Scrum 团队或 Kanban 团队),每个团队负责完成一部分产品开发任务。通过定期的迭代和评审会议,团队能够及时了解市场变化和用户需求变化,并做出相应调整。敏捷开发有助于缩短产品开发周期、降低开发成本和提升产品质量。

(2)精益创业。精益创业是一种基于用户反馈和快速迭代的产品开发方法。它强调以最小的成本、最快的速度验证商业假设并获取用户反馈。在精益创业过程中,企业首先通过用户调研和数据分析等方式了解用户需求和痛点,并确定初步的产品原型和商业计划。然后,企业通过快速迭代和用户反馈的方式不断优化产品原型和商业计划,直到找到符合市场需求和用户需求的产品模式。精益创业有助于降低创业风险、提升创业成功率和加速产品上市速度。

(3)设计思维。设计思维是一种以人为本、注重创新和用户体验的产品开发方法。它强调以用户为中心、注重跨学科合作和快速迭代。在设计思维过程中,企业首先通过用户调研和同理心等方式深入了解用户需求和痛点;然后通过创意工作坊、快速原型制作等方式生成多个解决方案;最后通过用户测试和反馈等方式选择最佳方案并进行迭代优化。总之,设计思维有助于激发创新思维、提升用户体验和增强产品竞争力。

(二)产品优化策略

(1)功能优化。功能优化是产品优化的重要方面。企业应关注用户反馈和市场需求变化,及时对产品的功能进行优化和改进。在功能优化过程中,企业可以通过增加新功能、优化现有功能或整合功能等方式提升产品的性能和用户体验。同时,企业还应注重功能优化的合理性和可用性,确保优化后的功能能够满足用户需求并提升产品价值。

(2)用户体验优化。用户体验优化是产品优化的关键环节。企业

## 第九章　产品开发（项目）营销策略

应注重提升产品的易用性、美观性和趣味性等方面以提升用户体验。在用户体验优化过程中，企业可以通过界面设计、交互设计、动效设计等方式提升产品的视觉和交互效果；通过用户调研和数据分析等方式了解用户需求和痛点并制订相应的优化方案；通过用户测试和反馈等方式不断迭代和优化产品以提升用户体验满意度。

（3）性能优化。性能优化是产品优化的重要方面之一。随着产品功能的不断增加和用户量的不断扩大，产品的性能问题也日益凸显。在性能优化过程中，企业可以通过优化代码结构、提升服务器性能、优化数据传输效率等方式提升产品的响应速度和稳定性。此外，企业还可以利用云计算、大数据等技术手段对产品的性能进行实时监控和预警，及时发现并解决潜在的性能问题。

（4）成本优化。成本优化是企业在产品迭代过程中不可忽视的一环。随着市场竞争的加剧和利润空间的压缩，企业需要通过优化产品设计、生产工艺、供应链管理等环节来降低成本。在产品设计阶段，企业可以采用模块化设计、标准化生产等方式降低制造成本；在供应链管理阶段，企业可以通过与供应商建立长期合作关系、优化库存管理等方式降低物流成本。通过成本优化，企业可以在保持产品质量和性能的同时，提升产品的市场竞争力。

（6）兼容性优化。在产品迭代与优化过程中，兼容性是一个需要特别关注的问题。随着技术的发展和市场的变化，用户使用的设备和操作系统也在不断更新换代。因此，企业需要确保产品能够兼容不同设备和操作系统，以满足更多用户的使用需求。在兼容性优化过程中，企业可以通过多平台测试、跨浏览器测试等方式来发现并解决兼容性问题。同时，企业还可以关注行业标准和规范，确保产品符合相关要求，提高产品的通用性和可扩展性。

*（五）产品迭代与优化的实施步骤*

（1）确定迭代目标与优化方向。在产品迭代与优化之前，企业需要明确迭代目标与优化方向。这包括了解用户需求、市场需求以及产品自身存在的问题和瓶颈。通过用户调研、数据分析等方式收集相关信息，并结合企业战略和产品定位确定迭代目标与优化方向。

（2）制订迭代计划与优化方案。在确定了迭代目标与优化方向之后,企业需要制订详细的迭代计划与优化方案。这包括确定迭代周期、迭代内容、迭代团队以及优化措施等。同时,企业还需要对迭代计划与优化方案进行评估和审核,确保其合理性和可行性。

(3)实施迭代与优化。在制订好迭代计划与优化方案之后,企业需要按照计划实施迭代与优化工作。这包括组织开发团队进行产品开发、测试与反馈收集等工作。同时,还需要关注产品性能、用户体验、成本等方面的问题,并根据实际情况进行调整和优化。

(4)评估迭代与优化效果。在产品迭代与优化工作完成后,企业需要对迭代与优化效果进行评估。这包括收集用户反馈、分析产品数据以及对比迭代前后的产品性能和用户体验等指标。通过评估结果,企业可以了解迭代与优化工作的成效以及存在的问题和不足,为后续的迭代与优化工作提供参考依据。

(5)持续优化与迭代。产品迭代与优化是一个持续不断的过程。企业需要在每一次迭代与优化工作完成后总结经验教训,并不断完善和优化迭代与优化流程。同时,还需要关注市场变化和用户需求变化等因素的影响,及时调整迭代与优化目标和方向以保持产品的竞争力和市场适应性。

## 第四节 产品上市与推广策略

### 一、产品上市时机的选择

产品上市时机的选择是企业产品策略中的关键环节,它直接关乎产品能否成功进入市场、获得消费者的认可,并最终实现企业的市场目标和经济效益。一个恰当的上市时机能够最大化产品的市场潜力,而错误的时机则可能导致产品遭遇市场冷遇,甚至失败。因此,企业在制订产品上市计划时,必须慎重考虑上市时机的选择。

(一)影响上市时机选择的因素

上市时机的选择受到多种因素的影响,主要包括以下几个方面。

## 第九章 产品开发（项目）营销策略

（1）市场需求与趋势。市场需求是产品上市时机选择的首要考虑因素。企业需要通过市场调研、数据分析等手段了解目标市场的需求和趋势，判断产品是否符合市场需求，以及市场需求的紧迫性和持续性。在市场需求旺盛、趋势明显时上市，可以迅速获得市场认可，提高产品销量。

（2）竞争态势。竞争态势也是影响上市时机选择的重要因素。企业需要关注竞争对手的产品动态、市场策略以及市场反应等信息，评估竞争对手的实力和市场地位。在竞争对手尚未形成强大攻势或市场存在空白点时上市，可以避开激烈的竞争，降低市场风险。

（3）产品特性与成熟度。产品特性和成熟度也是影响上市时机选择的关键因素。企业需要根据产品的技术含量、创新性、实用性以及生产周期等因素综合考虑产品的成熟度。在产品技术成熟、性能稳定、质量可靠时上市，可以确保产品的市场竞争力，提高用户满意度。

（4）企业战略与资源。企业战略和资源也是影响上市时机选择的重要因素。企业需要根据自身的战略目标和资源状况制订上市计划。在资源充足、战略明确时上市，可以确保产品上市后的市场推广和售后服务等工作的顺利进行。

（5）政策法规与行业标准。政策法规和行业标准也是影响上市时机选择的重要因素。企业需要关注相关政策法规和行业标准的制定和实施情况，确保产品符合相关要求。在政策法规和行业标准有利于产品上市时推出产品，可以降低市场风险，提高产品的市场竞争力。

（二）上市时机选择的策略

在明确了影响上市时机选择的因素后，企业需要制定相应的策略来选择合适的上市时机。以下是一些常见的上市时机选择策略。

（1）领先上市策略。领先上市策略是指企业在市场需求尚未形成或竞争对手尚未推出类似产品时抢先上市的策略。这种策略可以迅速占领市场先机，树立品牌形象，提高产品的市场知名度和美誉度。然而，领先上市也伴随着较高的市场风险和不确定性。因此，企业需要具备强大的研发实力和市场洞察力，确保产品能够满足市场需求并具备竞争优势。

（2）跟随上市策略。跟随上市策略是指企业在竞争对手推出类似产品后迅速跟进上市的策略。这种策略可以降低市场风险和市场开发成本,因为竞争对手已经为市场做了大量的宣传和推广工作。然而,跟随上市也可能导致产品陷入同质化竞争,难以形成独特的竞争优势。因此,企业需要在跟随上市的同时注重产品的差异化和创新点挖掘。

（3）错位上市策略。错位上市策略是指企业选择与传统上市季节或竞争对手上市时间不同的时机上市的策略。这种策略可以避开激烈的市场竞争和消费者疲劳期,提高产品的市场关注度和购买意愿。例如,在节假日或特殊事件期间上市产品可以吸引消费者的眼球并增加销量。然而,错位上市也需要企业具备敏锐的市场洞察力和灵活的市场应变能力。

（4）逐步上市策略。逐步上市策略是指企业分阶段、分区域地推出产品的策略。这种策略可以逐步扩大市场份额并降低市场风险。企业可以根据市场需求和竞争态势的变化灵活调整上市计划和市场策略。例如,企业可以先在部分区域或市场进行试点销售并根据市场反馈进行调整和优化后再全面推广。然而,逐步上市也可能导致市场推广周期较长且成本较高。

## 二、市场推广策略制定

市场推广策略是将产品或服务推向市场,实现销售目标并提升品牌知名度的关键环节。一个科学、合理的市场推广策略不仅能够帮助企业迅速打开市场,还能够增强消费者对产品的认知和信任,从而为企业带来持续的经济效益。主要策略如下。

### （一）市场推广策略的制定原则

在制定市场推广策略时,企业需要遵循以下原则。

（1）市场导向原则。以市场需求为导向,紧密关注消费者需求的变化趋势,确保市场推广策略与市场需求保持一致。

（2）差异化原则。在竞争激烈中,企业需要通过差异化的市场推广策略来突出自身产品的独特性和竞争优势,吸引消费者关注。

（3）整合营销原则。将多种营销手段和方法有机结合起来,形成整体合力,提升市场推广效果,包括广告、公关、促销、直销等多种方式。

# 第九章 产品开发(项目)营销策略

(4)成本效益原则。在确保市场推广效果的前提下,合理控制营销成本,追求最大的经济效益。

(5)持续性原则。市场推广不是一蹴而就的,而是需要持续投入和优化的长期工作。企业要建立长效的市场推广机制,不断跟踪市场变化,调整策略方向。

(二)具体市场推广策略

(1)广告策略。广告是市场推广最常见的手段之一。企业可以通过电视、广播、报纸、杂志、网络等多渠道投放广告,提高产品的曝光率和知名度。在制定广告策略时,要考虑以下几个方面:①明确广告的主要目标,如提高品牌知名度或促进产品销售等;②确保广告内容真实、准确、有吸引力,能够突出产品的特点和优势;③根据目标消费群体的特点和习惯选择合适的广告媒介;④合理分配广告预算,确保广告效果最大化。

(2)公关策略。公关策略是通过建立和维护良好的公共关系来提升企业形象和品牌声誉的。主要通过新闻发布、媒体采访、公益活动等方式与公众建立联系,提高品牌的曝光度和美誉度。在制定公关策略时,需要注重以下几个方面:①明确公关的主要目标、目的和期望达到的效果;②确定公关的主要对象,如政府、媒体、消费者等;③策划和组织具有影响力和吸引力的公关活动,增强公众对企业的认知和好感;④建立危机管理机制,加强危机管理,及时应对和处理突发事件,维护企业形象和品牌声誉。

(3)促销策略。促销策略是通过直接刺激消费者购买欲望来实现销售目标的重要手段。可以通过打折、赠品、抽奖等多种方式吸引消费者购买产品。在制定促销策略时,需要考虑以下几个方面:①明确促销的主要目标、目的和预期效果;②选择合适的促销方式,确保促销活动的有效性和吸引力;③根据市场需求和产品销售情况选择合适的促销时机;④做好促销预算,合理控制成本,确保促销效果最大化。

(4)网络营销策略。网络营销已成为市场推广的重要渠道之一。企业可以通过搜索引擎优化(SEO)、社交媒体营销、电子邮件营销等多种方式在网络上推广产品和服务。在制定网络营销策略时,应注重以下几方面:①明确网络营销的主要目标受众及其网络行为特点;②通过高质量的营销内容吸引和留住目标受众的注意力；③利用社交媒体平台与消费者建立互动关系，提升品牌知名度和美誉度；④通过数据分析工具监测网络营销效果，及时调整策略方向。

（5）渠道策略。渠道策略是企业将产品推向市场的重要路径。企业可以通过直营、代理、分销等多种渠道将产品销售给消费者。在制定渠道策略时，企业需要考虑以下几个方面。

①渠道类型。根据产品特性和市场需求选择合适的渠道类型。

②渠道管理。建立有效的渠道管理机制，确保渠道畅通和产品供应充足。

③渠道合作。与渠道商建立长期稳定的合作关系，共同开拓市场。

④渠道优化。根据市场变化和消费者需求调整渠道策略，优化渠道结构。

## （三）市场推广策略的实施

市场推广策略的实施步骤主要如下。

（1）策略细化与规划。企业需要将总体市场推广策略细化为具体的执行方案，包括各项策略的具体目标、任务、责任人、时间表和预算等，确保每个环节都有明确的指导和安排。

（2）资源调配与准备。根据实施计划调配和准备必要的资源，包括人力、财务和物资资源等，确保实施过程中各项资源充足、及时到位，以支持市场推广活动的顺利进行。

（3）团队培训与动员。在实施前，企业需要对相关团队进行培训和动员，提高团队成员的专业素质和执行能力，激发团队成员的积极性和创造力，齐心协力完成推广任务。

（4）试点与推广。全面推广前，可选择部分市场或渠道进行试点，检验市场推广策略的有效性和可行性，及时发现并解决问题。同时，积累经验和教训，为全面推广提供借鉴和参考。试点成功后，逐步扩大推广范围，实现全面覆盖。

（5）执行与监控。市场推广是一个动态的过程，企业需要密切关注市场动态和消费者反馈，及时调整策略方向和执行计划。同时，对各个环节进行监控和评估，及时发现问题和不足，采取针对性措施加以改进和完善。

（6）评估与总结。评估和总结是市场推广策略闭环管理的重要环节，也是企业不断提升营销能力和市场竞争力的重要途径。市场推广结束后，需要对整个活动进行评估和总结，了解实际效果，总结经验和教训，为未来的市场推广提供借鉴和参考。

### 三、产品上市后的市场反馈与调整

在产品成功上市后，企业并不能立即松懈，反而需要更加密切地关注市场动态，及时收集并分析消费者的反馈，以便对产品、营销策略及后续推广计划进行必要的调整。这一过程不仅关乎产品的持续优化与提升，更是企业灵活应对市场变化、保持竞争优势的关键所在。

（一）市场反馈的收集途径

为了全面、准确地收集市场反馈，企业需要拓宽信息收集渠道，构建多元化的信息网络。以下是几种常见的市场反馈收集途径。

（1）客户服务渠道。通过客户服务热线、在线客服、售后服务点等渠道，直接接受消费者的咨询、投诉和建议。

（2）社交媒体与网络平台。利用微博、微信、抖音等社交媒体平台以及电商平台、论坛等网络社区，收集消费者对于产品的评价和讨论。

（3）市场调研与问卷调查。定期进行市场调研和消费者问卷调查，获取消费者对于产品的详细评价和改进建议。

（4）第三方评估机构。聘请专业的第三方评估机构对产品进行评估和测试，获取专业、客观的产品评价和改进建议。

（二）市场反馈的分析方法

收集到市场反馈后，企业需要进行系统、深入的分析，以便提取有价值的信息并制定相应的调整策略。以下是一些常用的市场反馈分析方法。

（1）定量分析。运用统计学方法对收集到的反馈数据进行量化处理，如计算满意度得分、投诉率、好评率等指标，以直观地展示产品的整体表现。

（2）定性分析。对反馈内容进行深度挖掘和归纳整理,提取消费者的核心诉求和关注点,以洞察产品的优势与不足。

（3）SWOT分析。结合市场反馈和内外部环境因素,进行SWOT(优势、劣势、机会、威胁)分析,评估产品的市场竞争力和发展潜力。

（4）因果分析。通过因果关系模型分析市场反馈背后的原因和动机,如价格敏感度高导致销量下滑等,以便从根本上解决问题。

（三）基于市场反馈的产品调整策略

根据市场反馈的分析结果,企业需要制定相应的产品调整策略。以下是一些常见的调整策略。

（1）产品性能优化。针对消费者反映的性能问题,进行技术改进和性能优化,如提升运行速度、增强耐用性等。

（2）产品设计改进。根据消费者的审美和使用习惯,对产品进行外观和结构的优化设计,使其更加符合市场需求。

（3）功能扩展与升级。根据市场反馈中的新功能需求,对产品进行功能扩展和升级,以满足消费者日益增长的需求。

（4）服务体系完善。针对消费者在售前、售中、售后过程中的不满和抱怨,完善服务体系和流程,提升服务质量。

（四）基于市场反馈的营销策略调整

除了产品调整外,企业还需要根据市场反馈对营销策略进行相应的调整。以下是一些常见的营销策略调整方式。

（1）定位调整。根据市场反馈和消费者需求的变化,重新评估产品定位和市场细分策略,以确保产品与目标市场的匹配度。

（2）价格策略调整。根据市场竞争状况和消费者对于价格的敏感度,适时调整产品定价策略,以提高市场竞争力和销售量。

（3）渠道优化。根据市场反馈中的渠道反馈和销售数据,优化渠道布局和合作伙伴选择,提升渠道效率和覆盖范围。

（4）促销活动调整。根据市场反馈中的促销效果和消费者反馈,调整促销活动的形式和力度,以激发消费者的购买欲望。

## 第九章　产品开发（项目）营销策略

（五）市场反馈与调整的持续性与迭代性

市场反馈与调整并不是一次性的工作，而是一个持续不断、循环往复的过程。随着市场环境和消费者需求的不断变化，企业需要始终保持敏锐的市场洞察力和灵活应变的能力，不断调整和优化产品和营销策略。同时，企业还需要建立科学的评估体系和反馈机制，定期对市场反馈和调整效果进行评估和总结，以便不断完善和调整自身的营销策略和产品和市场策略。

（六）反馈机制的建立与优化

为了确保市场反馈的及时性和有效性，企业需要建立一套完善的反馈机制。这包括明确反馈收集的流程、责任人和时间节点，以及建立有效的激励机制，鼓励消费者积极反馈。同时，企业还需要不断优化反馈机制，如通过引入智能客服系统、数据分析工具等现代技术手段，提高反馈处理的效率和准确性。

（七）跨部门协作与资源整合

产品上市后的市场反馈与调整往往涉及多个部门，如研发、生产、销售、客服等。因此，企业需要加强跨部门之间的协作与沟通，确保各部门能够及时共享市场反馈信息，共同制定和调整策略。同时，企业还需要整合内外部资源，如利用合作伙伴的市场渠道、借助第三方机构的专业服务等，以提升市场反馈与调整的效果。

# 第十章 技术创新（项目）营销战略

## 第一节 技术创新营销战略概述

### 一、技术创新营销战略的定义

在当今日新月异的时代，技术创新已成为推动社会进步和经济发展的关键力量。而技术创新营销战略，作为连接技术创新与市场需求的桥梁，其重要性不言而喻。

（一）技术创新营销战略的定义

技术创新营销战略是企业基于技术创新成果，通过市场调研、产品定位、推广策略等一系列营销活动，将新技术、新产品或服务成功推向市场，以实现企业市场目标的过程。这一战略不仅关注技术创新本身，更强调如何将这些创新转化为市场价值，满足消费者需求，进而提升企业的竞争力。

技术创新营销战略包含以下几个关键环节：①对技术创新的准确识别与评估，确保所选技术具有市场潜力和商业价值；②是深入的市场调研，了解目标客户的需求、偏好及购买行为，为产品定位提供依据；③是制定切实可行的营销策略，包括价格策略、渠道策略、促销策略等，以确保技术创新能够顺利进入市场并获得消费者的认可；④是持续的市场反馈收集与策略调整，以应对市场变化，不断优化营销效果。

## 第十章　技术创新（项目）营销战略

### （二）技术创新营销战略的核心要素

技术创新营销战略的成功实施，离不开核心要素的支撑。①技术创新的前沿性。面对快速变化的市场，只有保持技术创新的前沿性，才能确保竞争先机。要求企业不断投入研发，追踪行业动态，把握技术发展趋势，以创新引领市场。②市场需求的精准把握。技术创新必须紧密围绕市场需求展开，确保技术创新的方向与市场需求契合，才能实现市场价值。③营销策略的灵活性。面对复杂多变的市场环境，企业需要灵活多变的营销策略，以适应市场竞争，包括根据市场反馈及时调整产品定价、推广方式等。④组织文化的创新性。技术创新营销战略的实施，需要企业内部形成鼓励创新、容忍失败的文化氛围，才能激发员工的创新热情，推动技术创新与市场营销的深度融合。

### 二、技术创新营销战略制定的基本原则

技术创新营销战略作为企业在市场竞争中获取优势的重要手段，其制定过程必须遵循一系列基本原则，以确保战略的有效性和可持续性。

### （一）市场导向原则

市场导向原则是技术创新营销战略制定的首要原则。这一原则要求企业在制定战略时，必须深入了解市场需求和消费者偏好，以市场需求为导向，确保技术创新和营销活动能够精准对接市场需求。

市场导向原则的实施，需要企业建立高效的市场调研机制。通过问卷调查、访谈、数据分析等方式，收集和分析市场信息，把握市场趋势和消费者需求的变化。同时，企业还应建立与消费者的持续沟通机制，及时获取消费者反馈，以便对技术创新和营销活动进行适时调整。

### （二）技术创新原则

技术创新是技术创新营销战略的核心。企业在制定战略时，必须注

重技术创新的引领和推动作用,通过技术创新来提升产品或服务的附加值,形成竞争优势。

技术创新原则要求企业不断投入研发资源,加强技术研发团队建设,提升企业的自主创新能力。企业应关注行业前沿技术和发展趋势,积极引进和消化吸收先进技术,同时加强内部研发,形成具有自主知识产权的核心技术。

(三)资源整合原则

资源整合是技术创新营销战略制定的重要原则。企业在制定战略时,应充分考虑自身资源的有限性,通过资源整合来优化资源配置,提高资源利用效率。

资源整合包括内部资源整合和外部资源整合两个方面。内部资源整合要求企业优化内部组织结构和流程,提高管理效率,确保各部门之间的协同合作。外部资源整合则要求企业积极寻求与外部合作伙伴的合作,通过联合研发、共享资源、市场拓展等方式,实现资源的互补和共享。

(四)风险可控原则

技术创新和营销活动都伴随着一定的风险,如技术风险、市场风险、财务风险等。在技术创新营销战略制定中,必须充分考虑风险因素,进行全面的风险评估和预测,制定相应的风险应对措施和预案。同时,建立风险监控机制,对战略实施过程的风险进行实时监控和预警,确保战略实施过程的风险可控,确保战略的稳定性和可持续性。

(五)持续迭代原则

技术创新营销战略制定不是一次性的过程,而是一个持续迭代的过程。企业在制定战略时,应充分考虑市场和技术的变化,以及企业自身的发展需求,确保战略能够随着环境和需求的变化而不断调整和优化。

持续迭代原则要求企业建立战略评估和调整机制,定期对战略进行

# 第十章　技术创新（项目）营销战略

评估和调整。根据市场反馈、技术进展和自身发展情况,对战略进行适时调整和优化,确保战略与市场和技术的发展保持同步。同时,还应建立战略执行的监控和反馈机制,对战略执行过程中的问题进行及时发现和纠正,确保战略的有效实施。

（六）协同合作原则

协同合作是技术创新营销战略制定的重要原则。在制定战略时,应充分考虑内部各部门之间的协同合作,以及与外部合作伙伴的协同合作,确保战略的实施能够得到全方位的支持和配合。

内部协同合作要求企业加强内部组织结构和流程的优化,确保各部门之间的信息共享和协同工作。建立跨部门协作机制,加强技术研发、市场营销、生产运营等部门之间的沟通和协作,确保战略实施能够得到各部门的全力支持和配合。

外部协同合作则要求企业积极寻求与外部合作伙伴的合作,包括供应商、客户、科研机构、高校等。通过联合研发、市场拓展、资源共享等方式,实现与外部合作伙伴的协同合作,共同推动技术创新和营销活动的开展。

## 三、技术创新营销战略的制定过程

技术创新营销战略是企业在面对市场变化和技术进步时,为保持或提升竞争优势而制定的一系列长期规划和行动方案。战略的制定并非一蹴而就,而是一个系统、全面且细致的过程。

（一）环境分析：洞察市场与技术趋势

环境分析是技术创新营销战略制定的起点,旨在全面、深入地了解企业所处的外部环境和内部条件,为后续的战略制定提供坚实的基础。环境分析主要包括市场分析和技术分析两个方面。

市场分析关注的是市场需求、竞争态势、消费者行为以及市场趋势等。通过市场调研、竞争对手分析、消费者访谈等手段,收集和分析市场信息,明确目标市场的需求和偏好,以及竞争对手的优势和劣势。这些信息有助于企业确定市场定位,制定针对性的营销策略。

技术分析聚焦于行业技术的发展趋势、新技术的出现、技术成熟度以及技术壁垒等。通过技术文献研究、专利分析、行业会议等方式,了解当前技术的最新进展和未来趋势,评估新技术对企业产品或服务的影响,以及企业自身的技术实力和创新能力。技术分析有助于企业确定技术创新的方向和重点,为产品研发和升级提供指导。

(二)目标设定:明确战略方向与期望成果

在环境分析的基础上,企业需要设定明确的技术创新营销战略目标。这些目标应该既具有挑战性又可实现,同时与企业的总体战略和长远规划保持一致。

技术创新营销战略的目标通常包括市场份额、销售额、品牌知名度、客户满意度、技术创新能力等多个方面。企业需要根据自身实际情况和市场环境,设定具体、量化的目标,如提高市场份额5%、实现销售额增长10%、提升品牌知名度至行业前三等。这些目标将作为后续策略选择和资源配置的依据,引导企业朝着既定的方向努力。

(三)策略选择:制定营销与技术创新方案

策略选择是技术创新营销战略制定的核心环节。企业需要根据环境分析和目标设定,制定具体的营销策略和技术创新方案。

营销策略方面,需要考虑产品定价、推广渠道、促销活动、客户服务等多个方面。例如,针对高端市场,可以采取高价策略,并通过高端媒体和社交平台进行宣传推广;针对大众市场,则可以采取低价策略,并通过电视广告、网络营销等方式提高品牌知名度。同时,企业还需要关注客户服务的提升,通过优质的售后服务和客户关系管理,增强客户的忠诚度和满意度。

技术创新方案方面,需要明确技术创新的方向和重点,制定具体的研发计划和时间表。例如,针对现有产品进行技术升级,提高产品的性能和品质;或者开发新产品,满足市场的新需求。同时,企业还需要关注技术创新的保护和利用,通过专利申请、技术保密等手段,保护企业的技术成果和知识产权。

（四）资源配置：确保战略实施的资源支持

资源配置是技术创新营销战略实施的重要保障。根据策略选择，合理分配和调配资源，确保战略的实施得到充分的支持。

资源配置主要包括人力资源、财务资源、物质资源等。人力资源方面，需要组建专业的营销和技术团队，提供必要的培训和支持，确保团队成员具备实施战略所需的知识和技能。财务资源方面，需要制订详细的预算计划，确保营销和技术创新活动的资金需求得到满足。物质资源方面，需要提供必要的设备、设施和材料，支持产品的研发、生产和推广。

在资源配置过程中，企业还需要关注资源的优化和整合。通过内部资源的合理调配和外部资源的有效整合，提高资源的利用效率和效益，降低战略实施的成本和风险。

（五）实施计划：制订详细的行动方案与时间表

实施计划是技术创新营销战略从理论走向实践的关键步骤。企业需要根据策略选择和资源配置，制订详细的行动方案和时间表，确保战略的实施有序进行。

实施计划包括具体的行动步骤、责任人、时间节点和预期成果等。例如，针对营销策略的实施，可以制订详细的推广计划，包括推广渠道的选择、推广内容的制作、推广时间的安排等；针对技术创新方案的实施，可以制订详细的研发计划，包括研发团队的组建、研发任务的分配、研发进度的监控等。

由于市场环境和技术发展的不确定性，实施计划可能需要根据实际情况进行调整和优化。因此，需要建立灵活的计划调整机制，及时应对市场和技术的变化，确保战略实施始终与企业的目标和期望保持一致。

（六）监控与评估：确保战略实施的有效性与效率

监控与评估是技术创新营销战略制定过程的最后一环，也是确保战略实施有效性和效率的重要手段。企业需要通过监控和评估,及时了解战略实施的进展和效果,发现问题和不足,为后续的改进和优化提供依据。

监控方面,需要建立完善的监控机制,对战略实施的各个环节进行监控和跟踪。例如,通过市场调研、客户反馈、销售数据等方式,了解营销策略的实施效果;通过研发进度报告、技术测试等方式,了解技术创新方案的进展和成果。

评估方面,需要定期对战略实施的效果进行评估和总结。评估内容包括市场份额、销售额、品牌知名度、客户满意度、技术创新能力等。通过评估,可以了解战略实施的整体效果和实施情况,发现问题和不足,为决策提供参考,为改进和优化提供依据。

## 第二节　技术创新营销战略制定

### 一、差异化战略

在技术创新营销战略的制定中,差异化战略占据举足轻重的地位。差异化战略的核心思想是通过技术创新,使企业的产品或服务在市场中具有独特性,从而满足消费者的特定需求,形成竞争优势。

(一)差异化战略的内涵

差异化战略强调企业应在产品或服务的设计、功能、品质、品牌形象、客户服务等方面,创造出与竞争对手显著不同的特点,以吸引消费者的注意并满足其特定需求。这种独特性可以来源于技术创新、工艺改进、材料选择、设计创新等多个方面。通过差异化,企业能够在激烈的市场竞争中脱颖而出,形成独特的品牌形象和市场地位。

差异化战略的成功实施,要求企业具备敏锐的市场洞察力、强大的技术创新能力以及灵活的营销策略。企业需要密切关注市场动态和消费者需求的变化,及时调整产品和服务,以保持与市场的同步。同时,要加强技术研发和创新能力,不断推出具有创新性和实用性的新产品,满

第十章　技术创新（项目）营销战略

足消费者的新需求。

（二）实施差异化战略的步骤

实施差异化战略需要企业遵循一定的步骤和流程，以确保战略的有效性和可持续性。基本的实施步骤如下。

（1）市场细分与定位。对市场进行细分，明确目标消费群体和需求特点。通过市场调研和数据分析，了解不同消费群体的需求差异和偏好，为差异化策略制定提供依据。在市场细分的基础上，进行市场定位，明确自己在市场中的位置和竞争优势。

（2）识别差异化机会。在市场细分和定位后，要识别出潜在的差异化机会。通过分析竞争对手的产品和服务、消费者的需求和痛点、行业技术的发展趋势等来实现。企业寻找那些能够满足消费者特定需求且竞争对手尚未涉足或涉足不深的领域，作为差异化的突破口。

（3）制定差异化策略。在识别差异化机会后，企业需要制定具体的差异化策略。包括产品设计、功能设置、品质控制、品牌形象塑造、客户服务等多方面。确保这些策略能够真正满足消费者的需求，与竞争对手形成显著的差异。

（4）实施与监控。制定差异化策略后，企业需要付诸实施。包括产品研发、生产、推广、销售等多个环节。实施中，需要密切关注市场动态和消费者反馈，及时调整策略，以确保战略的有效实施；建立监控机制，对差异化战略的实施效果进行定期评估，以便及时发现问题并进行改进。

（三）差异化战略的关键要素

差异化战略的成功实施，需要企业关注以下几个关键要素。
（1）技术创新。技术创新是差异化战略的核心驱动力。企业要不断加强技术研发和创新，推出创新性和实用性的新产品，满足消费者的新需求。技术创新体现在产品设计、功能设置、材料选择等多方面，为消费者带来全新体验。
（2）品质控制。品质是差异化战略的重要支撑。企业要建立严格的品质控制体系，确保产品和服务的质量稳定可靠。高品质的产品和服务能够赢得消费者的信任和忠诚,为企业的差异化战略提供有力保障。

(3)品牌形象。品牌形象是差异化战略的重要组成部分。企业要塑造独特的品牌形象,区别于竞争对手。独特的品牌形象能够增强消费者对企业的认知和记忆,提高企业的市场知名度。

(4)客户服务。客户服务是差异化战略的重要环节。企业要提供优质的客户服务,以满足消费者的需求和期望。优质的客户服务能够增强消费者的满意度和忠诚度,为企业的差异化战略提供有力支持。

(四)通过技术创新实现有效的差异化

技术创新是实现有效差异化的关键途径。通过技术创新,企业可以开发出具有独特性和创新性的产品和服务,满足消费者的特定需求,从而形成竞争优势。

(1)研发新产品。投入研发资源,开发出具有创新性和实用性的新产品。新产品具有独特的功能、设计或品质,以满足消费者的新需求。可以保持与市场的同步,并吸引消费者的关注。

(2)改进现有产品。可以对现有产品进行改进和优化。通过技术创新提升产品的性能、品质或用户体验,满足消费者的更高需求。提高消费者的满意度和忠诚度,延长产品的生命周期,为企业带来更多的市场机会。

(3)采用新技术。根据行业技术的发展趋势,及时采用新技术来提升自己的产品和服务。新技术可以带来更高的生产效率、更好的产品品质或更优质的服务体验。在市场中保持领先地位,并形成技术壁垒,防止竞争对手的模仿和追赶。

(4)建立创新文化。建立创新的文化氛围,鼓励员工提出创新想法和建议,激发员工的创造力和创新精神,为差异化战略提供源源不断的动力。可以通过设立创新基金、举办创新大赛、建立创新团队等方式来实现。

总之,差异化战略是技术创新营销战略制定中的重要组成部分。通过实施差异化战略,企业可以在市场中形成独特的竞争优势,满足消费者的特定需求,并实现可持续发展。

## 二、低成本战略

（一）低成本战略的内涵与意义

低成本战略就是企业通过一系列的管理和技术手段，降低生产、运营、销售等各个环节的成本，以低于竞争对手的价格提供相同或类似的产品或服务。战略核心在于效率，即通过提高生产效率、优化资源配置、减少浪费等方式，实现成本最小化。低成本战略的意义在于使企业在市场竞争中占据有利地位，通过价格优势吸引消费者，扩大市场份额，提高盈利能力。

实施低成本战略需要企业具备敏锐的市场洞察力、先进的管理理念和强大的技术创新能力。企业需要密切关注市场动态和消费者需求的变化，及时调整生产策略和销售策略，以保持与市场的同步。同时，企业还需要加强内部管理，优化生产流程，提高生产效率，降低成本。此外，技术创新也是实施低成本战略的重要手段，通过引进新技术、新工艺、新设备等方式，企业可以进一步提高生产效率，降低生产成本。

（二）低成本战略的实施步骤

实施低成本战略需要企业遵循一定的步骤和流程，以确保战略的有效性和可持续性。以下是一个基本的实施步骤。

（1）成本分析与预算制定。首先，对现有成本结构进行全面分析，明确各项成本来源和构成。包括原材料成本、人工成本、运营成本、销售成本等。通过成本分析，了解成本的主要来源和可控点，为后续成本控制提供依据。其次，企业还需要根据市场情况和自身实力，制定合理的预算，确保低成本战略的实施有足够的资金支持。

（2）流程优化与效率提升。在了解成本结构后，需要优化生产流程和运营流程，提高生产效率。通过引进先进的生产设备、优化生产布局、改进生产工艺等方式实现。企业需要加强内部管理，提高员工的工作效率和协作能力，减少浪费和损耗。通过流程优化和效率提升，企业可以有效降低生产成本和运营成本，为低成本战略的实施奠定基础。

（3）技术创新与材料替代。技术创新是实施低成本战略的重要手段之一。企业可以关注行业技术的发展趋势，及时引进新技术、新工艺、新设备等方式，提高生产效率和质量。同时，企业还可以寻找替代材料或更经济的材料来源，以降低原材料成本。通过技术创新和材料替代，企业可以进一步降低成本，提高竞争力。

（4）供应链管理与采购优化。供应链管理是实施低成本战略的关键环节之一。企业需要与供应商建立长期稳定的合作关系，确保原材料的质量和供应的稳定性。同时，企业还需要优化采购策略，降低采购成本。这可以通过集中采购、批量采购、招标采购等方式实现。通过供应链管理和采购优化，企业可以有效控制原材料成本，提高整体效益。

（5）市场营销与销售策略。在实施低成本战略的过程中，企业还需要关注市场营销和销售策略的制定。企业需要制定合理的产品定价策略，确保产品价格具有竞争力。同时，企业还需要加强销售渠道的建设和管理，提高销售效率。通过市场营销和销售策略的制定，企业可以将低成本战略的优势转化为市场竞争的优势，实现更大的市场份额和利润。

（三）低成本战略的关键要素

低成本战略的成功实施，需要企业关注以下几个关键要素。

（1）成本控制能力。成本控制能力是实施低成本战略的基础。企业需要具备强大的成本控制能力，能够对各项成本进行有效的监控和管理。这包括原材料成本、人工成本、运营成本、销售成本等各个方面。通过成本控制，企业可以确保低成本战略的实施不会损害产品的质量和服务的质量，同时保持价格优势。

（2）技术创新能力。技术创新能力是实施低成本战略的重要手段。企业需要关注行业技术的发展趋势，及时引进新技术、新工艺、新设备等方式，提高生产效率和质量。同时，企业还需要加强自主研发能力，开发出具有自主知识产权的新产品或新技术，以进一步提升竞争力。

（3）供应链管理能力。供应链管理能力是实施低成本战略的关键环节。企业需要与供应商建立长期稳定的合作关系，确保原材料的质量和供应的稳定性。同时，企业还需要优化供应链管理流程，提高供应链的效率和响应速度。通过供应链管理，企业可以有效控制原材料成本，提高整体效益。

## 第十章　技术创新（项目）营销战略

（4）市场营销能力。市场营销能力是实施低成本战略的重要保障。企业需要制定合理的产品定价策略，确保产品价格具有竞争力。同时，企业还需要加大品牌建设和市场推广力度，提高产品的知名度和美誉度。通过市场营销能力的提升，企业可以将低成本战略的优势转化为市场竞争的优势。

（四）低成本战略面临的挑战与应对

尽管低成本战略具有诸多优势，但企业在实施过程中也面临着一些挑战。以下是一些主要的挑战及应对策略。

（1）质量风险。在追求低成本的过程中，企业可能会面临质量风险。为了降低成本，企业可能会采用低质量的原材料或降低生产工艺的标准，从而导致产品质量下降。为了应对这一挑战，企业需要坚持质量第一的原则，确保在降低成本的同时不损害产品的质量。同时，企业还需要加大质量监控和检测力度，确保产品的质量符合标准和消费者的期望。

（2）技术创新压力。随着科技的不断进步和市场的不断变化，企业需要不断引进新技术、新工艺、新设备等方式来保持竞争优势。然而，技术创新需要投入大量的资金和人力成本，这可能会给企业带来一定的压力。为了应对这一挑战，企业需要加强自主研发能力，提高技术创新的效率和效果。同时，企业还可以与科研机构、高校等合作，共同开展技术研发和创新活动。

（3）供应链风险。供应链是实施低成本战略的重要环节之一，但供应链也存在着一定的风险。例如，供应商可能会出现质量问题、交货延迟等问题，从而影响企业的生产和销售。为了应对这一挑战，企业需要加强与供应商的合作和沟通，建立稳定的合作关系。同时，企业还需要建立多元化的供应链体系，降低对单一供应商的依赖风险。

（4）市场竞争压力。在市场竞争中，企业可能会面临来自竞争对手的压力。竞争对手可能会采取相似的低成本战略来争夺市场份额和利润。为了应对这一挑战，企业需要不断加强自身的成本控制能力和技术创新能力，保持竞争优势。同时，企业还需要关注市场动态和消费者需求的变化，及时调整策略以满足市场的需求和期望。

### 三、扩张战略

#### （一）扩张战略的内涵与目标

扩张战略就是企业通过一系列的策略和手段，实现业务规模、市场份额、产品线的扩大和技术能力的提升。其核心在于增长，即通过不断地扩张，推动企业实现持续发展。其目标包括：增加市场份额，提高品牌知名度；拓展新产品线，满足更多消费者需求；进入新市场，开辟新的增长点；采用新技术，提升生产效率和产品质量。

实施扩张战略需要企业具备敏锐的市场洞察力、强大的技术创新能力和稳健的财务管理能力。企业需要密切关注市场动态和消费者需求的变化，及时调整产品策略和市场策略，以保持与市场的同步；加强技术创新和研发投入，不断提升产品的技术含量和附加值；稳健的财务管理能力也是实施扩张战略的重要保障，企业需要合理安排资金，确保扩张战略的顺利实施。

#### （二）市场扩张策略

市场扩张旨在通过增加市场份额和提高品牌知名度，推动企业实现增长。市场扩张策略包括以下几种。

（1）地域扩张。地域扩张指通过进入新的地理区域，扩大销售范围和市场份额。可以通过开设新的销售网点、建立分销渠道、与当地合作伙伴合作等方式实现。地域扩张需要对新市场进行深入的调研和分析，了解当地的市场环境、竞争态势和消费者需求，以确保扩张的成功。

（2）产品线扩张。产品线扩张指通过增加新产品或改进现有产品，满足更多消费者的需求。可以通过研发新产品、推出新产品系列、升级现有产品等方式实现。产品线扩张需要具备强大的研发能力和市场洞察力，以确保新产品的市场竞争力和盈利能力。

（3）品牌扩张。品牌扩张指通过提升品牌知名度和美誉度，吸引更多消费者关注和购买。通过加强品牌宣传、开展品牌推广活动、提升产

# 第十章　技术创新（项目）营销战略

品质量和服务水平等方式实现。品牌扩张要注重品牌建设和维护,确保品牌形象的积极性。

（三）新产品与新市场开发

新产品与新市场开发是扩张战略的重要方向,旨在通过拓展新的产品线和进入新的市场,为企业开辟新的增长点。在新产品开发方面,企业需要关注市场动态和消费者需求的变化,及时调整产品策略,研发出具有市场竞争力和盈利能力的新产品。同时,需要强化技术创新和研发投入,提升产品的技术含量和附加值。

在新市场开发方面,企业需要对新市场进行深入的调研和分析,了解当地的市场环境、竞争态势和消费者需求,包括研究当地的市场规模、增长趋势、竞争格局、消费者偏好等方面。通过深入了解新市场,可以制定更加精准的市场策略和产品策略,提高市场进入的成功率。同时,要关注新市场的法律法规和文化差异,确保合规经营和尊重当地文化。

（四）技术创新与扩张

技术创新是推动企业扩张的重要动力。通过引进新技术、新工艺和新设备,企业可以提高生产效率、降低生产成本、提升产品质量和附加值。技术创新还可以帮助企业开发新产品、拓展新市场,满足更多消费者的需求。因此,企业需要加强技术创新和研发投入,不断提升自身的技术实力和创新能力。

在技术创新方面,企业需要关注行业技术的发展趋势和竞争态势,及时引进新技术和新工艺,提高生产效率和产品质量。同时,企业还需要加强自主研发能力,开发出具有自主知识产权的新产品和新技术,以提升自身的核心竞争力。此外,企业还可以与科研机构、高校等合作,共同开展技术研发和创新活动,推动技术创新和产业升级。

（五）扩张战略的风险与挑战

尽管扩张战略具有诸多优势,但在实施过程中面临一些风险和挑战。

（1）市场风险。可能面临市场需求不足、竞争加剧等风险。在进入新市场或推出新产品时，企业要充分了解市场需求和竞争态势，制定合理的市场策略和产品策略。加强市场调研和预测能力，及时调整策略以应对市场的变化。

（2）技术风险。技术创新和新产品开发可能面临技术难题和研发失败的风险。企业需要加强技术研发和创新能力，提高技术水平和研发效率。还要建立完善的技术管理制度和流程，确保技术创新的顺利进行。

（3）财务风险。扩张战略需要大量的资金投入，可能给企业带来财务风险。企业要合理安排资金，确保扩张战略的顺利实施。同时，要加强财务管理和风险控制能力，降低财务风险对企业的影响。

（4）管理风险。随着企业规模的扩大和业务的拓展，管理难度和复杂性也会增加。企业需要加强内部管理和组织能力，提高管理效率和协同能力。同时，建立完善的管理制度和流程，确保企业稳健运营和持续发展。

**四、收缩战略**

**（一）收缩战略的内涵与意义**

收缩战略是指企业在面临市场环境恶化、行业竞争加剧、资源紧张或内部运营效率低下等不利情况下，通过主动调整业务结构、缩减规模、优化资源配置等手段，以降低运营成本、提高经营效率、保持财务稳健，进而在逆境中求得生存与发展的一种战略选择。收缩战略并非企业的最终目标，而是一种过渡性策略，旨在为企业调整方向、整合资源、积蓄力量，以便在未来更好地抓住市场机遇，实现再次扩张和发展。

实施收缩战略的意义在于：一是可以帮助企业缓解短期财务压力，避免陷入更严重的财务危机；二是通过优化资源配置，提高运营效率，为企业的长期发展奠定基础；三是通过剥离非核心资产或业务单元，集中资源于核心竞争力和市场优势领域，增强企业的市场竞争力；四是在市场低迷或行业调整期，为企业创造新的发展机遇，实现战略转型或业务重组。

## 第十章 技术创新（项目）营销战略

（二）收缩战略的类型

收缩战略根据实施方式和目的的不同，可以分为以下几种类型。

（1）业务剥离。指企业将非核心资产、低效业务或与公司整体战略不符的业务单元进行出售或关闭。通过业务剥离，企业可以迅速回笼资金，减轻财务负担，同时集中资源于核心业务领域。

（2）市场撤退。指企业在某个市场或市场细分中主动退出，以减少在该市场的竞争投入和运营成本。市场撤退通常发生在市场需求萎缩、竞争激烈或企业在该市场缺乏竞争优势的情况下。

（3）资产缩减。指企业通过减少固定资产投入、降低库存水平、优化生产流程等方式，减少不必要的资本占用和运营成本。资产缩减有助于提高企业资产周转率，改善财务状况。

（4）组织重构。指企业通过调整组织架构、精简人员、优化流程等方式，提高组织效率和响应速度。组织重构有助于降低企业管理成本，提升内部运营效率。

（三）收缩战略的实施步骤

实施收缩战略需要企业有明确的规划和步骤，以确保战略的有效执行和目标的顺利实现。以下是一个基本的实施步骤。

（1）战略评估与决策。首先，企业需要对当前的市场环境、内部运营状况和未来发展趋势进行全面评估，明确收缩战略的必要性和可行性。其次，企业高层应就收缩战略的具体目标、实施方式和时间表等关键问题进行决策。

（2）业务与资产分析。企业需要对其所有业务和资产进行全面梳理和分析，识别出非核心资产、低效业务或与市场战略不符的业务单元。通过SWOT分析等方法，评估这些业务和资产的优势、劣势、机会和威胁，为后续的战略实施提供依据。

（3）方案制订与审批。根据业务与资产分析的结果，企业需要制订详细的收缩战略实施方案。方案应包括业务剥离的具体对象、剥离方式、预期收益、时间表等关键要素。方案制订完成后，需提交企业高层审批，并根据反馈意见进行修订和完善。

（4）沟通与协商。在实施收缩战略过程中，企业需要与相关利益方（如员工、客户、供应商、投资者等）进行充分沟通和协商。通过透明化的信息传递和利益平衡机制，减少战略实施的阻力和不确定性。

（5）执行与监控。在方案获得批准后，企业需要按照既定计划开始执行收缩战略。在执行过程中，企业应建立有效的监控机制，对战略实施的进度、效果和风险进行实时监控和评估。一旦发现偏离预定目标或出现潜在风险，应及时采取措施进行调整和优化。

（6）总结与反馈。收缩战略实施完成后，企业应对整个战略实施过程进行总结和反馈。通过收集和分析相关数据和信息，评估战略实施的效果和成果，总结经验教训，并为未来的战略制定提供参考和借鉴。

（四）收缩战略的关键要素

成功实施收缩战略需要企业关注以下几个关键要素。

（1）明确目标与定位。企业应在实施收缩战略前明确其目标和定位。这包括确定战略实施的预期成果、核心业务领域和未来发展方向等。明确的目标和定位有助于企业集中资源、优化资源配置，提高战略实施的效果和成功率。

（2）精准识别与评估。企业应对其业务和资产进行精准识别和评估。通过详细的数据分析和市场调研，识别出非核心资产、低效业务或与市场战略不符的业务单元。同时，对这些业务和资产的价值、潜在买家或合作伙伴的意愿等进行全面评估，为后续的剥离或重组工作提供依据。

（3）有效沟通与协商。在实施收缩战略过程中，企业应注重与相关利益方的沟通与协商。通过透明化的信息传递和利益平衡机制，减少战略实施的阻力和不确定性。同时，积极听取各方意见和建议，及时调整战略实施方案以适应市场需求和内部运营状况的变化。

（4）资源优化配置。收缩战略的核心在于资源优化配置。企业应在实施战略过程中不断优化资源配置方式和方法，确保资源的高效利用和价值最大化。这包括提高资产周转率、降低运营成本、增强核心业务领域的竞争力等方面。

（5）风险控制与应对。在实施收缩战略过程中存在一定的风险和挑战。企业应建立完善的风险控制和应对机制以应对潜在的风险和挑

# 第十章　技术创新（项目）营销战略

战。通过制订详细的风险评估和控制计划、建立风险预警和应对机制等方式降低风险对企业运营的影响和损失。

（五）收缩战略面临的挑战与应对策略

尽管收缩战略在企业面临困境时具有一定的积极意义和作用，但在实施过程中也面临着诸多挑战和困难。以下是一些主要的挑战及应对策略。

（1）员工安置与激励问题。收缩战略的实施往往伴随着人员调整和组织重构等工作。员工安置与激励问题成为企业面临的重要挑战之一。为解决这一问题，企业可以采取多种措施如提供职业发展规划、提供培训机会、优化薪酬福利体系等以提高员工的归属感和忠诚度。同时加强与员工的沟通和协商以减少不必要的抵触情绪和影响。

（2）客户关系维护与市场影响。收缩战略的实施可能对客户关系和市场形象产生一定影响。为维护客户关系和市场形象，企业可以采取多种措施如加强与客户的沟通和互动、提供个性化的产品和服务以满足客户需求。同时，加大品牌建设和市场推广力度以提高市场认知度和美誉度。

（3）资产估值与剥离难度。在实施业务剥离等收缩战略时，企业面临着资产估值和剥离难度等问题。为解决这些问题，企业可以聘请专业的评估机构对资产进行准确估值。同时，积极寻找合适的买家或合作伙伴以确保资产成功剥离并获得合理回报。

（4）法律合规与税务处理。在实施收缩战略过程中涉及多个法律合规和税务处理问题如合同解除、知识产权保护、税务筹划等方面问题复杂且敏感。为确保合法合规运营并降低税务风险，企业应聘请专业律师和税务顾问提供咨询和支持以确保战略实施过程中的法律合规性和税务合理性。

### 五、技术创新合作与联盟战略

（一）技术创新合作与联盟战略的内涵

技术创新合作与联盟战略是指企业为了加快技术创新步伐、降低研发成本、分散创新风险、拓展市场份额等目的，与其他企业、科研机构、高校等建立长期或短期的合作伙伴关系，共同进行技术研发、产品开发和市场推广的一种战略选择。其战略核心在于通过资源整合与优势互补，形成协同创新体系，加速科技成果的转化与应用。

技术创新合作与联盟的形式多样，可以是战略联盟、技术合作、合资企业、产学研合作等。不同形式的合作与联盟，具有不同的特点与优势，企业应根据自身需求与合作伙伴的实际情况，选择最适合的合作模式。

（二）技术创新合作与联盟的动因

企业选择技术创新合作与联盟的动因复杂多样，包括以下几个方面。
（1）资源共享与优势互补。不同企业在技术、人才、资金、市场等方面具有各自的优势与劣势。通过合作与联盟，企业可以实现资源共享，优势互补，从而提升整体创新能力和市场竞争力。
（2）降低研发成本与风险。技术创新往往伴随着高昂的研发成本和巨大的市场风险。通过合作与联盟，企业可以分散研发成本，共享研发成果，降低单一企业的创新风险。
（3）加速技术创新进程。在激烈的市场竞争中，技术创新的速度至关重要。合作与联盟可以集合多方智慧和资源，加速技术难题的攻克和新产品的推出。
（4）拓展市场与渠道。合作与联盟有助于企业拓展市场渠道，共同开拓新市场，实现市场份额的快速增长。
（5）政策引导与支持。政府为鼓励企业技术创新，往往会出台一系列政策措施，支持企业之间的合作与联盟。

# 第十章 技术创新（项目）营销战略

## （三）技术创新合作与联盟的模式

技术创新合作与联盟的模式多种多样，根据合作主体、合作内容和合作方式的不同，可以分为以下几种主要模式。

（1）战略联盟。企业之间基于共同战略目标建立的长期合作关系。战略联盟通常涉及技术共享、市场开发、品牌建设等多个方面，有助于提升整体竞争力和市场地位。

（2）技术合作。企业之间围绕特定技术或产品进行的技术交流与合作。技术合作可以针对某一技术难题进行联合攻关，也可以通过许可协议、技术转移等方式实现技术成果的共享。

（3）合资企业。由两个或多个企业共同出资设立的新企业，专注于某一领域的技术研发或产品开发。合资企业有助于集合各方资源，实现风险共担和利益共享。

（4）产学研合作。企业与科研机构、高校之间的合作。产学研合作能够充分利用科研机构和高校的研发能力和人才资源，加速科技成果的转化与应用。

（5）产业链合作。产业链上下游企业之间的合作。产业链合作有助于优化资源配置，提高整体运营效率，增强产业链的竞争力。

## （四）技术创新合作与联盟的管理要点

技术创新合作与联盟的成功实施，离不开科学的管理与协调。以下是技术创新合作与联盟管理的一些关键要点。

（1）明确合作目标。合作双方或多方应明确合作目标，确保各方利益一致，避免后期出现分歧与冲突。

（2）选择合适的合作伙伴。企业应根据自身需求和战略目标，选择合适的合作伙伴。合作伙伴的选择应综合考虑技术实力、市场地位、企业文化等多方面因素。

（3）制定详细的合作协议。合作协议应明确合作内容、合作方式、权益分配、风险承担等关键条款，确保合作过程的有序进行。

（4）建立有效的沟通机制。合作各方应建立定期的沟通机制，及时分享信息、解决问题，确保合作项目的顺利推进。

（5）加强知识产权管理。技术创新合作与联盟过程中,知识产权的归属与保护尤为重要。合作各方应明确知识产权的归属权,制定合理的知识产权保护策略。

（6）实施风险管理。合作过程中可能面临技术风险、市场风险、合作风险等多种风险。企业应建立完善的风险管理机制,提前识别并应对潜在风险。

（7）强化绩效评估与激励。合作各方应建立绩效评估体系,对合作成果进行定期评估,并根据评估结果给予相应的激励措施,确保合作项目的持续动力。

# 第三节　技术创新营销战略实施与评估

## 一、营销战略实施计划制订

### （一）明确战略目标与愿景

（1）战略目标的设定。技术创新营销战略实施计划的首要任务是明确战略目标。这些目标应与企业总体战略紧密相联,既可实现又具有挑战性。具体来说,战略目标可以包括市场份额的提升、新产品的成功上市、品牌知名度的提高、客户满意度的增强以及技术创新能力的持续提升等。企业应结合市场需求、竞争态势以及自身资源条件,设定具体、量化的目标,如在未来三年内将市场份额提升至××%,新产品销售额占总销售额的比例达到××%等。

（2）愿景的阐述。除了具体的战略目标外,企业还应清晰地阐述技术创新营销战略的愿景。愿景是对企业未来发展方向的描绘,是激励全体员工共同努力的精神支柱。企业应通过愿景的阐述,向内外部利益相关者传达企业对于技术创新的坚定信念和对于市场未来的美好预期,从而增强团队的凝聚力和外部投资者的信心。

## 第十章 技术创新（项目）营销战略

### （二）策略细化与分解

（1）市场营销策略的细化。在制订技术创新营销战略实施计划时，企业需要对市场营销策略进行细化，包括产品定价策略、渠道策略、促销策略以及品牌建设等方面。具体而言，企业应根据目标市场的特点和消费者的需求，制订差异化的定价方案，确保产品价格既能覆盖成本又能实现盈利；选择适合自身产品和目标市场的销售渠道，包括线上渠道和线下渠道的结合；设计具有吸引力的促销活动，提高消费者的购买意愿；加强品牌建设，提升品牌知名度和美誉度。

（2）技术创新策略的分解。技术创新是技术创新营销战略的核心。在制订、实施计划时，企业需要对技术创新策略进行分解，明确技术研发的重点方向、研发周期、预期成果以及关键里程碑。企业应根据市场需求和行业发展趋势，确定技术研发的优先级，确保资源能够向关键领域倾斜。同时，企业应建立技术研发团队，明确团队成员的职责和任务，确保技术研发工作的顺利进行。

### （三）资源配置与优化

（1）人力资源配置。人力资源是企业技术创新营销战略实施的重要保障。在制订实施计划时，企业需要根据战略目标和技术创新策略的要求，合理配置人力资源。具体而言，企业应组建专业的技术研发团队和市场营销团队，确保团队成员具备相应的专业能力和素质。同时，企业应注重人才的培养和引进，为团队成员提供持续的职业发展机会和培训资源，激发团队成员的创新潜能和工作热情。

（2）财务资源规划。技术创新营销战略的实施需要大量的财务支持。在制订实施计划时，企业应对财务资源进行合理规划。具体而言，企业应编制详细的财务预算，明确技术研发、市场营销、品牌建设等各个环节的资金需求和时间节点。同时，企业应建立严格的财务审批和监控机制，确保资金使用的合规性和有效性。此外，企业还应积极拓展融资渠道，为技术创新营销战略的实施提供充足的资金支持。

（3）物质资源调配。物质资源是企业技术创新和市场营销活动的基础。在制订实施计划时,企业应根据实际需求调配物质资源。这包括研发设备、生产设施、营销物料等方面的资源。企业应确保物质资源的充足性和先进性,以满足技术创新和市场营销活动的需要。同时,企业应建立科学的物质资源管理制度,提高资源利用效率和管理水平。

(四)时间表与里程碑设定

(1)时间表的编制。技术创新营销战略实施计划需要明确的时间表来指导各项工作的推进。在设定时间表时,企业应充分考虑技术研发周期、产品上市准备时间、市场营销活动周期等因素,合理安排各项工作的开始时间和完成时间。时间表应具体、详细且具有可操作性,以便团队成员能够清晰地了解自己的工作进度和完成情况。

(2)里程碑的设置。里程碑是技术创新营销战略实施过程中的关键节点。在制订实施计划时,企业应设置明确的里程碑来评估战略实施的进展和效果。里程碑可以包括技术研发的关键突破、新产品的试产成功、市场营销活动的成功举办等。通过设置里程碑,企业可以及时发现问题并调整策略方向,确保战略实施的顺利进行。

(五)监控与评估机制建立

(1)监控机制的构建。技术创新营销战略实施计划的成功离不开有效的监控机制。企业应建立全面的监控体系,对技术研发、市场营销、品牌建设等各个环节进行实时监控。监控机制应包括定期报告制度、数据分析平台、风险预警系统等组成部分。通过实时监控和数据分析,企业可以及时了解战略实施的进展和效果,为决策提供支持。

(2)评估体系的完善。评估是技术创新营销战略实施的重要环节。企业应建立完善的评估体系,对战略实施的效果进行全面、客观地评估。评估内容可以包括市场份额的变化、新产品销售情况、品牌知名度的提升程度、客户满意度调查结果等。企业应定期进行评估工作,及时总结经验教训并调整策略方向。同时,企业还应建立评估结果的反馈机制,确保评估结果能够得到有效利用并转化为实际行动。

## 第十章　技术创新（项目）营销战略

（六）跨部门协作与沟通机制

（1）跨部门协作的重要性。技术创新营销战略的实施涉及多个部门的工作协同。为了确保战略实施的顺利进行，企业需要建立高效的跨部门协作机制。这包括明确各部门的职责和任务分工、建立跨部门沟通渠道、制定协同工作流程等方面。通过跨部门协作机制的建立和实施，企业可以打破部门壁垒和信息孤岛现象的发生，提高整体工作效率和协同作战能力。

（2）沟通机制的完善。沟通是跨部门协作的基础。为了确保各部门之间的顺畅沟通和信息共享机制的建立至关重要。企业应完善内部沟通渠道和方式，确保信息的及时传递和反馈。具体而言，企业可以建立定期会议制度、信息共享平台、即时通信工具等多种沟通方式相结合的综合沟通体系；同时加强对员工沟通技能的培训和指导；鼓励员工积极提出意见和建议；形成良好的沟通氛围和文化。

（七）风险管理与应对预案制定

（1）风险识别与评估。技术创新营销战略实施过程中存在着各种潜在风险。为了确保战略实施的顺利进行和降低风险损失程度，企业需要进行全面的风险识别和评估工作。具体而言：企业可以通过 SWOT 分析（优势、劣势、机会、威胁）等方法识别出可能存在的风险因素；利用概率影响矩阵等工具对风险因素进行量化评估；确定其可能发生的概率和影响程度；进而为制定针对性的风险应对措施提供依据。

（2）应对预案的制订。针对识别出的风险因素和潜在威胁，企业应制定相应的应对预案以减少风险发生的可能性或降低风险造成的损失程度。应对预案应包括具体的应对措施、责任部门及人员分工、资源调配方案等内容，并明确应对措施的执行条件和触发机制，以确保在风险发生时能够迅速响应并有效控制事态发展。

（八）持续优化与迭代机制

迭代是技术创新营销战略实施中的重要手段之一。通过建立迭代机制，企业可以在小步快跑中不断优化和完善战略实施方案。具体而言，企业可以将整体战略目标分解为若干个可迭代的小目标；在每个迭代周期结束后对实施效果进行评估和总结；根据评估结果调整下一迭代周期的目标和策略；通过不断迭代优化来逐步逼近最终目标并确保战略实施的连续性和有效性。

## 二、营销战略执行与监控

技术创新营销战略的执行与监控是确保战略顺利推进、目标得以实现的关键环节。这一过程不仅需要严密的计划安排，还需要灵活的执行策略与有效的监控机制。以下将详细阐述技术创新营销战略的执行步骤、监控要点及应对措施，以确保战略的有效落地。

### （一）执行步骤与流程

（1）组织架构与团队建设。技术创新营销战略的执行首先需要构建一个高效、协同的组织架构，并组建一支专业化的团队。组织架构应明确各部门的职责与权限，确保信息传递的畅通无阻。团队建设则需注重成员间的互补性与协作能力，形成合力。①明确组织架构。根据战略需求，调整企业内部组织结构，确保营销、研发、生产等部门之间的紧密配合。②组建专业团队。选拔具有技术创新意识、市场营销经验及项目管理能力的人才，组建跨部门协作团队。

（2）任务分解与资源配置。将技术创新营销战略分解为具体可执行的任务，并合理配置资源，确保每项任务都能得到有效支持。①任务分解。将战略目标细化为阶段性任务，明确任务的具体内容、时间节点及责任人。②资源配置。根据任务需求，合理配置人力资源、财务资源及物质资源，确保战略执行的物质基础。

（3）制订详细执行计划。在任务分解的基础上，制订详细的执行计划，包括具体的行动计划、时间表、预算等。①行动计划。明确每项任务的执行步骤、关键活动及所需资源。②时间表。设定任务的起止时间，确保战略按时推进。③预算。编制详细的预算计划，确保资金的有效利用。

## 第十章 技术创新（项目）营销战略

（4）执行与反馈调整。按照执行计划逐步推进战略实施，并根据实际情况进行反馈与调整。①逐步推进。按照时间表执行各项任务，确保战略有序进行。②反馈收集。定期收集市场、技术、竞争等方面的反馈信息，评估战略执行效果。③动态调整。根据反馈信息，及时调整执行计划，确保战略目标的顺利实现。

（二）监控要点与措施

（1）市场监控。市场监控是技术创新营销战略执行过程中的关键环节。通过对市场趋势、竞争对手动态及消费者需求的持续跟踪与分析，企业可以及时调整营销策略，保持市场竞争力。①市场趋势分析。利用市场调研、数据分析等手段，持续跟踪市场发展趋势，预测未来市场走向。②竞争对手监控。密切关注竞争对手的产品、价格、渠道及营销策略，评估其市场影响力及潜在威胁。③消费者需求洞察。通过问卷调查、用户访谈等方式收集消费者需求信息，为产品创新与营销提供方向指引。

（2）技术监控。技术创新是技术创新营销战略的核心驱动力。因此，对技术研发进度、成果质量及知识产权保护的监控尤为重要。①技术研发进度。定期评估技术研发项目的进展情况，确保按计划推进。②成果质量评估。对研发成果进行严格的测试与验证，确保其性能稳定、安全可靠。③知识产权保护。加强知识产权的申请、维护及纠纷处理工作，保障企业的技术创新成果不受侵犯。

（3）营销监控。营销监控旨在评估营销活动的效果，优化营销资源配置，提升营销效率。①营销活动评估。通过销售数据、市场份额及客户满意度等指标评估营销活动的效果。②营销资源配置。根据营销效果评估结果，动态调整营销资源的投入方向及比例。③营销渠道优化。分析不同营销渠道的效果与成本，优化渠道组合，提升营销效率。

（4）财务监控。财务监控是确保技术创新营销战略可持续实施的重要保障。通过对预算执行情况、成本控制及现金流量的监控，企业可以确保战略实施过程中的资金安全。①预算执行情况。定期对比实际支出与预算计划的差异，分析原因并采取措施加以调整。②成本控制。加强对生产、研发及营销等各环节的成本控制，确保战略实施的经济性。③现金流量管理。合理安排资金使用计划，确保战略实施过程中的现金流稳定。

（5）风险监控。技术创新营销战略执行过程中不可避免地会面临各种风险。通过建立风险监控机制，企业可以及时发现并应对潜在风险，保障战略实施的顺利进行。①风险识别。运用SWOT分析、PESTEL分析等工具识别战略执行过程中的内外部风险。②风险评估。对识别出的风险进行量化评估，确定其可能的影响范围及程度。③风险应对。针对不同类型的风险制定相应的应对措施与预案，确保风险得到有效控制。

### 三、技术创新营销战略效果评估与调整

技术创新营销战略的实施不仅关乎战略的初期规划和执行过程，更在于对战略效果的持续评估与适时调整。这一环节对于确保战略目标的实现、优化资源配置以及提升企业竞争力具有重要意义。

**（一）评估指标体系的构建**

评估指标体系的构建是技术创新营销战略效果评估的基础。一个科学、全面的评估指标体系能够准确反映战略实施的效果，为企业的决策提供依据。评估指标体系应涵盖市场表现、技术创新、客户满意度、财务绩效以及风险管理等多个维度。

（1）市场表现评估指标。①市场份额。评估企业在目标市场中的占有率及其变化趋势，反映企业在市场中的竞争地位和影响力。②销售额与增长率。通过销售额及其增长率的变化，衡量技术创新产品对市场的吸引力和企业销售能力的提升。③品牌知名度与美誉度。评估品牌在市场上的认知度和好感度，反映品牌建设的成效。

（2）技术创新评估指标。①专利申请与授权量。反映企业的技术创新能力和知识产权保护水平。②研发投入与占比。评估企业对技术创新的重视程度和投入力度。③新产品开发速度与成功率。衡量企业从技术创新到产品市场化的效率和效果。

（3）客户满意度评估指标。①客户满意度调查。通过问卷调查、电话访问等方式收集客户对产品和服务的评价。②客户投诉率与处理效

率。评估企业解决客户问题的能力和服务质量。③客户忠诚度。分析客户的重复购买率和推荐率,反映客户对企业的信任和依赖程度。

(4)财务绩效评估指标。①利润率与净利润增长率。评估战略实施对企业盈利能力的影响。②成本控制与效率。分析生产成本、销售成本等关键费用的控制情况。③现金流状况。衡量企业的资金运作能力和偿债能力。

(5)风险管理评估指标。①风险识别与预警机制的有效性。评估企业能否及时发现并应对潜在风险。②应急响应速度与效果。衡量企业在面对突发事件时的反应速度和处理效果。③风险承受能力。分析企业在不同风险情境下的稳健性和可持续性。

(二)评估方法的选择与应用

评估方法的选择直接影响评估结果的准确性和可靠性。在技术创新营销战略效果评估中,企业应综合运用定量分析与定性分析相结合的方法,确保评估结果的全面性和深入性。

(1)定量分析方法。①统计分析。运用统计学原理和方法,对收集到的数据进行处理和分析,如计算平均值、标准差、相关系数等指标,以量化评估战略实施的效果。②对比分析法。将战略实施前后的数据或战略实施与未实施区域的数据进行对比分析,以揭示战略实施对企业经营绩效的影响。③财务比率分析。通过计算和分析各种财务比率,如利润率、资产负债率等,评估企业的财务状况和经营效率。

(2)定性分析方法。①案例研究。选取典型案例进行深入剖析,通过描述性分析、解释性分析和评价性分析等方法,揭示战略实施的成功经验和存在问题。②专家访谈与问卷调查。通过邀请行业专家、企业高管等进行访谈或发放问卷,收集他们对战略实施效果的看法和建议。③SWOT分析。结合企业的优势、劣势、机会和威胁进行全面分析,评估战略实施的内部条件和外部环境。

在实际应用中,企业应根据评估目的和数据可获得性等因素灵活选择评估方法,并可结合多种方法进行综合分析以提高评估结果的准确性和可靠性。

### (三)评估结果的解读与问题识别

评估结果的解读是技术创新营销战略效果评估的关键环节。通过对评估结果进行深入分析和解读,企业可以全面了解战略实施的效果和存在的问题,为后续的战略调整提供依据。

(1)市场表现评估结果的解读。如果市场份额和销售额显著提升,说明技术创新产品受到了市场的欢迎和认可。企业应进一步巩固市场地位并探索新的增长点。如果品牌知名度与美誉度有所提高但市场份额未见显著增长,可能是市场推广力度不够或产品定位不够准确。企业应加强品牌宣传和市场细分工作。

(2)技术创新评估结果的解读。如果专利申请与授权量持续增加且研发投入占比较高,说明企业具备较强的技术创新能力。但如果新产品开发速度较慢或成功率不高,可能是研发流程管理存在问题或市场需求把握不准。企业应优化研发流程并加强市场调研工作。

(3)客户满意度评估结果的解读。如果客户满意度较高且客户投诉率较低,说明企业的产品和服务质量得到了客户的认可。但如果客户忠诚度不高或推荐率较低,可能是客户关系管理不够到位或售后服务不够完善。企业应加强客户关系维护和售后服务体系建设工作。

(4)财务绩效评估结果的解读。如果利润率较高且净利润持续增长,说明战略实施对企业财务状况产生了积极影响。但如果成本控制不够严格或现金流状况不佳,可能是内部管理存在漏洞或资金使用效率不高。企业应加强成本管理和资金运作能力建设工作。

(5)风险管理评估结果的解读。如果风险识别与预警机制健全且应急响应速度快、效果好,说明企业具备较强的风险管理能力。但如果风险承受能力较弱或存在潜在风险点未被及时发现和应对,可能是风险管理机制不够完善或执行力度不够到位。企业应完善风险管理机制并加强风险应对能力建设工作。

在问题识别方面,企业应重点关注评估结果中反映出的突出问题和薄弱环节,并结合实际情况进行深入剖析和诊断,找出问题的根源和解决方案。

## 第十章 技术创新（项目）营销战略

（四）战略调整的策略与实施

根据评估结果和问题分析，企业需要制定相应的战略调整策略并付诸实施，以确保战略目标的顺利实现。战略调整的策略应涵盖市场策略、技术创新策略、客户服务策略以及风险管理策略等多个方面。

（1）市场策略调整。①市场细分与定位调整。根据市场反馈和消费者需求变化，重新进行市场细分和定位工作，明确目标市场和目标客户群体，以提高市场针对性和有效性。②营销渠道拓展与优化。加强与现有营销渠道的合作，并积极探索新的营销渠道，如电商平台、社交媒体等，以扩大市场份额和提高品牌影响力。③促销活动创新与实施。结合节假日、重大事件等时机开展创意促销活动，吸引消费者关注和购买，提高销售额和客户黏性。

（2）技术创新策略调整。①加大研发投入与人才引进。增加对技术研发的投入，并引进高素质的研发人才，提升企业的技术创新能力和研发效率，确保新产品开发速度和成功率的提升。②加强产学研合作与交流。与高校、科研机构等建立紧密的合作关系，共同开展技术研发和创新活动，实现资源共享和优势互补，推动技术创新和产业升级。③优化研发流程与管理。完善研发流程和管理机制，加强跨部门协作和沟通，提高研发效率和成果转化率，确保技术创新成果能够迅速转化为市场价值。

（3）客户服务策略调整。①完善售后服务体系。建立健全的售后服务体系，包括产品安装、调试、维修等服务环节，提高客户满意度和忠诚度降低客户投诉率。②加强客户关系管理。建立客户档案和关系管理系统，定期与客户保持联系，了解客户需求和反馈，及时解决客户问题，提升客户满意度和信任度。③个性化服务提供。根据客户的不同需求和偏好，提供个性化的产品和服务解决方案，增强客户体验和满意度，提升客户黏性和口碑传播效应。

（4）风险管理策略调整。①完善风险管理体系。包括风险识别、评估、监控和应对等环节，确保企业能够及时应对潜在风险，降低风险对企业经营的影响。②提高应急响应能力。加强应急演练和培训，提高员工应对突发事件的能力和效率，确保在风险发生时能够迅速做出反应，并有效应对降低损失和风险影响。③加强合规管理与监督。遵守相关法律法规和行业标准,加强内部合规管理和监督,确保企业经营活动的合法性和规范性,降低合规风险和法律风险的发生概率。

在实施战略调整策略的过程中,企业需要重视跨部门协作与资源整合工作,确保各项调整措施能够得到有效执行和落实。同时,企业还需要建立科学的评估机制和反馈机制,定期对战略调整的效果进行评估和总结,及时调整优化策略方向,以确保战略目标的顺利实现和企业的可持续发展。

（五）持续评估与迭代优化

技术创新营销战略的评估与调整并非一次性工作而是一个持续迭代优化的过程。企业需要保持敏锐的市场洞察力和灵活的战略调整能力以应对快速变化的市场环境和技术趋势。

（1）定期评估与监控。建立定期评估与监控机制,对战略实施效果进行定期评估和分析,及时发现并解决问题,确保战略目标的顺利实现。同时还需要对外部环境进行持续监控,了解市场动态和竞争对手情况,为战略调整提供依据。

（2）数据驱动决策。在评估与调整过程中,应充分利用大数据技术收集和分析市场、客户、产品等多方面的数据,为决策提供依据。通过数据分析挖掘市场机会和潜在风险,为企业制定更加精准有效的战略调整策略提供支持。

（3）快速响应市场变化。面对快速变化的市场环境,企业需要具备快速响应市场变化的能力。一旦发现市场趋势发生变化或竞争对手推出新产品时,企业应迅速调整战略方向和营销策略,以抢占市场先机并保持竞争优势。

（4）持续改进与创新。在持续评估与迭代优化的过程中,应重视持续改进与创新工作。通过不断引入新技术、新工艺和新材料,提升产品的技术含量和附加值,满足消费者日益增长的多样化需求。同时还需要加强内部管理、创新和组织文化创新,激发员工的积极性和创造力,推动企业的持续发展和进步。

# 第十一章　技术创新过程各阶段的营销策略

## 第一节　技术创新项目立项阶段的营销策略

科技成果转化营销的目标是将市场营销理念和运作模式作为创新元素,融入科技成果转化全过程,提升新产品在技术与市场两个方面的双重竞争力,加快科技成果的产业化进程。

**一、技术创新(项目)立项阶段的主要特征**

技术创新(项目)在立项阶段,实现科技成果的转化对接是在技术贸易条件下面临的主要问题。科技成果主要包括发明专利、实用新型和外观设计等专利类型,还有技术诀窍、技术秘密、其他发明创造及技术革新等技术形态,这些都是进行市场营销的载体。在这个阶段,要开展技术创新成果的市场营销,可以结合技术创新(项目)的特征进行。

（一）转让方与受让方的知识势差较大

不同知识主体之间存在着知识势能差距,可以称为"知识势差"。成果核心技术及相关应用知识掌握在成果转让方手中,而成果受让方则在转让过程中处于弱势地位。因此,实施成果转化的对接要取得成功,必须缩小两者之间的知识势差,使受让方对成果有真正的认知,从而做出购买相应科技成果的决策。

## （二）后续开发条件与前景具有不确定性

技术创新（项目）的后续开发条件与前景具有不确定性，主要原因有以下几种：（1）设备、工艺等后续开发技术条件不确定；（2）人力资源、资本投资、管理结构等综合条件不确定；（3）水源、温度、湿度、地形、地势等自然环境条件不确定；（4）市场前景不确定；（5）预期效益不确定。

## 二、技术创新（项目）立项阶段的营销策略

### （一）进行充分的市场需求调研和项目科学定位

技术创新项目要技术开发成功和技术成果转化成功，所形成的新技术、新产品得到市场认可，立项是关键。一个技术创新项目，必须在充分调研的基础上，全面了解技术需求与竞争、市场发展现状和趋势，进行科学论证后，才能明确技术创新方向，确定技术开发定位与方案，达到技术机会与市场机会高度吻合，做出技术开发在原理、路径、技术指标和经济指标、选材等方面的具体选择和决策。

### （二）发挥中介组织对科技成果转化的促进作用

中介组织是科技成果营销的信息枢纽，是科技成果相关知识的聚集地，主要包括生产力促进中心、科技市场、科技情报机构与咨询机构、企业孵化器等组织。中介组织通过同转化参与主体的耦合和互动，可以构建市场、政府、中介、转化主体等之间的信息与知识循环通道。中介组织对科技成果转化的参与，既可以缩小与受让主体的知识势差，增强受让主体科技成果对接的能力，又能使成果受让组织对成果的技术性能、市场前景、应用条件、经济与社会效益等知识有充分的了解，降低成果转化不确定性造成的对接障碍。

### （三）实施转让方专业人员的"门对门"知识营销

转让方专业人员进行知识营销的目的，是让技术成果的受让方更全面地了解相关信息，包括成果的科学性、实用性、先进性、后续开发条件、市场前景、预期效益等，加深理解和消除顾虑，从而做出科技成果的对接决策。知识营销的主要内容包括：（1）原理知识；（2）关键技术知识；（3）相关设计知识；（4）现场、设备、工装管理知识；（5）特殊资源及工艺要求知识；（6）消费者的外观、功能偏好知识；（7）消费者支付能力的知识；（8）市场前景知识；（9）技术、经济、生态、社会价值和效益知识。

### （四）参加展览展示活动以拓展科技营销渠道

在世界各国，各种类型的展览展示活动越来越多。科技专题展览展示是科技成果的集中展示形式，在展览展示这种平台的技术市场上，实现知识营销与技术贸易的有机融合，可以高效地实现技术交流与科技营销目标，是科技营销实现跨地区、跨行业进行科技成果转化的有效途径。例如，展览展示已成为我国军工技术成果向国外输出以及向民用转移的重要渠道。特别在近年以来，借助国际科技产业博览会、高新技术成果展示会等活动，我国展示的科技成果项目有效推动了军工领域向民用行业的转化应用。

## 第二节　技术研发阶段的营销策略

**一、技术创新（项目）研发阶段的主要特征**

### （一）目标市场需求要嵌入样品结构

高新技术企业要瞄准选择的目标市场，把实验样品中的"核心产品""形式产品""附加产品"等元素与目标市场的需求进行对接,满足目标市场对技术创新产品功能、效用等的需求。

（二）营销理念策略要嵌入产品概念

这个阶段的市场营销要以实验试制样品为载体,不开展具体的买卖活动,而是把营销理念与策略融入"产品概念"中,通过反复的实验与验证,证明试制样品的功能和效用符合目标市场的实际需求。

## 二、技术创新(项目)研发阶段的营销策略

（一）样品试制嵌入顾客知识

### 1. 嵌入顾客需求知识

（1）嵌入顾客价值知识。注重组织让渡价值知识与顾客价值知识的结合,关于在保留顾客上所做的投资量,成果转化方要做出理性的决策。

（2）嵌入顾客效用知识。注重顾客关于产品和服务差异化需求的知识,在确定开发目标产品和服务时,要以需求为基础进行适当区隔。

（3）嵌入顾客需求变动知识。要科学预测新产品的市场机遇、需求变化和科技趋势,从可能发生的顾客需求变动诱因和触发点出发,对实验试制成品做出必要的调整。

### 2. 让顾客"参与开发"

（1）战略型顾客参与开发。战略型顾客参与开发是指在概念产品形成之初和新产品定型之时,从顾客那里收集对转化新产品的性能、质量、外观、服务等方面的看法和意愿,并对顾客的意见和建议进行认真消化和过滤,然后把顾客的合理建议和创意融入新产品的试验试制中。

（2）反馈型顾客参与开发。反馈型顾客参与开发是指与用户一起

研究开发方案,推出原型样品并让用户率先使用和验证,然后提炼客户反馈意见中的精华部分,用于对新产品的样机改进优化。

(二)样品试制与中间试验嵌入销售与经营知识

1. 嵌入销售与经营人员隐性知识

企业销售与经营人员的经验比较丰富,是新产品市场知识的重要来源,需要整合其隐性知识并转化为显性知识,融入新产品的设计与试制中,使新产品兼具先进性、适用性、经济性和安全可靠性等特点,并符合企业生产经营条件以及市场环境的要求,这是样品试制和试生产的成功要诀。

2. 让销售与经营人员"参与开发"

作为研发团队的成员,销售与经营人员往往介入新产品开发的中间实验与样品试制,企业可以通过创新组织形式,如运用矩阵式组织、膜型组织、二元化组织等,使组织兼备稳定性与柔性的特点,使销售与经营人员既能在职能部门稳定职位,又能直接参与新产品的开发。

## 第三节　技术商业化阶段的营销策略

在技术创新(项目)的商业化阶段,大致可以分为生产制造投入和产业化两大阶段,它们的主要特征和营销策略如下。

## 一、生产制造投入阶段的主要特征和营销策略

**（一）生产制造投入阶段的主要特征**

1. 条件要求与环境风险提高

要实现由产品状态向商品化的"跨越"，新产品对技术、生产、投资、财务、人力资源、组织管理等条件的要求提高，面临的环境因素日益增多并发生动态变化，这给生产制造投入阶段带来诸多压力和风险。

2. 战略营销的功能明显强化

要新产品向商品化的"惊险的一跳"，由于生产制造投入阶段面临的环境风险比较严峻，因此企业必须对市场营销进行总体性和全局性的谋划，让战略营销在企业开拓市场的过程中发挥先导性作用。

**（二）生产制造投入阶段的营销策略**

1. 营销运作要以竞争战略为统领

对新产品投入市场要做总体性竞争战略策划，即：科学定位目标市场要基于竞争环境，客观考量竞争形势和竞合关系，对低成本、差异化、集中化等市场竞争战略进行决策，对领先型、进攻性、跟随型等市场竞争策略做出选择。

2. 新产品进入市场战略要精策划

（1）新产品首次面市时机选择。新产品要想先发制人，应瞅准时机尽早面市，从而取得市场竞争优势。不过，首次面市并不是越早越好。

## 第十一章　技术创新过程各阶段的营销策略

如果产品的质量性能不太过关而过早面市,就可能造成昙花一现而夭折。如果企业过晚进入市场,而竞争对手的新产品捷足先登,企业就有被市场淘汰出局的风险。

(2)新产品进入市场平台选择。一是公共中介平台,如展览展示会、贸易洽谈会、大型商品交易会等地区性、全国性甚至国际性的公共中介平台。二是特有推介平台,如建立领先用户群体,实力雄厚的技术领先者选择能引导消费潮流的消费者群体,通过他们的示范效应迅速向市场推广新产品。

3. 对新产品实施知识营销策略

为了更好地传播新产品知识,企业应积极实施知识营销策略,运用线上线下多种传播媒体,恰当选择文字、声音、图像、视频等多种形式,大力塑造新产品形象,缩小供需双方的知识差势,增加销售商和顾客对新产品知识存量的积累,使他们对新产品由陌生和顾虑,向接受、信任和青睐转变。

**二、产业化阶段的主要特征和营销策略**

(一)产业化阶段的主要特征

1. 科技成果转化的基础是价值链多维度综合优化

在这个阶段,新产品要实现市场化和规模化扩张,形成顾客—生产商—供应商组成的经营网络。其中,价值链是此网络连接的核心和基础,而产业化要求市场营销从价值链优化的高度进行策划和运作。

2. 科技成果转化的关键是创造持续竞争优势

要实现市场化和规模化发展,新产品关键在于做到持续创新。这里要加强市场营销的运作,创造企业的产业化持续竞争优势,可以通过提高新产品质量、交付、环保、创新等竞争要素水平及加大力度推介来实现。

### (二)产业化阶段的营销策略

#### 1. 优化顾客价值前位传递和响应策略

顾客价值前位传递和响应是指在制造商和销售商之间,以及销售商和顾客之间的顾客价值传递和响应,使市场营销对准顾客需求区隔,兑现顾客价值目标。

(1)实施顾客价值高效传递和响应的分销策略。以顾客价值传递和响应准确、快速、畅通、高效为目标,全方位满足顾客需求,不断提升顾客价值。主要包括:①建立扁平化、网络化、柔性化的分销组织体系;②采取定制营销、零售业态特色化等销售策略,满足顾客的个性化需求;③实施销售终端多元化经营,满足顾客的多样化需求。

(2)实施顾客价值传递和响应的全程优质服务策略。围绕培育"顾客忠诚"的目标,建立有效的全程优质服务体系,以服务知识营销为先导,以全员优质服务为核心和动力,以服务平台现代化为技术支撑,以学习型服务组织为保障,实现服务全过程顾客价值的持续提升。

(3)实施顾客价值传播和响应信息化、网络化策略。以缩小知识势差、降低信息不对称为出发点,把促销与服务信息传播响应结合起来,实现产品销售及全生命周期服务信息的畅通无阻,构建生产商、销售商和顾客互联、互通、互动的高效信息网络平台。

#### 2. 顾客价值传递响应后位推移和响应策略

顾客价值传递后位推移是指向与供应商合作的上游产业链方向推移,通过供应链的优化推动顾客价值优化。

(1)后位传递和响应的资源整合策略。准确定位顾客价值,把顾客价值解析到原材料、零配件等供应环节,响应顾客价值目标,整合地区、国内乃至全球资源,建立全面满足顾客需求的协作配套体系。

(2)后位传递和响应的研发合作策略。瞄准质量、成本、交付、柔性、环保、创新等顾客价值优化目标,界定供应商的顾客价值边界,与供应

第十一章　技术创新过程各阶段的营销策略

商共同开发能满足顾客需求的配套产品,缩短开发周期,提高市场响应速度。

（3）后位传递和响应的市场柔性化策略。顾客价值后位反馈传递到供应商,制造商与供应商携手快速响应可变需求,提高市场柔性。制造商获得的顾客需求信息持续传递到供应商并作出响应,运用到新产品开发的连贯性流程,使新产品在投入市场后仍可继续定义和构造,持续改进设计和工艺,满足快速变化的顾客需求。

### 三、案例分析：华为技术创新与商业模式创新的二元耦合[①]

华为技术有限公司于1987年正式注册成立,是全球领先的ICT（信息与通信）基础设施、智能终端和解决方案提供商。华为坚持围绕客户需求持续进行技术创新,加大基础研究投入,厚积薄发,在电信运营商、企业、终端和云计算等领域构筑了端到端的解决方案优势；同时,华为通过商业模式创新,致力于为运营商客户、企业客户和消费者提供有竞争力的ICT解决方案、产品和服务,构建数字空间,打造智能世界。

华为是商业驱动型企业,更是技术驱动型企业。任正非说："公司运转主要依靠两个轮子,一个轮子是商业模式,一个轮子是技术创新。"在新经济环境下,华为无论是技术创新还是商业模式创新都展现出出色的行业先驱模范作用。

在竞争日益激烈和环境快速变化背景下,企业组织持续竞争优势的获取有利于增强其生存与成长力。新经济环境中企业组织成长本质上是创新驱动过程,创新也因应对市场多样化需要而变得多元化；技术创新与商业模式创新匹配、耦合与协同,从技术与市场两方面为组织成功提供了保障。然而,目前学界对于技术创新与商业模式创新二元耦合体系的研究并不透彻,这方面的理论建设还需要更多证据。

华为是中国企业在创新实践领域的标杆企业,从1987年至今,有30多年的发展历程。总结这30多年的发展经验,能够为中国企业如何走"创新驱动发展"之路提供参考与借鉴。由此,本研究以华为为案例进行分析,探索企业组织技术创新与商业模式创新二元耦合创新成长路

---

[①] 喻登科,严红玲.技术创新与商业模式创新二元耦合组织成长路径：华为30年发展历程研究[J].科技进步与对策,2019(23)：87,93.

径。研究发现,对应于华为的 3 个成长阶段——创业期、国内发展期、全球布局期,华为实施了不同的技术创新模式和商业创新模式,而两种创新的耦合运行与协同演化,正是华为能够健康可持续成长的关键。在创业期,华为实施了外源性知识驱动技术创新模式和本能主导下的商业创新模式,二者的耦合目标在于提供生存力;在国内发展期,华为实施了内源性知识驱动技术创新模式和情绪主导下的商业创新模式,二者耦合驱动了华为的内生成长力;在全球布局期,华为实施了内外源知识双重驱动技术创新模式和思维主导的商业创新模式,二者耦合同时强化了华为核心竞争力与差异化竞争优势。整体而言,正是知识驱动的技术创新和性格主导的商业模式创新二元耦合,才为华为持续竞争优势实现提供了动力机制,而二元耦合机制本身也是一种"推拉"模式。

# 参考文献

[1] 菲利普·科特勒,加里·阿莫斯特朗. 市场营销：原理与实践(第17版)[M]. 北京：中国人民大学出版社,2020.

[2] 蓝海林. 企业战略管理[M]. 北京：中国人名大学出版社,2024.

[3] 雷家啸,洪军等. 技术创新管理[M]. 机械工业出版社,2018.

[4] 李宇,苗莉. 创新管理——获得竞争优势的三维空间[M]. 机械工业出版社,2018.

[5] 吴贵生,王毅. 技术创新管理[M]. 清华大学出版社,2000.

[6] 吴健安. 市场营销学[M]. 北京：高等教育出版社,2007.

[7] 银路. 技术创新管理[M]. 北京：清华大学出版社,2022.

[8] 张政. 企业技术创新[M]. 湖北科学技术出版社,2014.

[9] 郑屹立. 市场营销[M]. 北京理工大学出版社,2015.

[10] 曾宇翔. 高新技术企业成长中的营销研究[D]. 湖北工业大学,2010.

[11] 崔寒冰. 后发企业突破性技术创新过程研究[D]. 哈尔滨工业大学,2015.

[12] 傅建华. 高新技术企业营销管理研究[D]. 武汉理工大学,2003.

[13] 韩文娟. 企业技术创新影响因素系统分析[D]. 浙江工商大学,2013.

[14] 缴锡华. TWTC中心工业展发展战略研究[D]. 天津大学,2018.

[15] 靳泽文. 技术创新、营销能力与企业绩效关系研究[D]. 上海财经大学,2023.

[16] 王彬彬. 中国技术市场现状与对策[D]. 武汉理工大学,2002.

[17] 王乃君. 我国中小板上市公司技术创新影响因素研究[D]. 南京工业大学,2014.

[18] 吴晓芳. 海外并购对我国技术创新能力的影响研究[D]. 浙江

大学,2015.

[19] 严海宁. 市场结构及其影响因素对中国企业技术创新的作用研究 [D]. 华中科技大学,2009.

[20] 赵璐媛. 技术创新与市场需求的关系研究 [D]. 浙江大学,2012.

[21] 邹稼珏. 基于产业环境的企业技术创新战略研究 [D]. 东南大学,2019.

[22] 程国平,吴高潮,杨丽伟. 论面向技术创新的市场营销 [J]. 消费导刊,2006(10).

[23] 翟翠霞,申进,宋超等. 生产技术问题导向的创新体系研究 [J]. 科技进步与对策,2017,34(10).

[24] 丁玉龙. 数字经济的本源、内涵与测算：一个文献综述 [J]. 社会科学动态,2021(8).

[25] 樊跃. 城市快速轨道交通建设与环境保护 [J]. 民营科技,2011,(4).

[26] 冯堃,李显君,熊昱,等. 关键核心技术研究综述：概念、结构、突破路径与机制 [J]. 科研管理,2023,44(12).

[27] 付夔钰,谢昀雅. 企业技术创新、商业模式创新与价值创造的关系研究 [J]. 中国物价,2024(6).

[28] 管仕平,梁琦. 企业社会责任对技术创新的影响 [J]. 现代商业,2016(4).

[29] 郭国庆. 技术创新与市场营销——美国铱星公司和ICO公司失误的启示 [J]. 企业管理,2000(1).

[30] 贺光辉. 技术创新概念剖析 [J]. 市场周刊(理论研究),2018,(5).

[31] 胡旭博,原长弘. 关键核心技术：概念、特征与突破因素 [J]. 科学学研究,2022,40(1).

[32] 胡永健,周寄中. 政府直接资助企业技术创新绩效案例研究 [J]. 管理评论,2009,21(3).

[33] 解婉莹,李庆满. "互联网+"背景下高新技术企业营销创新的路径探讨 [J]. 商场现代化,2016(4).

[34] 赖晶亮,颜靖初. 产品导向的高职专业教育与创新创业教育融合发展研究 [J]. 吉林省教学学院学报,2020(7).

[35] 雷金屹,李景山,赵玉琳. 学习共同体理论的价值及本土化 [J].

高教论坛,2017（1）.

[36] 李广建,杨林.大数据视角下的情报研究与情报研究技术[J].图书与情报,2012（6）.

[37] 李红梅.EPC建设项目全过程数字化管理技术研究与应用[J].建筑施工,2024,46（7）.

[38] 李慧,张薇玮.关键核心技术及其突破:文献评述与研究展望[J].科技管理研究,2024,44（8）.

[39] 李庆,廉迎泽,陈国强,等.试论技术开发的途径与条件[J].中国西部科技,2004（11）.

[40] 李文同.大学生技术创业者能力及其形成机理研究[J].当代教育实践与教学研究,2019（4）.

[41] 李英禹.企业技术创新中R&D部门与市场营销部门的界面管理[J].学术交流,2006（5）.

[42] 林媛媛.技术创新与市场营销模式创新的互动研究[J].工业技术经济,2003（1）.

[43] 林媛媛.市场营销创新对技术创新的贡献[J].科技进步对策,2003（1）.

[44] 蔺芳香.高新技术企业创新中的风险管理研究[J].商讯,2020（34）.

[45] 刘航,伏霖,李涛,等.基于中国实践的互联网与数字经济研究——首届互联网与数字经济论坛综述[J].经济研究,2019,54（3）.

[46] 刘建华.技术创新过程中R&D—市场营销界面管理研究[J].市场论坛,2006（12）.

[47] 刘景福,钟志贤.基于项目的学习（PBL）模式研究[J].外国教育研究,2002（11）.

[48] 刘瑞明,金田林,葛晶,刘辰星.唤醒"沉睡"的科技成果:中国科技成果转化的困境与出路[J].西北大学学报（哲学社会科学版）,2021（7）.

[49] 刘希宁,曹霞.市场营销与科技成果转化的耦合及策略[J].中国高等院校市场学研究会2011年年会论文集,2011（7）.

[50] 刘洋.企业社会责任与企业创新能力关系研究[J].现代营销（经营版）,2020（12）.

[51] 刘永松,王婉楠,于东平.高技术企业技术创新效率评价及影

响因素研究[J].云南财经大学学报,2020,36（11）.

[52] 柳卸林,常馨之.构建市场导向的核心技术创新生态系统[J].科学学研究,2024,42（3）.

[53] 卢小宾,安然.产业技术情报分析方法的现状与发展趋势[J].情报资料工作,2023,44（4）.

[54] 卢小宾.大数据环境下的产业技术情报分析方法[J].情报资料工作,2023,44（4）:5.

[55] 罗小东.技术与营销的创新整合途径[J].中国市场,2008,（23）.

[56] 苗敬毅,景蕾,王炜晴.技术创新影响因素研究文献综述[J].企业改革与管理,2014（13）.

[57] 倪钢,胡嵩.技术创新概念解释及其局限性[J].辽宁经济,2005（5）.

[58] 彭灿.高新技术企业技术创新中的R&D-市场营销界面管理[J].科学学与科学技术管理,2000（2）.

[59] 彭纪生,刘伯军.技术创新理论探源及本质界定[J].科技进步与对策,2002（12）.

[60] 戚耀元,戴淑芬,葛泽慧.基于技术创新与商业模式创新耦合关系的企业创新驱动研究[J].科技进步与对策,2015,32（21）.

[61] 邱灵.加快发展技术要素市场研究[J].宏观经济研究,2022（9）.

[62] 申向阳.我国企业技术创新环境分析[J].消费导刊,2008（19）.

[63] 陶威,郭哲.双三螺旋型未来技术人才培养体系建构研究[J].国家教育行政学院学报,2022（10）.

[64] 童心,于丽英.基于商业生态系统的技术创新与商业模式创新耦合机制研究[J].科技进步与对策,2014,31（12）.

[65] 王宏起.高新技术及其产品的界定[J].中国高新技术企业评价,1996（Z2）.

[66] 王金凤,程璐,冯立杰,等.后发企业技术创新与商业模式创新耦合路径——颠覆式创新视角[J].科技管理研究,2019,39（23）.

[67] 王康,陈悦,宋超,等.颠覆性技术：概念辨析与特征分析[J].科学学研究,2022,40（11）.

[68] 王晓斌,程才.价值工程在我国工程项目管理应用中的问题及对策分析[J].时代金融,2014（7）.

[69] 吴晨生,李辉,付宏,等.情报服务迈向3.0时代[J].情报理论

与实践,2015,38(9).

[70] 吴小春,陈建平,张之剑.数字技术对创业机会识别的影响研究[J].创新与创业教育,2024,15(2).

[71] 肖连杰,徐绪堪,常凯,等.我国情报学发展脉络——基于《情报理论与实践》创刊60年文献主题识别与演化研究[J/OL].情报理论与实践,1-12[2024-09-24].http://kns.cnki.net/kcms/detail/11.1762.g3.20240815.1445.002.html.

[72] 辛海霞.从技术概念到研究议题:元宇宙图书馆走向何种未来[J].图书与情报,2021(6).

[73] 徐丽梅.数字经济前沿研究综述[J].国外社会科学前沿,2021,(8).

[74] 徐清源,单志广,马潮江.国内外数字经济测度指标体系研究综述[J].调研世界,2018(11).

[75] 徐颖,张硕,聂萌,等.企业技术创新影响因素分析[J].投资与创业,2021,32(7).

[76] 闫琦,王群,郑丹.技术创新对市场营销创新的贡献[J].商场现代化,2006(5).

[77] 姚正海.技术创新的概念与特征分析[J].商业经济,2009(19).

[78] 尹秀芝.提高我国自主创新能力的思考[J].学习论坛,2006,(7).

[79] 袁冰,朱东华,任智军.基于数据挖掘技术的专利情报分析方法及实证研究[J].情报杂志,2006(12).

[80] 张凤海,徐丽娜,侯铁珊.关于技术创新概念界定的探讨[J].生产力研究,2010(3).

[81] 张剑,袁保华.技术创新与商业模式的松散耦合机制研究[J].中国商论,2022(12).

[82] 张林,莫彩玲.中国技术市场的时空演变特征[J].经济地理,2020(9).

[83] 张庆国,赵潇潇.我国技术市场演化路径、经验借鉴与政策优化[J].中国市场,2024(24).

[84] 张炜.技术创新过程模式的发展演变及战略集成[J].科学学研究,2004(1).

[85] 张欣炜,林娟.中国技术市场发展的空间格局及影响因素分析

[J].科学学研究,2015（10）.

[86] 张羽飞,刘兵,原长弘.关键核心技术突破：概念辨析、影响因素与组织模式[J].科学管理研究,2023,41（4）.

[87] 赵纯.企业技术创新的内部影响因素分析[J].当代经济,2014（21）.

[88] 赵洪江,陈学华,苏晓波.新兴技术、新技术、高技术及高新技术概念辨析[J].企业技术开发,2005（11）.

[89] 郑海莎,张平.高新技术对经济增长作用的动力分析[J].安徽科技,2004（3）.

[90] 周怀峰.国内市场需求对技术创新的影响[J].自然辩证法研究,2008（8）.

[91] 周栗任.创业企业在平台经济下的商业模式创新路径研究——以资源整合和技术嵌入为视角[J].市场周刊,2024,37（25）.

[92] 庄宏,陈忠,唐文献,叶福民.CDIO项目是教学研究与设计[J].大学教育,2019（3）.